技工教育和职业培训"十四五"规划教材

智能楼宇系统的安装与调试

主　审　李　艳
主　编　张雪峰　姚允刚
副主编　贺双俊　赵学勇　陈勇霖
参　编　陈东宁　靳　雅　成　超　李思锐
　　　　成　云　叶彩霞　贺　凯

西南交通大学出版社
·成　都·

图书在版编目（CIP）数据

智能楼宇系统的安装与调试 / 张雪峰，姚允刚主编
. 一成都：西南交通大学出版社，2019.10（2024.7 重印）
职业教育全媒体规划教材
ISBN 978-7-5643-7184-5

Ⅰ. ①智… Ⅱ. ①张… ②姚… Ⅲ. ①智能化建筑 –
房屋建筑设备 – 建筑安装 – 职业教育 – 教材②智能化建筑
– 房屋建筑设备 – 调试方法 – 职业教育 – 教材 Ⅳ.
①TU85

中国版本图书馆 CIP 数据核字（2019）第 228716 号

技工教育和职业培训"十四五"规划教材

Zhineng Louyu Xitong de Anzhuang yu Tiaoshi

智能楼宇系统的安装与调试

主编　张雪峰　姚允刚

责任编辑	黄庆斌
助理编辑	郭鑫鹏
封面设计	原谋书装
出版发行	西南交通大学出版社
	（四川省成都市金牛区二环路北一段 111 号
	西南交通大学创新大厦 21 楼）
邮政编码	610031
发行部电话	028-87600564　028-87600533
网址	http://www.xnjdcbs.com
印刷	四川煤田地质制图印务有限责任公司
成品尺寸	185 mm×260 mm
印张	14.5
字数	379 千
版次	2019 年 10 月第 1 版
印次	2024 年 7 月第 2 次
定价	39.00 元
书号	ISBN 978-7-5643-7184-5

课件咨询电话：028-81435775
图书如有印装质量问题　本社负责退换
版权所有　盗版必究　举报电话：028-87600562

前　言

为了推进楼宇智能化工程技术专业教育教学改革，本书结合职业院校课程改革与教学实际，本着培养楼宇智能化行业合格人才的目的，在广泛企业调研的基础上，依据《安全防范工程技术标准》（GB 50348—2018）和《国家职业标准——智能楼宇管理师》的要求，结合楼宇智能化工程技术专业典型工作任务确定课程目标，以具体的学习任务为载体，将课程目标确定的知识技能融入具体任务中，真正实现做中学、学中做、做中教，让学生在完成学习任务的过程中学会知识、掌握技能，并养成良好的职业习惯。

本书基于工作过程的理念，以"工学结合"为目标，以智能楼宇系统建设、维护过程中的典型工作任务为载体，系统介绍了入侵报警系统、楼宇对讲系统、视频监控系统和消防自动报警系统的工作原理和典型结构，着重介绍了安装与调试过程中的工艺方法、步骤和操作要点。

本书主要有网络综合布线系统、入侵报警系统、楼宇对讲系统、视频监控系统、消防报警系统、DDC 监控及照明控制系统共 6 个学习任务。

本教材由张雪峰、姚允刚主编，贺双俊、赵学勇、陈勇霖副主编，张雪峰负责全书统稿及学习任务一的编写，赵学勇负责学习任务二、学习任务四的编写，成超负责学习任务三的编写，陈勇霖负责学习任务四、学习任务六的编写，陈东宁负责学习任务五的编写。

在编写过程中，得到四川交通职业技术学院王华教授、晋城技师学院和成都斯耐尔电子技术有限公司的大力支持和帮助，编者在此表示感谢。

由于时间仓促，编者水平有限，书中难免出现疏漏及不足之处，敬请读者批评指正。

编　者

2019 年 7 月

目 录

学习任务一　网络综合布线系统 ·· 1
　　子任务 1　常用器材和工具认识 ·· 2
　　子任务 2　RJ45 水晶头端接和跳线制作及测试实训 ··· 9
　　子任务 3　网络模块原理端接实训 ··· 13
　　子任务 4　网络配线架端接实训 ·· 16
　　子任务 5　基本永久链路实训 ··· 18
　　子任务 6　工作区子系统实训 ··· 20
　　子任务 7　水平子系统实训 ·· 26
　　子任务 8　垂直子系统实训 ·· 29

学习任务二　入侵报警系统 ·· 34
　　子任务 1　入侵报警系统认识 ··· 35
　　子任务 2　入侵报警系统设备认识 ··· 40
　　子任务 3　主动红外入侵探测器实训 ·· 47
　　子任务 4　被动红外入侵探测器实训 ·· 53
　　子任务 5　电子围栏报警系统实训 ··· 57

学习任务三　楼宇对讲系统 ·· 68
　　子任务 1　二次门口机-室内分机的安装与调试 ·· 69
　　子任务 2　单元门口机与室内分机通信 ··· 75
　　子任务 3　物业管理监视系统的装配与调试 ·· 83

学习任务四　视频监控系统 ·· 92
　　子任务 1　视频监控系统认识 ··· 93
　　子任务 2　前端设备认识 ··· 97
　　子任务 3　传输设备认识 ·· 101

子任务4　控制中心设备认识 …………………………………………… 104

　　子任务5　显示及记录设备认识 …………………………………………… 107

　　子任务6　布线及设备安装、调试 ………………………………………… 112

学习任务五　消防自动报警系统 ………………………………………………… 120

　　子任务1　消防报警系统认识 ……………………………………………… 122

　　子任务2　常见设备及工具认识 …………………………………………… 128

　　子任务3　报警主机认识 …………………………………………………… 133

　　子任务4　感烟（温）探测器与主机连接实训 …………………………… 141

　　子任务5　直接启动模块、报警器等实训 ………………………………… 145

　　子任务6　探测器触发后报警器报警实训 ………………………………… 147

　　子任务7　报警主机的预警功能实现 ……………………………………… 149

　　子任务8　固定电话与电话主机通话实训 ………………………………… 151

　　子任务9　消防广播系统功能及操作 ……………………………………… 155

　　子任务10　设备发生故障的屏蔽及故障处理 …………………………… 157

学习任务六　DDC监控及照明控制系统 ……………………………………… 159

　　子任务1　DDC认识 ………………………………………………………… 160

　　子任务2　照明控制系统认识 ……………………………………………… 162

　　子任务3　DDC常见设备认识 ……………………………………………… 168

　　子任务4　DDC编程 ………………………………………………………… 171

　　子任务5　力控安装及编程 ………………………………………………… 206

参考文献 …………………………………………………………………………… 225

学习任务一

网络综合布线系统

任务描述

网络综合布线是一门新发展起来的工程技术,它涉及许多理论和技术问题,是一个多学科交叉的新领域,也是计算机技术、通信技术、控制技术与建筑技术紧密结合的产物。

综合布线是一种模块化的、灵活性极高的建筑物内或建筑群之间的信息传输通道。它可使话音设备、数据设备、交换设备及各种控制设备与信息管理系统连接起来,同时也使这些设备与外部通信网络相连。它还包括建筑物外部网络或电信线路的连接点与应用系统设备之间的所有线缆及相关的连接部件。综合布线由不同系列和规格的部件组成,其中包括:传输介质、相关连接硬件(如配线架、连接器、插座、插头、适配器)以及电气保护设备等。这些部件可用来构建各种子系统,它们都有各自的具体用途,不仅易于实施,而且能随需求的变化平稳升级。

所谓综合布线系统是指按标准的、统一的和简单的结构化方式编制和布置各种建筑物(或建筑群)内各种系统的通信线路,包括网络系统、电话系统、监控系统、电源系统和照明系统等。因此,综合布线系统是一种标准通用的信息传输系统。

综合布线系统是现代智能建筑建设数字化信息系统的基础设施,是将所有语音、数据等系统进行统一规划设计的结构化布线系统,为办公提供信息化、智能化的物质介质,支持语音、数据、图文、多媒体等综合应用。

学习任务

(1)常用器材和工具认识。
(2)RJ45水晶头端接和跳线制作及测试实训。
(3)网络模块原理端接实训。
(4)网络配线架端接实训。
(5)基本永久链路实训。
(6)工作区子系统实训。
(7)水平子系统实训。
(8)垂直子系统实训。

子任务 1　常用器材和工具认识

学习任务

某学校计划重新部署校园的网络中心，需要针对网络中心的各种设备设施重新实施综合布线，因此需要网络中心的管理人员对整个综合布线实施工作项目开展计划预算。

本任务主要针对网络综合布线系统工程施工中，可能会用到的不同网络传输介质、网络布线配件和布线工具等进行介绍，使读者认识和了解网络综合布线常用器材和工具。

学习目标

（1）认识综合布线系统中常用的器材，了解各类器材的种类，型号和用途。
（2）认识综合布线系统中常用的工具，了解各类工具的使用。
（3）具备能正确、熟练使用各种器材及工具的能力。
（4）为综合布线系统设计和施工做好设备选型的准备。

【建议学时】2 学时

知识准备

一、认识网络传输介质

1. 双绞线

双绞线（Twisted Pair，TP）是一种综合布线工程中最常用的传输介质，是由两根具有绝缘保护层的铜导线组成。两根绝缘的铜导线按一定密度互相绞在一起，每一根导线在传输中辐射出来的电波会被另一根线上发出的电波抵消，有效降低了信号干扰的程度。

根据有无屏蔽层，双绞线分为屏蔽双绞线（Shielded Twisted Pair，STP）与非屏蔽双绞线（Unshielded Twisted Pair，UTP）。

屏蔽双绞线在双绞线与外层绝缘封套之间有一个金属屏蔽层，如图 1-1 所示。屏蔽双绞线分为一般 STP 和 FTP（Foil Twisted Pair，铝箔屏蔽双绞线），一般 STP 指每条线都有各自的屏蔽层，而 FTP 只在整个电缆有屏蔽装置，并且两端都正确接地时才起作用。所以要求整个系统是屏蔽器件，包括电缆、信息点、水晶头和配线架等，同时建筑物需要有良好的接地系统。屏蔽层可减少辐射，防止信息被窃听，

图 1-1　屏蔽双绞线

也可阻止外部电磁干扰的进入，使屏蔽双绞线比同类的非屏蔽双绞线具有更高的传输速率。

非屏蔽双绞线是一种数据传输线，由四对不同颜色的传输线所组成，如图 1-2 所示。非屏蔽双绞线电缆具有以下优点：

（1）无屏蔽外套，直径小，节省所占用的空间，成本低；
（2）重量轻，易弯曲，易安装；
（3）将串扰减至最小或加以消除；
（4）具有阻燃性；
（5）具有独立性和灵活性，适用于结构化综合布线。
因此，在综合布线系统中，非屏蔽双绞线得到广泛应用。

图1-2 非屏蔽双绞线

2. 大对数线

大对数即多对数的意思，指很多一对一对的电缆组成一小捆，再由很多小捆组成一大捆（更大对数的电缆则再由一大捆一大捆组成一根更大的电缆），如图1-3所示。

在综合布线系统中，大对数线缆主要用于垂直干线系统。应根据工程对综合布线系统传输频率和传输距离的要求，选择不同类别的线缆（3类、超5类、6类铜芯对绞电缆或光缆）。

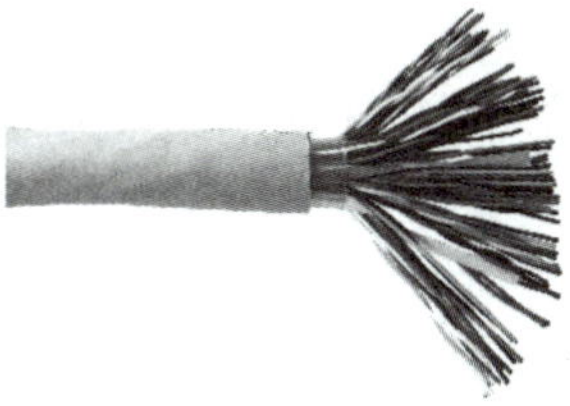

图1-3 大对数电缆

3. 同轴电缆

同轴电缆（Coaxial Cable）是指有两个同心导体，而导体和屏蔽层又共用同一轴心的电缆，如图1-4所示。常见的同轴电缆由绝缘材料隔离的铜线导体组成，里层绝缘材料的外部是另一层环形导体及其绝缘体，然后整个电缆由聚氯乙烯或特氟纶材料的护套包住。

同轴电缆从用途上可分为基带同轴电缆和宽带同轴电缆（即网络同轴电缆和视频同轴电缆），同轴电缆分50Ω基带电缆和75Ω宽带电缆两类。基带电缆又分细同轴电缆和粗同轴电缆。基带电缆仅仅用于数字传输，数据率可达10 Mb/s。

图1-4 同轴电缆

4. 光 缆

光导纤维是一种传输光束的细而柔韧的介质。光导纤维电缆由一捆光导纤维组成，简称为光缆，如图1-5所示。光缆是数据传输中最有效的一种传输介质。

光纤通常是由石英玻璃制成，其中横截面积很小的双层同心圆柱体被称为纤芯，它质地脆，易断裂，内层为光内芯，直径在几微米至几十微米，外层的直径为0.1~0.2 mm。

光纤主要有两大类，即单模光纤和多模光纤。

图1-5 光缆

单模光纤的纤芯直径很小，在给定的工作波长上只能以单一模式传输，传输频带宽，传输容量大。光信号可以沿着光纤的轴向进行传播，因此光信号的损耗很小，离散也很小，传播的距离较远，通常在建筑物之间或地域分散时使用。单模光纤PMD规范建议芯径为8~10 μm，包层直径为125 μm。

多模光纤是在给定的工作波长上，能以多个模式同时传输的光纤。多模光纤的纤芯直径一般为50~200 μm，而包层直径的变化范围为125~230 μm，计算机网络用纤芯直径为62.5 μm，包层为125 μm，也就是通常所说的62.5 μm光纤。与单模光纤相比，多模光纤的传输速度低、距离短、整体的传输性能差，但其成本比较低，一般用于建筑物内或地理位置相邻的环境。

二、认识电缆连接器件

常见的电缆连接器件包括信息模块、信息面板、底盒、配线架、铜缆跳线和水晶头等。

1. 信息模块

信息模块（也叫"信息插槽"）主要用于连接设备间和工作间，一般从内墙走，所以不容易被破坏，具有更高的稳定性和耐用性，同时可以减少绕行布线造成的不必要的高成本。信息模块如图 1-6 所示。

信息模块满足 T568A 超五类传输标准，符合 T568A 和 T568B 线序，适用于设备间与工作区的通信插座连接。信息模块采用免工具型设计，便于准确、快速地完成端接，扣锁式端接帽确保导线全部端接并防止滑动。

图 1-6　信息模块

按信息模块频率和信噪比，可分为三类、四类、五类、超五类、六类、超六类、七类等信息模块。

按信息模块是否有屏蔽层，可分为屏蔽信息模块和非屏蔽信息模块。

按信息模块接口类型，可分为 RJ 型接口信息模块和非 RJ 型接口信息模块。

按信息模块是否需要打线工具，可分为打线式信息模块和免打线式信息模块。

2. 信息面板

常用面板分为单口面板和双口面板，面板外形和尺寸符合国标 86 型、120 型。

86 型面板的宽度和长度均为 86 mm，通常采用高强度塑料材料制成，主要用于墙面上的安装，具有防尘功能，如图 1-7 所示。

120 型面板的宽度和长度均为 120 mm，通常采用铜等金属材料制成，主要用于地面上的安装，具有防尘、防水功能，如图 1-8 所示。

图 1-7　86 型面板　　　　　图 1-8　120 型面板

3. 底盒

常用底盒分为明装底盒和暗装底盒，如图 1-9 所示。明装底盒通常采用高强度塑料材料制成。暗装底盒既有塑料材料制成的也有金属材料制成的。

4. 配线架

配线架是管理子系统中最重要的组件，是实现垂直干线和水平布线两个子系统交叉连接的枢纽，一般放置在管理区和设备间的机柜中。

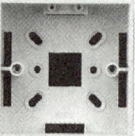

图 1-9　底盒

配线架按传输介质分为双绞线配线架和光纤配线架。
配线架按功能分为网络配线架（数据配线架）和语音配线架。
配线架按端口是否固定分为固定端口配线架和模块式配线架。
配线架按是否屏蔽层分为非屏蔽配线架和屏蔽配线架。
配线架按频率和信噪比分为3类、4类、5类、超5类、6类及7类。
双绞线配线架主要是在管理子系统中将双绞线进行互连或交接操作，起着传输信号的灵活转接、灵活分配以及综合统一管理的作用，如图1-10所示。
语音配线架一般采用110型配线架，主要用于配线间和设备间的语音线缆的端接、安装和管理，如图1-11所示。

图1-10 超5类24口非屏蔽配线架

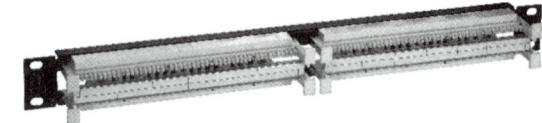

图1-11 超5类110型配线架

110型配线架有多种结构，常见的有110A型配线架、110D型配线架、110P型配线架。

5. 铜缆跳线

铜缆跳线就是长度很短的铜缆连接线。跳线主要用于配线架上交接各种链路，可作为配线架或设备连接电缆使用。常见的有110-110跳线、RJ45-RJ45跳线、110-RJ45跳线等。

6. 水晶头

水晶头是网络连接中重要的接口设备，是一种能沿固定方向插入并自动防止脱落的塑料接头，用于网络通信，因其外观像水晶一样晶莹透亮而得名为"水晶头"，主要用于连接网卡端口、集线器，交换机、电话等，如图1-12所示。网络水晶头有两种，一种是RJ45，一种是RJ11。

7. 光纤连接器

光纤连接器是光纤与光纤之间进行可拆卸（活动）连接的器件，它把光纤的两个端面精密对接起来，以使发射光纤输出的光能量能最大限度地耦合到接收光纤中去，并使因其介入光链路而对系统造成的影响减到最小。光纤连接器又称为光纤耦合器、分歧器、适配器、光纤法兰盘。

图1-12 水晶头

光缆连接器的类型，按传输媒介的不同可分为硅基和塑胶；按连接头结构形式可分为FC、SC、ST、LC、D4、DIN、MU、MT等形式。

8. 光纤跳线

光纤跳线用来做从设备到光纤布线链路的跳接线。有较厚的保护层，一般用在光端机和终端盒之间的连接，应用在光纤通信系统、光纤接入网、光纤数据传输以及局域网等一些领域。
单模光纤跳线一般用黄色表示，接头和保护套为蓝色。
多模光纤跳线一般用橙色表示，也有用灰色表示的，接头和保护套为米色或者黑色。

9. 光纤尾纤

光纤尾纤又叫猪尾线，只有一端有连接头，而另一端是一根光缆纤芯的断头，通过熔接与其他光纤纤芯相连，常出现在光纤终端盒内，用于连接光缆与光纤收发器。

10. 光纤信息插座

光纤信息插座可分成 ST、SC、LC、MT-RJ 等类型，按连接的光纤类型类别又分成多模、单模两种。

光纤信息插座的规格有单孔、二孔、四孔、多用户等。

三、认识布线工具

1. 铜缆布线工具

（1）打线钳。

信息插座与模块是嵌套在一起的，埋在墙中的网线是通过信息模块与外部网线进行连接的，墙内部网线与信息模块的连接，是通过把网线的 8 条芯线按规定卡入信息模块的对应线槽中实现的。

网线的卡入，需要一种专用的卡线工具，又称为打线工具，或称为"打线钳"，如图 1-13 所示。多对打线工具通常用于配线架网线芯线的安装。

打线钳主要用于线缆、模块、配线架等连接作业，工具头部一般采用特殊材料制作。打线钳打线时，首先用手在压线口按照线序把线芯整理好，然后开始压接，压接时必须保证打线钳方向正确，有刀口的一边必须在线端方向。正确压接后，刀口会将多余的线芯剪断，否则会将要用的网线铜芯剪断或者损伤。

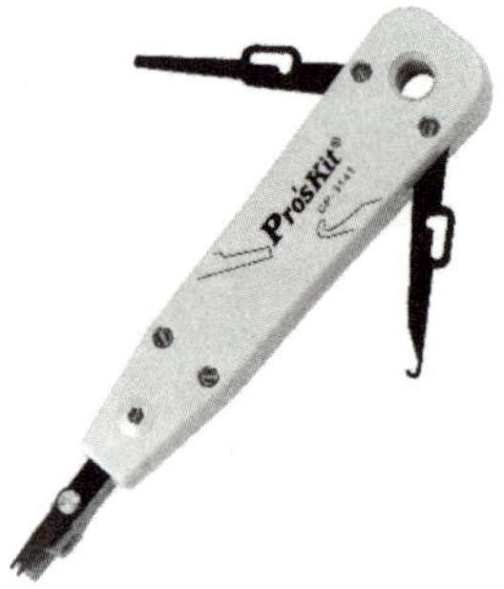

图 1-13　打线钳

（2）压线钳。

压线钳又称驳线钳，是用来压制水晶头的一种工具。常见的电话线接头和网线接头都是用压线钳压制而成的。如图 1-14 所示。

（3）剥线器。

剥线器一般外形比较小巧，操作方法为把线放在相应尺寸的孔内，并旋转 3 到 5 圈，即可除去线缆的外护套。如图 1-15 所示。

图 1-14　压线钳

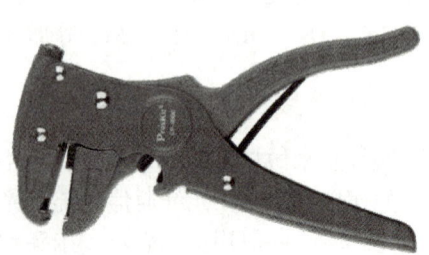

图 1-15　剥线器

（4）网络测线仪。

网络测线仪是用于测试双绞线、同轴电缆等网络传输介质是否能够连通的仪器，如图1-16所示。一般可以用于测试是否连通，连通的线序两侧是否相同等，高级的产品还能够检测线缆的串扰，干扰等信号传输质量。

图 1-16　网络测线仪

（5）寻线器。

寻线器是一种比较特殊的测量铜线的工具，一般用于检测线缆中间的断点，如图1-17所示。使用寻线器在交换机、路由器等设备开机状态下寻线，可快速测试线路的开路、短路及线序等特性。

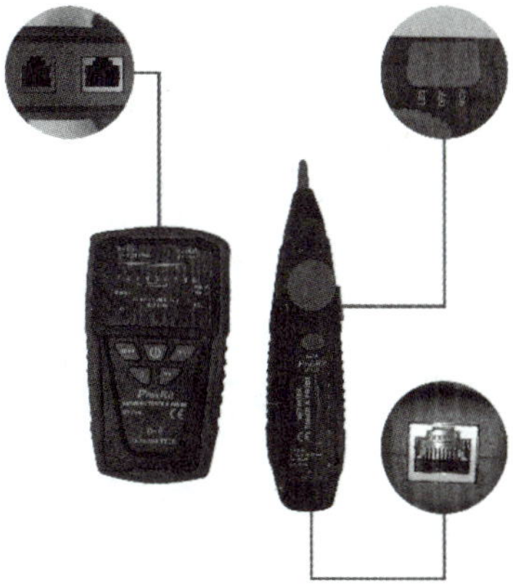

2. 光缆布线工具

光缆工具主要用于通信光缆线路的施工、维护、巡检及抢修等，主要包括通信光纤的截断、开剥、清洁及光纤端面的切割等工具。

（1）开缆工具。

开缆工具的功能是剥离光缆的外护套，有沿线缆走向纵向剖切和横向切断外护套两种开缆方式。

（2）光纤剥离钳。

光纤剥离钳包括200 mm钢丝钳和150 mm斜口钳等。其中200 mm钢丝钳用来夹持物品，剪断钢丝。

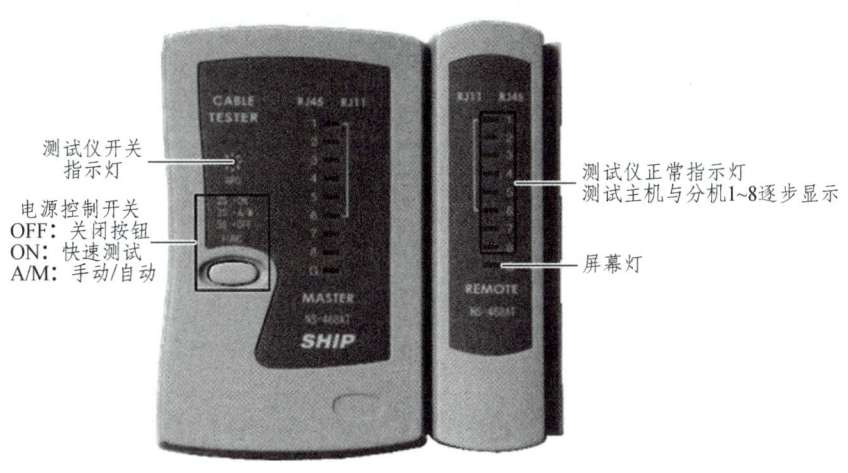

图 1-17　寻线器

（3）光纤切割机。

光纤切割机主要用来切割光纤，使光纤的切口更整齐，保证熔接的质量，减少信号的衰减和损耗。

（4）光纤熔接机。

光纤熔接机靠电弧将光纤接头熔化，同时运用准直原理，平缓推进，以实现光纤模场的耦合。

任务实施

(1)认识综合布线实训场地中各类器材的种类、型号和用途。
(2)认识综合布线实训场地中常用的工具,熟悉各类工具的使用。

任务小结

(1)小组讨论综合布线实训场地中各类器材的种类、型号和用途。
(2)小组讨论综合布线实训场地中常用的工具,熟悉各类工具的使用。

子任务 2　RJ45 水晶头端接和跳线制作及测试实训

任务描述

某学校网络中心在改造过程中，需要现场制作部分双绞线跳线。要求工作人员按 T568A、T568B 标准分别制作不同跳线并进行现场测试。

学习目标

（1）掌握 RJ45 水晶头和网络跳线的制作方法和技巧。
（2）掌握网络线的色谱、剥线方法、预留长度和压接顺序。
（3）掌握各种 RJ45 水晶头和网络跳线的测试方法。
（4）掌握网络线压接常用工具的操作技巧。

【建议学时】2 学时

知识准备

一、认识双绞线和水晶头

1. 双绞线（超五类非屏蔽）

组成：4 对 8 芯铜线和一根牵引线。
色标：橙白、橙、绿白、绿、蓝白、蓝、棕白、棕。

2. RJ45 水晶头

水晶头前端有 8 个凹槽，凹槽内有 8 个金属接点，与线芯接触，联通网络。

二、认识网线钳和测试仪

拿出网线钳和测试仪，展示实物，并一一讲解各部分的功能作用。

扫码观看电话线制作及连接

三、接线标准和连接方法

1. 双绞线制作的标准

EIA/TIA 的布线标准中规定了两种双绞线的线序：568A 与 568B，如图 1-18 所示。在整个网络布线中应用一种布线方式，但两端都有 RJ45 端头的网络连线无论是采用端接方式 A，还是端接方式 B，在网络中都是通用的。实际应用中，大多数都使用 T568B 的标准，通常认为该标准对电磁干扰的屏蔽更好。

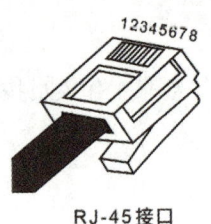 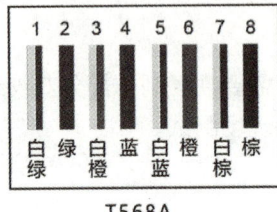 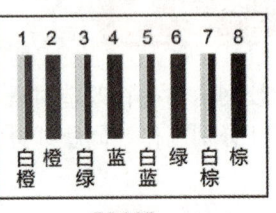

图 1-18 RJ-45 接头线序

标准 568A：
绿白—1，绿—2，橙白—3，蓝—4，蓝白—5，橙—6，棕白—7，棕—8。
标准 568B：
橙白—1，橙—2，绿白—3，蓝—4，蓝白—5，绿—6，棕白—7，棕—8。
在实际应用中，10 M/100 M 以太网的网线使用 1、2、3、6 编号的芯线传递数据。

2. 连接方法

根据网线两端连接网络设备的不同，网线又分为直通线（平行线）和交叉线两种。

直通线主要用于计算机和集线器、计算机和交换机、路由器和集线器、路由器和交换机之间的连接，当交换机级联时，用于级联端口和其普通端口相连的情况。

交叉线主要用于计算机与计算机、集线器和集线器、交换机和交换机、路由器和计算机之间的连接，当集线器级联时，用于集线器的普通端口和其普通端口相连的情况。

直通线制作方法：双绞线两端线序都遵循 T568A 标准或 T568B 标准。

交叉线制作方法：双绞线一端遵循 T568A 标准，另一端遵循 T568B 标准。

操作指引

1. 组织方式

（1）网络配线实训装置一套。
（2）实训材料包 1 个，RJ45 水晶头 4 个，500 mm 网线 2 根。

（3）剥线器 1 把，压线钳 1 把，钢卷尺 1 个，测线仪 1 个。

2. 操作要点

（1）穿戴干净整洁的工作服。
（2）遵守场地安全规定，注意用电安全。
（3）正确使用压线钳、测试仪工具。

扫码观看网线
跳线制作

任务实施

（1）用压线钳（或剥线器）将双绞线一端的外绝缘护套剥去 3 cm。
（2）拆开双绞线，将双绞线端头按照对应颜色拆开成为 4 对单绞线。
（3）将拆开的 4 对单绞线按 EIA/TIA 568B 标准（白橙，橙，白绿，蓝，白蓝，绿，白棕，棕）顺序将线芯撸直并拢。
（4）将芯线放到压线钳切刀处，8 根线芯要在同一平面上并拢，而且尽量直，在线芯长度约 1.5 cm 处剪齐。
（5）将双绞线插入 RJ45 水晶头中，插入过程中均匀用力直到插到尽头。然后检查 8 根线芯是否已经全部充分、整齐地排列在水晶头里面。
（6）将 RJ45 水晶头放入压线钳中，用力压紧后取出即可。
（7）重复以上步骤，完成另一端水晶头制作，这样就制作完成了一根网络跳线。
（8）把跳线两端 RJ45 接头分别插入测试仪上对应的插口中，观察测试仪指示灯闪烁顺序，如图 1-19 所示。

图 1-19 网线测试

如果有一芯或者多芯没有压接到位时，对应的指示灯不亮；如果有一芯或者多芯线序错误时，对应的指示灯将显示错误的线序。

任务小结

（1）讨论总结双绞线制作的方法及技巧。

制作步骤：
① 剥除双绞线外绝缘护套。
② 排列好线序。
③ 剪齐网线。
④ 插入水晶头。
⑤ 用钳子压实。
⑥ 上机测试。
（2）讨论总结双绞线制作过程中易犯的错误。

子任务 3　网络模块原理端接实训

任务描述

某学校网络中心布线完成后，为了确保网络的畅通，需要工作人员按 EIA/TIA 568B 标准将双绞线端接在网络模块中。

学习目标

（1）掌握网线的色谱、剥线方法、预留长度和压接顺序。
（2）掌握通信配线架模块的端接原理和方法，常见端接故障的排除。
（3）掌握常用工具和操作技巧。

【建议学时】2 学时

知识准备

一、EIA/TIA 568B 标准顺序

白橙—1，橙—2，白绿—3，蓝—4，白蓝—5，绿—6，白棕—7，棕—8。

二、模块端接原理

利用打线钳的机械压力将双绞线的 8 根线芯逐一压接到模块的 8 个接线口刀片中，在快速压接过程中刀片首先快速划破线芯绝缘护套，然后与铜线芯紧密接触，利用刀片的弹性实现刀片与线芯的长期电气连接，这 8 个刀片通过电路板与 RJ45 口的 8 个弹簧连接。在压接过程中利用压线钳前端的小刀片裁剪掉多余的线头。如图 1-20 为压线前刀片位置，图 1-21 为压线后刀片与线芯位置图。

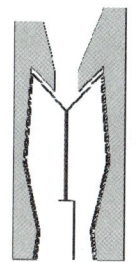　　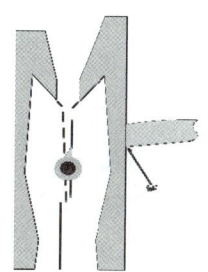

图 1-20　压线前刀片位置图　　图 1-21　压线后刀片与线芯位置图

三、操作注意事项

（1）打线钳在使用时要选择好钳口，就是与线径和线鼻子相匹配，压线时只要将两钳口的平面压靠就可以了。

（2）当用剥线钳来剥开双绞线外绝缘护套时，注意不能损伤8根线芯的绝缘层，更不能损伤任何一根线芯。

操作指引

1. 组织方式

（1）网络模块1个，信息面板1个，86底盒1个。
（2）实训材料包1个，500 mm网线1根。
（3）剥线器1把，压线钳1把，打线钳1把，钢卷尺1个。

2. 操作要点

（1）穿戴干净整洁的工作服。
（2）遵守场地安全规定，注意用电安全。
（3）正确使用压线钳、测试仪、打线钳工具。

任务实施

（1）双绞线从布线底盒中拉出，剪至合适的长度。
（2）用剥线钳剥除双绞线外绝缘护套。
（3）拆开4个线对，但线对之间不要拆开，按照信息模块上所指示的线序，稍稍用力将导线一一置入相应的线槽内，如图1-22所示。
（4）将打线工具的刀口对准信息模块上的线槽和导线，垂直向下用力，听到"喀"的一声，模块外多余的线被剪断，如图1-23所示。

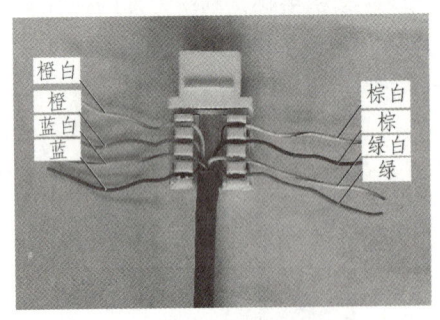

图1-22 信息模块线序

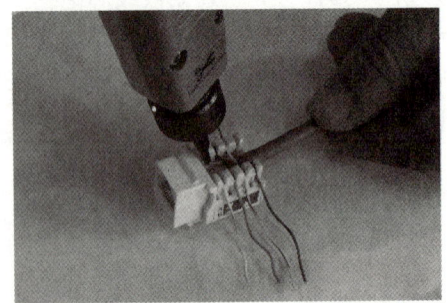

图1-23 信息模块压线

（5）重复该操作，将8条导线一一打入相应颜色的线槽中。

在放置接线对时可能会造成线对导线的分离，要尽量避免这样的情况出现。将所有的线对用手指调整到规定导线的方向上,并检查对应是否正确,将导线完全推入线槽后,剪掉多余线头,也可以使用打线工具进行导线压线,如图 1-24 所示。

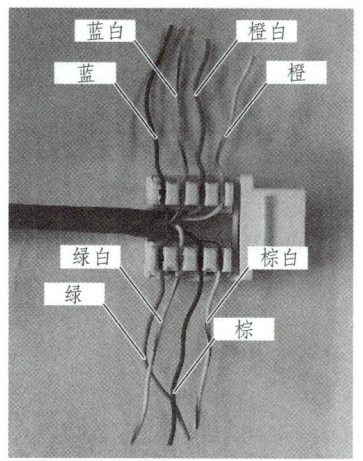

图 1-24　压好模块示意图

(6) 将塑料防尘片沿缺口穿入双绞线,并固定于信息模块上。双手压紧防尘片,模块端接完成。

(7) 将网络模块装入底盒时不要使线缆产生扭曲。如过改变线缆方向,应注意最小弯曲半径要求。如图 1-25 所示。

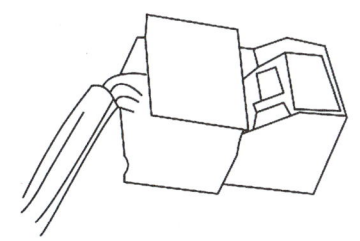 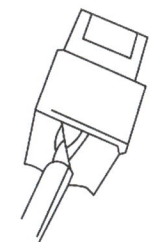

图 1-25　模块接线示意图

任务小结

在工作区安装信息插座,任务虽然简单,但安装的位置应符合相应的标准和规范,注意外形美观和整齐。

子任务 4 网络配线架端接实训

任务描述

某学校网络中心在改造过程中,当楼层所有信息点的网络汇聚到管理间后,为了规范管理,需要将所有信息点的网线端接在网络配线架中。

学习目标

(1)熟练掌握 RJ45 网络配线架模块端接方法。
(2)掌握通信跳线架模块端接原理和方法。
(3)掌握常用工具和操作技巧。

【建议学时】2 学时

知识准备

配线架的定位是在局端对前端信息点进行管理的模块化的设备。前端的信息点线缆(超 5 类或者 6 类线)进入管理间后首先进入配线架,将线打在配线架背面的模块上,然后用跳线将配线架正面的 RJ-45 端口与交换机连接。如图 1-26 所示。

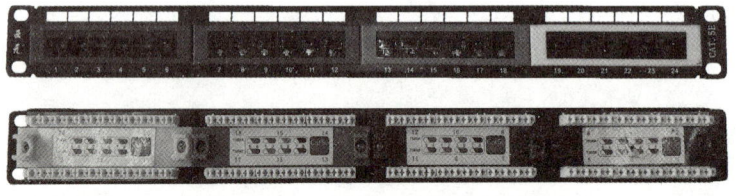

图 1-26 超 5 类 24 口非屏蔽配线架

总体来说,配线架是用来管理的设备,如果没有配线架,前端的信息点直接接入到交换机上,那么如果线缆出现问题,就要重新布线。此外,管理上也比较混乱,多次插拔可能引起交换机端口的损坏。配线架的存在就解决了这个问题,它使我们可以通过更换跳线来实现较好的管理。

操作指引

1. 组织方式

(1)网络配线架 1 个。
(2)实训材料包 1 个,RJ45 水晶头 4 个,500 mm 网线 2 根。

（3）剥线器 1 把，压线钳 1 把，打线钳 1 把，测试仪 1 个，钢卷尺 1 个。

2. 操作要点

（1）穿戴干净整洁的工作服。
（2）遵守场地安全规定，注意用电安全。
（3）正确使用压线钳、测试仪、打线钳工具。

任务实施

（1）在配线架上安装理线器，用于支撑和理顺过多的电缆。
（2）利用压线钳将线缆剪至合适的长度。
（3）利用剥线钳剥除双绞线的绝缘层。
（4）依据所执行的标准和配线架的类型，将双绞线的 4 对线按照正确的颜色顺序一一分开。注意，千万不要将线对拆开。
（5）根据配线架上所指示的颜色，将导线一一置入线槽。最后，将 4 个线对全部置入线槽。
（6）利用打线工具端接配线架与双绞线。
（7）重复第（2）步至第（6）步的操作，端接其他双绞线。
（8）将线缆理顺，并利用尼龙扎带将双绞线与理线器固定在一起。
（9）利用尖嘴钳整理扎带，配线架端接完成。

任务小结

（1）在实训过程中配线的准确率要放到第一位。
（2）要注重美观。
（3）配线架端接要规范，避免出现以下不规范情况，如图 1-27 所示。

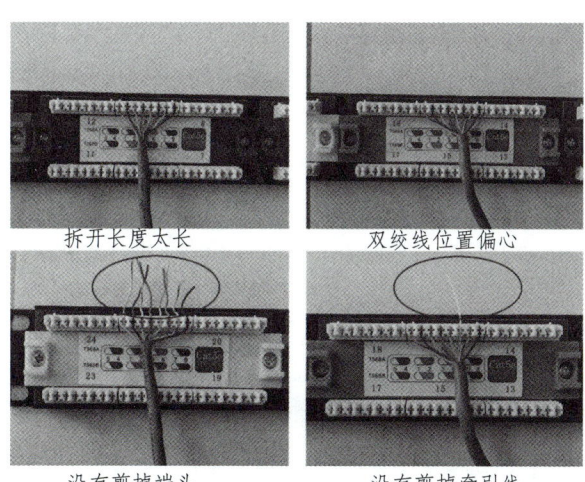

图 1-27　不规范的配线架端接

子任务 5　基本永久链路实训

任务描述

某学校网络中心在改造过程中,管理人员发现施工方部分网络的端接方法不规范,故障率较高,因此为了提高管理自身的管理水平,管理人员准备在综合布线实训装置上完成以下实验:

(1)完成 4 根网络跳线制作,一端插在测试仪 RJ45 口中,另一端插在配线架 RJ45 口中。

(2)完成 4 根网络线端接,RJ45 水晶头一端端接并且插在测试仪中,另一端在网络配线架模块端接。

(3)完成 4 个网络链路,每个链路端接 4 次 32 芯线,端接正确率 100%。

学习目标

(1)掌握网络永久链路。
(2)掌握网络跳线制作方法和技巧。
(3)掌握网络配线架的端接方法。
(4)掌握网络端接常用工具和操作技巧。

【建议学时】2 学时

知识准备

(1)EIA/TIA 568B 标准线序。
白橙—1,橙—2,白绿—3,蓝—4,白蓝—5,绿—6,白棕—7,棕—8。
(2)RJ45 水晶头端接和跳线制作。
(3)网络模块原理端接方法。
(4)打线工具操作注意事项。

操作指引

1. 组织方式

(1)网络配线架 1 个。
(2)实训材料包 1 个,RJ45 水晶头 12 个,500 mm 网线 8 根。
(3)剥线器 1 把,压线钳 1 把,打线钳 1 把,测试仪 1 个,钢卷尺 1 个。

2. 操作要点

(1)穿戴干净整洁的工作服。

（2）遵守场地安全规定，注意用电安全。
（3）正确使用压线钳、测试仪、打线钳工具。

任务实施

（1）从实训材料包中取出 3 个 RJ45 水晶头、2 根网线。
（2）打开网络配线实训装置上的网络跳线测试仪电源。
（3）按照 RJ45 水晶头的制作方法，制作第一根网络跳线，两端 RJ45 水晶头端接，测试合格后将一端插在测试仪 RJ45 口中，另一端插在配线架 RJ45 口中。
（4）把第二根网线一端首先按照 568B 线序做好 RJ45 水晶头，然后插在测试仪 RJ45 口中。
（5）把第二根网线另一端剥开，将 8 芯线拆开，按照 568B 线序端接在网络配线架模块中，这样就形成了一个 4 次端接的永久链路。如图 1-28 所示。
（6）测试压接好模块后，这时对应的 8 组 16 个指示灯依次闪烁，显示线序和电气连接情况。
（7）重复以上步骤，完成四个网络链路和测试。

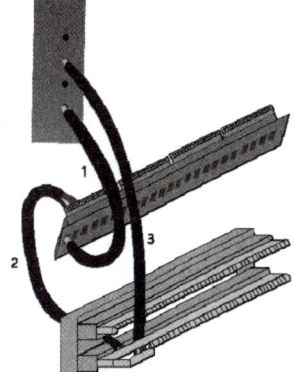

图 1-28　链路端接示意图

任务小结

（1）设计 1 个带 CP 集合点的综合布线永久链路图。
（2）总结永久链路的端接技术，如 568A 和 568B 端接线顺序和方法。
（3）总结 RJ45 模块和 5 对连接模块端接方法。

子任务 6　工作区子系统实训

任务描述

某学校需要实施学校二期校园网络的改造工程，为保障在校园网络改造期间不影响网络的使用，采用工作区分片方式改造，改造一块，成熟一块。为了保障未来网络的整体运行稳定，首先针对网络中心工作区的交换机设备实施改造。

小明是网络中心新入职的网络管理员，因此需要学习工作区子系统综合布线规划、设计以及安装实施过程。

学习目标

（1）通过设计工作区信息点位置和数量，掌握工作区子系统的设计。
（2）通过预算、领取材料和工具、现场管理，掌握工程管理经验。
（3）通过信息点插座和模块安装，掌握工作区子系统规范施工能力和方法。

【建议学时】4 学时

知识准备

一、工作区子系统的基本概念

1. 什么是工作区子系统

工作区子系统即指建筑物内水平范围的个人办公区域，是放置应用系统终端设备的地方。它将用户的通信设备连接到综合布线系统的信息插座上。该系统所包含的硬件包括信息插座、插座盒（或面板）、连接软线以及适配器或连接器等连接附件，如图 1-29 所示。

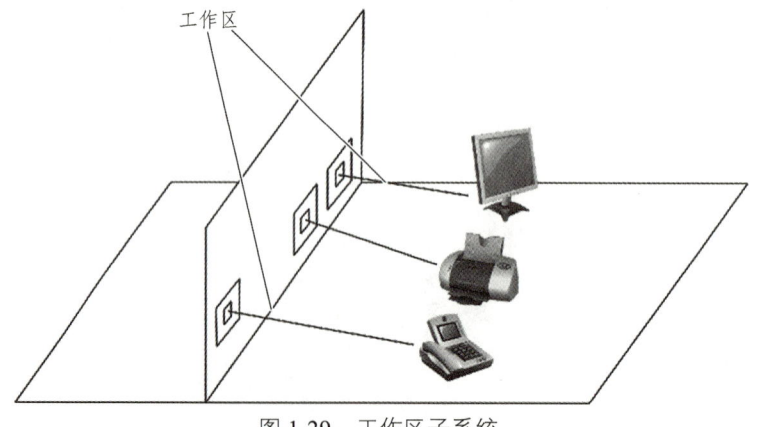

图 1-29　工作区子系统

2. 工作区的划分原则

按照 GB 50311 国家标准规定，工作区是一个独立的需要设置终端设备的区域。工作区应由配线（水平）布线系统的信息插座，延伸到终端设备处的连接电缆及适配器组成。一个工作区的服务面积可按 5~10 m^2 估算，也可按不同的应用环境调整面积的大小。

3. 信息插座连接技术要求

（1）每个工作区至少要配置一个信息插座，信息插座是终端（工作站）与水平子系统连接的接口。

（2）每个工作区至少应配置 1 个 220V 交流电源插座，工作区的电源插座应选用带保护接地的单相电源插座，保护接地与零线应严格分开。电源插座底部离地面的高度宜为 300 mm，与信息插座应相距 200 mm 以上。

（3）凡未确定用户需要和尚未对具体系统做出承诺时，建议在每个工作区安装两个信息插座，以便于灵活使用。

4. 工作区设计要点

优先选用双口插座，不建议使用三口或四口插座，一般使用网络插座底盒和面板尺寸为 86 型，即长和宽均为 86 mm，内部空间比较小，无法保证容纳更大网络双绞线曲率半径。

信息插座设计在距离地面 30 cm 以上，如果在地面设置信息插座，必须选用金属面板，并具有抗压、防水功能。

5. 工作区适配器的选用原则

（1）在设备连接器采用不同于信息插座的连接器时，可用专用电缆及适配器。

（2）为了特殊的应用而实现网络的兼容性时，可用转换适配器。

（3）在配线（水平）子系统中，选用的电缆类别（介质）不同于设备所需的电缆类别（介质）时，宜采用适配器。

（4）在连接使用不同信号的数模转换设备、光电转换设备及数据速率转换设备等装置时，宜采用适配器。

（5）在单一信息插座上进行两项服务时，可用"Y"型适配器。根据工作区内不同的电信终端设备（例如 ADSL 终端）可配备相应的适配器。

二、工作区子系统设计

1. 设计工作区子系统步骤

工作区子系统设计之前，首先与用户进行充分的技术交流，认真阅读用户提供的设计委托书，了解建筑的结构、面积等信息。其次，认真阅读建筑物图纸，计算信息点数量，并确定信息插座的类型和位置，然后进行初步规划和设计，最后进行概算和预算。

一般工作流程如下：

阅读委托书→需求分析→技术交流→阅读建筑物图纸→初步设计→概算→方案确认→正式设计→预算。

2. 工作区子系统初步设计

（1）确定工作区面积。

建筑物大体上可以分为商业、媒体、体育、医院、文化、学校、交通、住宅、通用工业等类型，建筑物的功能呈现多样性和复杂性，因此，对工作区面积的划分应根据应用的场合做具体的分析后确定。一般建筑物设计时，可按照 GB 50311—2007 国家标准对工作区面积进行划分，如表 1-1 所示。

表 1-1 工作区面积划分表

建筑物类型及功能	工作区面积（m²）
网管中心、呼叫中心、信息中心等终端设备较为密集的场地	3~5
办公区	5~10
会议、会展	10~60
商场、生产机房、娱乐场所	20~60
体育场馆、候机室、公共设施区	20~100
工业生产区	60~200

（2）工作区信息点的配置。

一个独立的需要设置终端设备的区域，宜划分为一个工作区。每个工作区需要设置一台计算机网络数据点或者语音电话点，也可以按用户需要设置。每个工作区信息点数量可按用户的性质、网络构成和需求来确定。一般建筑物设计时，可按照 GB 50311—2007 国家标准对信息点数量进行配置，如表 1-2 所示。

表 1-2 信息点数量配置

建筑物功能区	信息点数量（每个工作区）			备注
	电话	数据	光纤（双工端口）	
办公区（一般）	1个	1个		
办公区（重要）	1个	2个	1个	对数据信息有较大的需求
出租或大客户区域	2个或2个以上	2个或2个以上	1个或1个以上	指整个区域的配置量
办公区（e2务工程）	2~5个	2~5个	1个或1个以上	涉及内、外网络时

（3）工作区信息点点数统计表。

工作区信息点点数统计表简称点数表，是设计和统计信息点数量的基本工具和手段。点数统计表能够准确和清楚地表示和统计出建筑物的信息点数量。一般使用 Microsoft Excel 工作表，如表 1-3 所示。

表 1-3 建筑物信息点点数统计表

楼层编号	房间或区域号										数据点数合计	语音点数合计	信息点数合计
	1		2		3		4		5				
	语音	数据	语音	数据	语音	数据	语音	数据	语音	数据			
楼层1													
楼层2													
楼层3													
……													
合计													

初步设计的主要工作是完成点数表，初步设计的程序是在需求分析和技术交流的基础上，首先确定每个房间或者区域的信息点位置和数量，然后制作和填写点数统计表。

3. 工作区子系统概算

在初步设计的最后要给出该项目的概算，这个概算是指整个综合布线系统工程的造价概算，其中也包括工作区子系统的造价。

工程概算的计算方法公式如下：

$$工程造价概算 = 信息点数量 \times 信息点的价格$$

每个信息点的造价概算中应该包括材料费、工程费、运输费、管理费、税金等全部费用。材料费中应该包括模块、网线、底盒、面板、桥架、线槽、线管以及机柜、配线架（如果需要）等全部材料和配件。

例如：点数统计表中有数据信息点 30 个，每个点的施工费是 45 元，模块 12 元，面板及底盒 10 元。每个点的造价=45+12+10=67（元），则分项造价概算=30×67=2 010（元）。

点数统计表中有语音信息点 15 个，每个点的施工费是 38 元，模块 10 元，面板及底盒 12 元。每个点的造价=38+10+12=60（元），则分项造价概算=15×60=900（元）。

4. 初步设计方案确认

初步设计方案主要包括点数统计表和概算两个文件，因为工作区子系统信息点数量直接决定综合布线系统工程的造价，信息点数量越多，工程造价越高。工程概算的多少与选用产品的品牌和质量有直接关系，工程概算多时宜选用高质量的知名品牌，工程概算少时宜选用区域知名品牌。点数统计表和概算也是综合布线系统工程设计的依据和基本文件，因此必须经过用户确认。

用户确认的一般程序如下：

整理点数统计表→准备用户确认签字文件→用户交流和沟通→用户确认签字和盖章→设计方签字和盖章→双方存档。

5. 图纸设计

综合布线系统工作区信息点的图纸设计是综合布线系统设计的基础工作,直接影响工程造价和施工难度,也直接影响大型工程的工期,因此工作区子系统信息点的设计工作非常重要。

在一般综合布线工程设计中,不会单独设计工作区信息点布局图,而是综合在网络系统图样中,这里就不再一一叙述了。

三、网络插座的安装

1. 网络插座安装方式

网络插座按安装方式可分为地弹式、墙面式、桌面式。

地弹插座面板一般由黄铜制造,只适合在地面安装。地弹插座面板一般都具有防水、防尘、抗压功能,使用时打开盖板,不使用时,盖好盖板与地面高度相同。

墙面插座面板一般为塑料制造,只适合在墙面安装,一般具有防尘功能,使用时打开防尘盖,不使用时,关闭防尘盖。

桌面插座面板目前已很少使用。

2. 网络插座安装要求

(1)信息插座模块、多用户信息插座、集合点配线模块安装位置和高度应符合设计要求。

(2)安装在活动地板内或地面上时,应固定在接线盒内,插座面板采用直立和水平等形式;接线盒盖可开启,并应具有防水、防尘、抗压功能,接线盒盖面应与地面齐平。

(3)信息插座底盒同时安装信息插座模块和电源插座时,间距及采取的防护措施应符合设计要求。

3. 网络插座底盒安装

明装底盒经常在改扩建工程墙面明装方式布线时使用,一般为白色塑料盒,外形美观,表面光滑,外形尺寸比面板稍小一些,底板上有 2 个直径 6 mm 的安装孔,用于将底座的固定,正面有 2 个 M4 螺孔,用于固定面板,侧面预留有上下进线孔。

暗装底盒一般在新建项目和装饰工程中使用,暗装底盒常见的有金属和塑料两种。

4. 网络插座底盒安装步骤

各种底盒安装时,一般按照下列步骤:

(1)目视检查产品的外观合格。特别检查底盒上的螺丝孔必须正常,如果其中一个螺丝孔损坏时坚决不能使用。

(2)取掉底盒挡板。根据进出线方向和位置,取掉底盒预设孔中的挡板。

(3)固定底盒。明装底盒按照设计要求用膨胀螺丝直接固定在墙面。暗装底盒首先使用专门的管接头把线管和底盒连接起来，这种专用接头的管口有圆弧，既方便穿线，又能保护线缆不会划伤或者损坏，然后用螺丝或者水泥砂浆固定底盒。

操作指引

1. 组织方式

（1）网络实训场地模拟墙1套。
（2）明装底盒、双口面板、网络模块、超五类双绞线等若干。
（3）剥线器、压线钳、打线钳、螺丝刀等实训工具。

2. 操作要点

（1）穿戴干净整洁的工作服。
（2）遵守场地安全规定，注意用电安全。
（3）正确使用压线钳、测试仪、打线钳工具。

任务实施

（1）根据网络实训场地实际情况设计一种工作区子系统的布线图，并制作完成点数统计表。
（2）按照设计图绘制现施工图，并制作完成材料表和预算书。
（3）按照材料表领取实训材料和工具。
（4）按照设计图纸独立完成工作区子系统的信息插座、网络模块、底盒、面板和布线安装实训，掌握安装方法和技巧。
（5）熟练掌握常用工具的使用方法和技巧。

任务小结

（1）现场勘察：工作区子系统实训开始之前，首先要勘察施工现场，确定底盒等设备安装位置，避免盲目施工给工程带来浪费和拖延工期。
（2）轻松安装：在安装信息点数量比较多、安装位置统一的情况下，如学院后勤区学生公寓内安装信息插座。一个房间安装4个信息插座，每个插座上有数据和语音点，同时由于信息插座安装位置比较低，施工人员需要长时间蹲下工作，需要携带小马扎，这可以减轻工程师的体力损耗，加快工作效率。
（3）标签：每次在安装模块和面板时，有时忽略了在面板上做标签，给以后开通网络造成麻烦，所以在完成信息插座安装后，在面板上一定要进行标签标示，且内外必须一致，便于以后的开通使用和维护。

子任务 7　水平子系统实训

任务描述

某学校有一幢 5 层高的实验楼，每层楼均为走廊单边分布 3 间实验室，每层楼的第一个实验室里面又有一个小的办公室，图 1-30 为第一层的平面图，其他各层结构分布与第一层一样。根据学校实际情况，需要对实验楼进行综合布线。

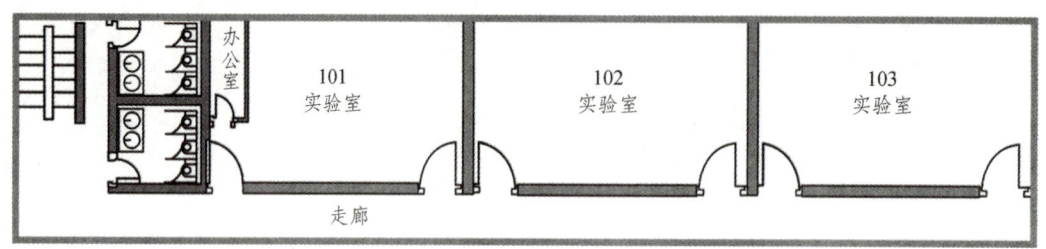

图 1-30　实验楼第一层平面图

学习目标

（1）掌握水平子系统的设计和材料预算。
（2）掌握模块、网络配线架和 110 配线架的端接技术。
（3）掌握 PVC 线管、线槽安装方法、布线技术和操作规范。
（4）掌握综合布线水平子系统的施工流程和方法。
（5）掌握常用工具和材料的使用方法。

【建议学时】4 学时

知识准备

一、什么是水平子系统

水平子系统指从工作区信息插座至楼层管理间（FD-TO）的部分，在 GB 50311 国家标准中称为配线子系统，以往资料中也称水平干线子系统，由用户信息插座、水平电缆、配线设备等组成。

综合布线中水平子系统是计算机网络信息传输的重要组成部分，采用星型拓扑结构，一般由 4 对 UTP 线缆构成，如果有磁场干扰或信息保密时，可用屏蔽双绞线，高带宽应用时，可用光缆。

按照 GB 50311—2007 的规定，水平子系统信道的最大长度不应大于 100 m，其中水平缆线长度不大于 90 m，一端工作区设备连接跳线不大于 5 m，另一端设备间的跳线不大于 5 m。如果两端的跳线之和大于 10 m 时，水平缆线的长度应适当减少，以保证水平子系统信道的最大长度不超过 100 m。水平布线系统施工是综合布线系统中工程量最大的工作，在建筑物施工完成后，不易变更，通常都采取"水平布线一步到位"的原则，因此要施工严格，保证链路性能。

二、水平子系统采用的结构

水平布线应采用星型拓扑结构，每个工作区的信息插座都要和管理区相连。每个工作区一般需要提供语音和数据两种信息插座。

三、水平子系统和垂直干线的区别

（1）垂直子系统通常位于建筑物内垂直的弱电间；水平子系统通常处在同一楼层上，线缆一端接在配线间的配线架上，另一端接在信息插座上。

（2）垂直子系统通常采用大对数双绞电缆或光缆；水平子系统通常采用 4 对非屏蔽双绞电缆，能支持大多数终端设备。在有磁场干扰或信息保密时可采用屏蔽双绞线，在高宽带应用时应采用光缆。

操作指引

1. 组织方式

（1）网络实训场地模拟墙 1 套。
（2）明装底盒、双口面板、网络模块、超五类双绞线、线管、线槽等若干。
（3）锯弓、剥线器、压线钳、打线钳、线管钳、螺丝刀、电动起子等实训工具。

2. 操作要点

（1）穿戴干净整洁的工作服。
（2）遵守场地安全规定，注意用电安全。
（3）正确使用锯弓、线管钳、电动起子等实训工具。
（4）合理规划各小组成员的分工，加强小组合作意识。

任务实施

（1）根据网络实训场地实际情况，结合学校实验楼的平面图设计一种水平子系统的布线图，设计内容包含但不限于下列要求：

① 水平主干布线利用楼层走廊通道天花板上敷设主干 PVC 线槽，三通和弯角采用手工成型。

② 各实验室均要求安装 1 个网络信息点，各楼层的办公室均再安装 1 个语音信息点用于

安装电话。

③ 各实验室的信息点均汇集到楼层的管理间中,做好 110 配线架的端接并利用鸭嘴跳线跳接到语音程控交换机上,电话接到该实验室的语音信息点上,确保电话能够接通。

(2)按照设计图绘制现场施工图,并制作完成材料表和预算书。

(3)按照材料表领取实训材料和工具。

(4)按照设计图纸完成水平子系统的布槽、布管和布线安装实训。

(5)掌握 PVC 线管、线槽、阴角、阳角、三通的安装方法和技巧。

(6)掌握锯弓、电动起子、线管钳等实训工具的使用方法和技巧。

(7)要求系统设计合理、路径清楚、接头合理、安装施工规范。

任务小结

(1)通过 PVC 线管、线槽的敷设,了解线管、线槽的相关知识和标准,熟悉线管、线槽的制作规范和步骤。

(2)根据实训现场配线架与各信息点之间的距离,裁剪合适长度的双绞线,确保双绞线不要太长太浪费,线缆两端必须用标签注明各房间号,其中办公室的网络信息点和语音信息点分别在房间号后面再增加一个字母 D 和 V,如 101D 表示 101 办公室的网络信息点,101V 表示 101 办公室的语音信息点,然后将裁剪好的双绞线敷设到线管和信息点底盒中。

(3)根据各信息点的顺序在配线架上依次端接好各个端口,然后整理并绑定线缆,用扎带固定好,固定时注意线缆应"横平竖直"。

(4)施工过程中,线缆两端、面板、配线架等应粘贴相应标签,为后续的测试及维护奠定基础。

子任务 8　垂直子系统实训

任务描述

某学校有一栋三层办公楼，每层楼有 3 间办公室，每间办公室有 1 个信息点，每层楼都有一个管理间 FD，整栋楼的设备间 BD 位于一楼，并和一楼的 FD 共用同一个区域，办公楼平面图如 1-31 所示。现要设计一种垂直子系统，将每层楼的 FD 与位于一楼的 BD 连通，从而实现整个办公楼的网络畅通。

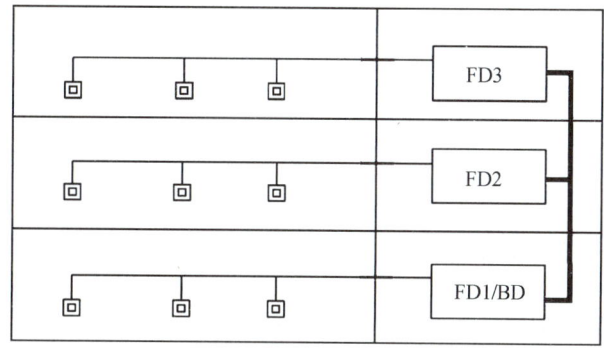

图 1-31　办公楼平面图

学习目标

（1）熟练掌握垂直子系统的设计和材料预算。
（2）通过在墙面安装 PVC 线管、线槽、钢缆等垂直子系统的实训，掌握综合布线垂直子系统的施工流程和方法。
（3）掌握常用工具和材料的使用方法。

【建议学时】2 学时

知识准备

一、什么是垂直子系统

在 GB 50311—2007 国家标准中，把垂直子系统称为干线子系统，它是综合布线系统中非常关键的组成部分。垂直子系统由设备间子系统与管理间子系统的引入口之间的布线组成，实际工程中通常采用大对数电缆或光缆来连接，两端分别连接在设备间和楼层管理间的配线架上。如图 1-32 所示。

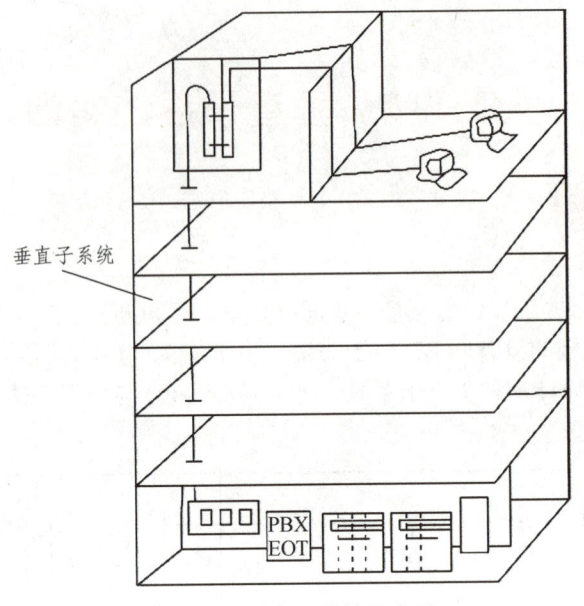

图 1-32 垂直子系统示意图

二、垂直子系统的设计范围

垂直子系统的设计范围包括各条干线、接线间之间的电缆，走线用的竖向或横向通道，以及主设备间与计算机中心间的电缆。

三、垂直子系统的拓扑结构

垂直子系统的布线是一个星型结构，从建筑物设备间向各个楼层的管理间布线，实现大楼信息流的纵向连接，如图 1-33 所示。

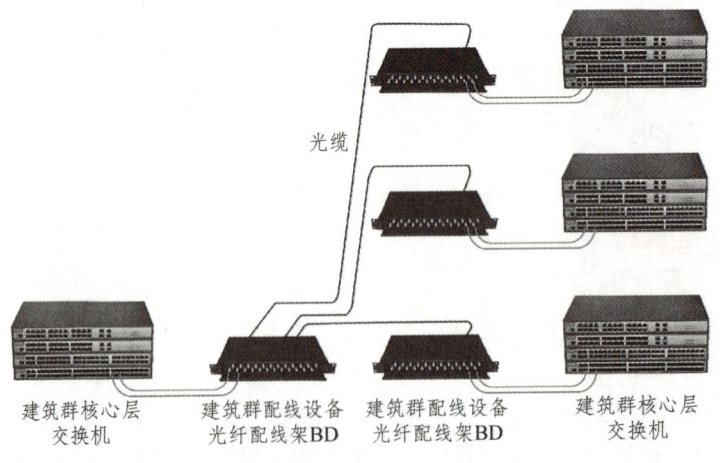

图 1-33 垂直系统布线图

四、垂直子系统的设计要求

（1）在垂直子系统中，为防止语音传输对数据传输的干扰，必须遵守语音电缆和数据电缆分开的原则。同时，语音传输和数据传输往往采用不同种类的缆线传输，语音系统一般使用 3 类大对数电缆；数据系统一般使用 4 对双绞线电缆、25 对大对数电缆或光缆。在实际工程应用中，垂直子系统首先考虑传输速率，一般选用光缆。光纤可利用的带宽约为 5 000 GHz，可以轻松实现 1 Gb/s ~ 10 Gb/s 的网络传输。

在下列场合，应首先考虑选择光缆：

① 带宽需求量较大，如银行等系统的干线。
② 传输距离较长，如园区或校园网主干线。
③ 保密性、安全性要求较高，如保密、安全国防部门等系统的干线。

（2）由于垂直子系统中的光缆或者电缆路由比较短，而且跨越楼层或者区域，因此在布线路由中不允许有接头或者 CP 集合点等各种转接点。

（3）垂直子系统通常使用光缆传输数据，同时对数据传输速率要求高，因此在设计时，垂直子系统的缆线应该垂直安装，如果在路由中间或者出口处需要拐弯时，必须设计大弧度拐弯，保证缆线的曲率半径和布线方便。

（4）在垂直子系统的设计中一般选用光缆，并且需要预留备用缆线，在施工中要规范施工和保证工程质量，最终保证垂直子系统能够满足整栋大楼各个楼层用户的需求和扩展需要。

（5）垂直子系统的线缆必须采用线槽保护方式，施工中应注意：

① 严格按照设计图进行施工，确保线槽安装位置合理，安装牢固。线槽竖直安放时，垂直偏差小于 1%，水平偏差小于 3 mm。线槽表面要完整，无损伤，螺丝固定要紧，凹凸度应小于 1 mm。
② 线槽配线前应消除槽内的污物，并仔细核对型号规格、程式、路由及位置与设计规定是否相符。
③ 在同一线槽内包括绝缘在内的导线截面积总和应该不超过内部截面积的 40%。线槽内缆线的布放应平直、不得产生扭绞，打圈等现象，不应受到外力的挤压和损伤。
④ 缆线布放时应有冗余，在交接间、设备间对绞电缆预留长度一般为 3 ~ 6 m；工作区为 0.3 ~ 0.6 m；光缆在设备端预留长度一般为 5 ~ 10 m；有特殊要求的应按设计要求预留长度。
⑤ 电源线与信号电缆、对绞电缆、光缆及建筑物内其他弱电系统的缆线应分离布放，各缆线间的最小净距应符合设计要求。
⑥ 缆线在布放前两端应贴有标签，以表明起始和终端位置，标签书写应清晰、端正和正确。

（6）垂直子系统布线路由一般使用金属桥架，因此在设计和施工中要加强接地措施，预防雷电击穿破坏，还要防止缆线遭破坏，并且注意与强电保持较远的距离，防止电磁干扰等。

操作指引

1. 组织方式

（1）网络实训场地模拟墙 1 套。

（2）PVC线管、线槽、配线架、3类大对数电缆、超五类双绞线等若干。
（3）锯弓、剥线器、压线钳、打线钳、线管钳、螺丝刀、电动起子等实训工具。

2. 操作要点

（1）计算和准备好实验需要的材料和工具。
（2）完成竖井内模拟布线实验，合理设计和施工布线系统，路径合理。
（3）垂直布线平直、美观，接头合理。
（4）掌握垂直子系统线槽/线管的接头和三通连接以及大线槽开孔、安装、布线、盖板的方法和技巧。
（5）掌握锯弓、线管钳、电动起子等工具的使用方法和技巧。

任务实施

（1）根据办公楼基础图纸，结合网络实训场地实际情况设计垂直子系统的布线图，如图1-34所示。

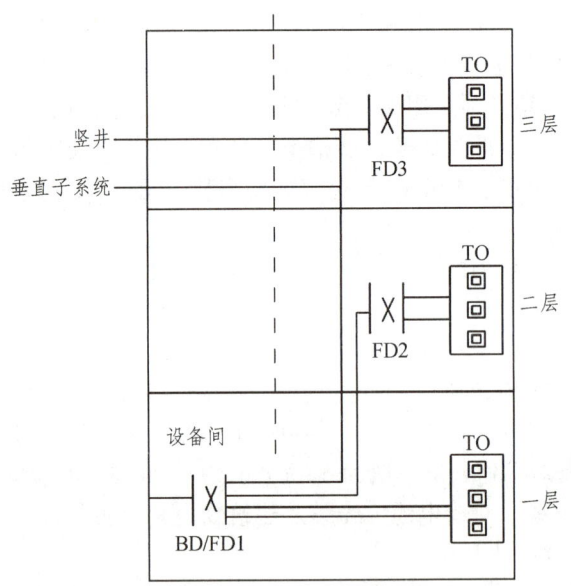

图1-34 垂直子系统布线图

（2）按照设计图绘制现施工图，并制作完成材料表和预算书。
（3）按照材料表领取实训材料和工具。
（4）按照设计图纸完成垂直子系统的布槽、布管和布线安装实训。
（5）要求系统设计合理、路径清楚、接头合理、安装施工规范。
（6）掌握垂直子系统线管/线槽接头、三通连接以及大线槽开孔、安装、布线、盖板的操作方法和技巧。
（7）掌握锯弓、电动起子、线管钳等实训工具的使用方法和技巧。

任务小结

（1）垂直子系统中敷设电缆时，施工人员在施工过程中要使用电缆测试仪对刚完成的电缆的连通性进行测试，检查电缆打线是否正确，如果发现问题应及时解决，以保证线对安装正确。一般要求4对对绞电缆与配线架或信息插座的8位信息模块相连时，必须按色标和线序进行卡接，在一个工程中应该统一使用一种线序，不得混用。

（2）垂直子系统中敷设光缆时，在施工前应先进行器材检验，通常使用激光笔或明亮的手电筒来检查光纤的连续性，必要时需要采用光纤损耗测试仪对光纤链路的插入损耗和光纤长度进行测试，对光纤链路的衰减进行测试，同时测试光纤跳线的衰减值。

（3）施工过程中，线缆两端、面板、配线架等应粘贴相应标签，为后续的测试及维护奠定基础。

学习任务二

入侵报警系统

任务描述

入侵报警系统（Intruder Alarm System，IAS）是利用传感器技术和电子信息技术探测并指示非法进入或试图非法进入设防区域（包括主观判断面临被劫持或遭抢劫或其他危急情况时，故意触发紧急报警装置）的行为、处理报警信息、发出报警信息的电子系统或网络。

（1）了解入侵报警系统概念；
（2）了解入侵报警系统标准；
（3）认识主动防御和被动防御的理论知识，能有效区别主动防御和被动防御。

学习任务

（1）入侵报警系统认识。
（2）入侵报警系统设备认识。
（3）主动红外入侵探测器实训。
（4）被动红外入侵探测器实训。
（5）电子围栏报警系统实训。

子任务1 入侵报警系统认识

任务描述

认识入侵报警系统组成，了解入侵报警系统的基本功能及设备构成、组建模式等。

学习目标

认识报警系统的组成部分，掌握总线制、分线制和无线制传输的区别。

【建议学时】1学时

知识准备

一、入侵报警系统概述

入侵报警系统包括自动报警系统和人工报警系统。

自动报警系统是用各类探测装置对需要监视的区域（如周界、人员车辆出入口、通道、公共区域、重要部位等场所）进行布防，系统可探测到被监视区域的非法侵入，并及时向有关人员报警；人工报警系统是指工作人员遇到紧急情况或受到威胁时，由现场人员向报警中心报警（如紧急求救按钮、脚挑开关等）。

入侵报警系统一般由入侵探测器、报警控制主机、传输部分等组成。

入侵报警系统的传输分为有线传输和无线传输，其中有线传输包括总线传输、多线传输、总线与多线混合的传输方式。

二、入侵报警系统基本组成

入侵报警系统通常由前端设备（包括探测器和紧急报警装置）、传输设备、处理/控制/管理设备和显示/记录设备部分构成，如图2-1所示。

前端探测部分由各种探测器组成，是入侵报警系统的触觉，相当于人的眼睛、鼻子、耳朵、皮肤等，能感知现场的温度、湿度、气味、能量等各种物理量的变化，并将其按照一定的规律转换成适合传输的电信号。

操作控制部分主要是报警控制器。

监控中心负责接收、处理各子系统发来的报警信息、状态信息等，并将处理后的报警信息、监控指令分别发往报警接收中心和相关子系统。

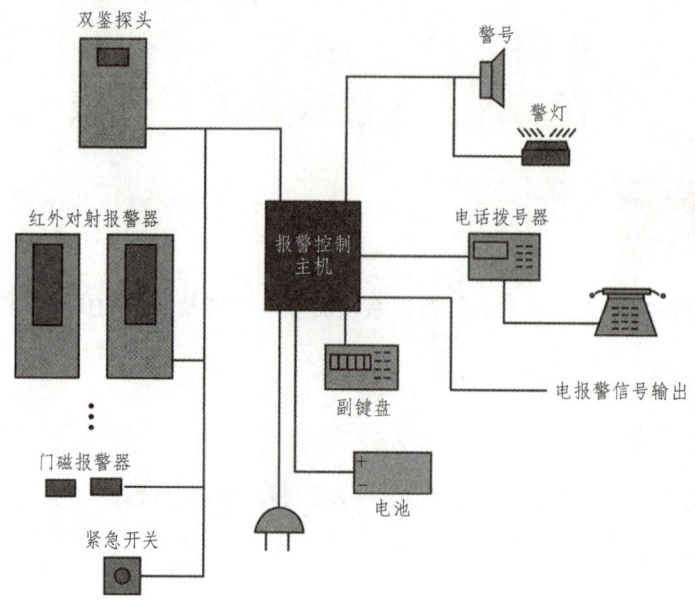

图 2-1 入侵报警系统的基本结构

三、入侵报警系统设备构成

（1）集中报警控制器。

通常设置在安全保卫值勤人员工作的地方，保安人员可以通过该设备对保安区域内各位置的报警控制器的工作情况进行集中监视。通常该设备与计算机相连，可随时监控各子系统工作状态。

（2）报警控制器。

通常安装在各单元大门内附近的墙上，以方便有控制权的人在出入单元时进行设防（包括全布防和半布防）和撤防的设置。

（3）门磁开关。

安装在重要单元的大门、阳台门和窗户上。当有人破坏单元的大门或窗户时，门磁开关将立即将这些动作信号传输给报警控制器进行报警。

（4）玻璃破碎探测器。

主要用于周界防护，安装在窗户和玻璃门附近的墙上或天花板上。当窗户或阳台门的玻璃被打破时，玻璃破碎探测器探测到玻璃破碎的声音后将探测到的信号给报警控制器进行报警。

（5）红外探测器和红外/微波双鉴器。

用于区域防护，当有人非法侵入后，红外探测器通过探测到人体的温度来确定有人非法侵入，红外/微波双鉴器探测到人体的温度和移动来确定有人非法侵入，并将探测到的信号传输给报警控制器进行报警。

四、入侵报警系统组建模式

根据信号传输方式的不同，入侵报警系统组建模式分为以下几种。

（1）分线制：探测器、紧急报警装置通过多芯电缆与报警控制主机之间采用一对一专线相连，如图2-2所示。

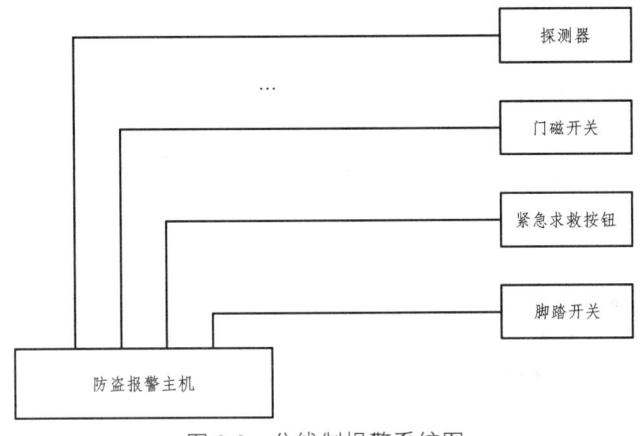

图2-2 分线制报警系统图

（2）总线制：探测器、紧急报警装置通过其相应的编址模块与报警控制主机之间采用报警总线（专线）相连，如图2-3所示。

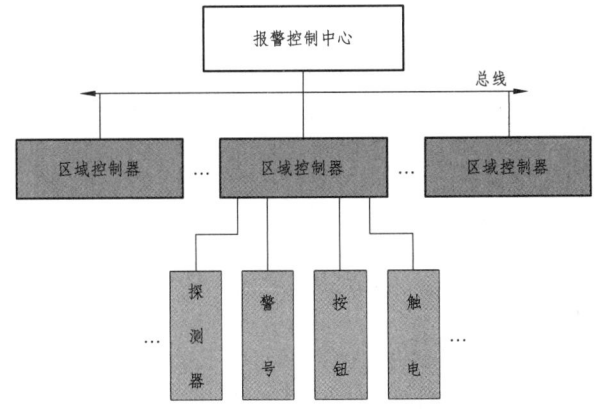

图2-3 总线制报警系统图

（3）无线制：探测器、紧急报警装置通过其相应的无线设备与报警控制主机通信，其中一个防区内的紧急报警装置不得大于4个，如图2-4所示。

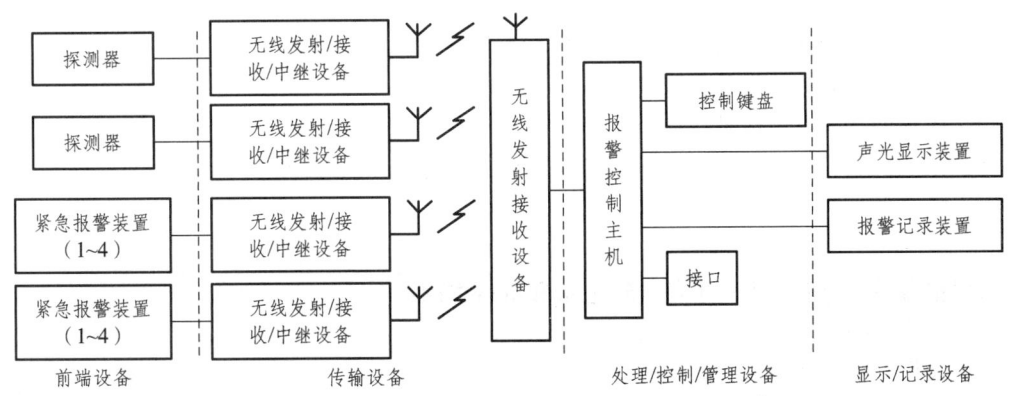

图2-4 无线报警系统图

五、入侵报警系统的基本功能

1. 探测

入侵报警系统应对下列可能的入侵行为进行准确、实时的探测并产生报警状态。
（1）打开门、窗、空调百叶窗等。
（2）用暴力通过门、窗、天花板、墙及其他建筑结构。
（3）破碎玻璃。
（4）在建筑物内部移动。
（5）接触或接近保险柜或重要物品。
（6）紧急报警装置的触发。
（7）当一个或多个设防区域产生报警时，入侵报警系统的响应时间应符合下列要求：
① 分线制入侵报警系统：不大于 2 s；
② 无线和总线制入侵报警系统的任一个防区首次报警：不大于 3 s；
③ 其他防区后续报警：不大于 2 s。

2. 指示

入侵报警系统应能对下列状态的事件来源和发生时间给出指示：
（1）正常状态；
（2）学习状态；
（3）入侵行为产生的报警状态；
（4）防拆报警状态；
（5）故障状态；
（6）主电源掉电、备用电源欠压；
（7）警戒（布防）/解除警戒（撤防）状态；
（8）传输信息失败。

3. 控制

入侵报警系统应能对下列功能进行编程设置：
（1）瞬时防区和延时防区；
（2）全部或部分探测回路设备警戒（布防）与解除警戒（撤防）；
（3）向远程中心传输信息或取消；
（4）向辅助装置发出信号；
（5）系统试验应在系统的正常运转受到最小中断的情况下进行。

4. 记录/查询

入侵报警系统应能对下列事件进行记录和事后查询：
（1）入侵时间；
（2）操作人员的姓名、开关机时间；
（3）警情的处理；

（4）维修。

5. 传输

（1）报警信号的传输可采用有线和/或无线传输方式。

（2）报警传输系统应具有自检、巡检功能。

（3）入侵报警系统应有与远程中心进行有线和/或无线通信的接口，并能对通信线路故障进行监控。

（4）报警信号传输系统的技术要求应符合 IEC60839-5。

（5）报警传输系统串行数据接口的信息格式和协议，应符合 IEC60839-7 的要求。

任务实施

（1）认识实训场地中入侵报警系统的各类设备名称、型号和用途。

（2）认识实训场地中入侵报警系统各类设备的基本功能、操作方法等。

任务小结

（1）小组讨论实训场地中入侵报警系统的各类设备名称、型号和用途。

（2）小组讨论实训场地中入侵报警系统各类设备的基本功能、操作方法等。

子任务 2　入侵报警系统设备认识

任务描述

认识报警系统的硬件设备。

学习目标

（1）熟悉各类设备的功能、特点、参数、分类等。
（2）熟悉每种设备的用途和应用场景。

【建议学时】2 学时

知识准备

入侵报警系统的组成设备分为三大类：
（1）前端设备（包含探测器和紧急报警装置）。
（2）传输设备。
（3）控制设备。

一、前端设备

1. 双鉴探测器

将 2 种不同技术原理的探测器整合在一起，只有当 2 种探测技术的传感器都探测到人体移动时才报警的探测器称为双鉴探测器，如图 2.5 所示。

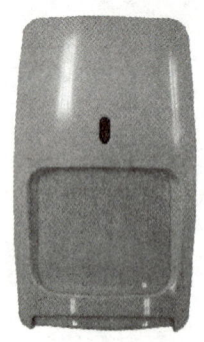

图 2-5　双鉴探测器

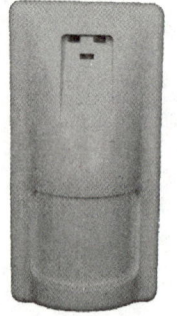

图 2-6　三鉴探测器

2. 三鉴探测器

被动红外+微波+主动红外防遮挡对 1 m 以内的遮挡视为故意遮挡，可以发出警报，如图 2-6

所示（提示：不宜安装在狭窄空间）。

3. 主动红外入侵探测器

主动红外入侵探测器是由发射机与接收机配对组成，发射机发出红外光束，同时接收机接收发射机发出的红外光束。当发射机发出的红外光束被完全遮断或按给定的百分比部分被遮断时，则接收机因接收不到红外光束即会产生报警信号，如图 2-7 所示。

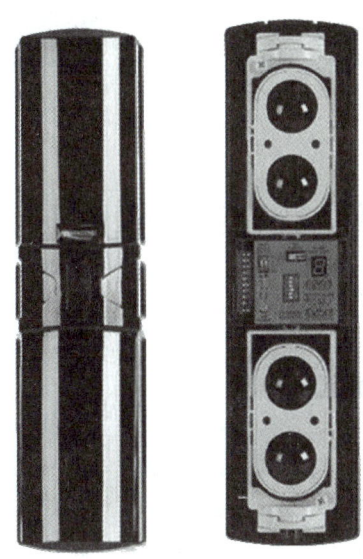

图 2-7　主动红外入侵探测器

4. 吸顶式双技术探测器

吸顶式双技术探测器具有 110°视角，提供 360°全方位的防护，如图 2-8 所示。吸顶式双技术探测器是被动红外与微波的完美结合，大大降低了误报率，并具有极强的抗射频干扰与电磁干扰能力，如图 2-9 所示。

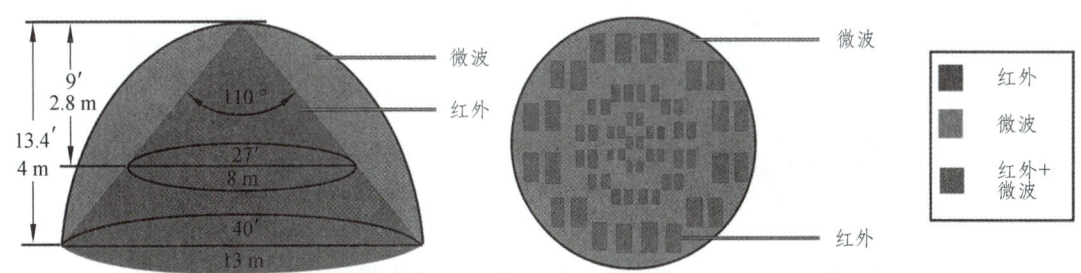

图 2-8　探测区示意图

5. 紧急按钮

当人工确认火灾发生后按下按钮上的有机玻璃片，可向控制器发出火灾报警信号，控制器接收到报警信号后，显示出报警按钮的编号或位置并发出报警音响，如图 2-10 所示。

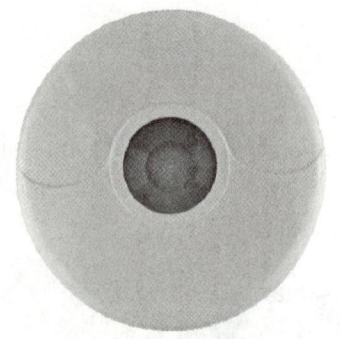
图 2-9 吸顶探测器

图 2-10 紧急按钮

6. 单防区扩展模块

单防区扩展模块是具有总线通信功能的防区扩展设备，其与探测设备的远距离连接在周界防范等场合中非常实用，如图 2-11 所示。

单防区扩展模块不需要另外供电，可直接接入总线。

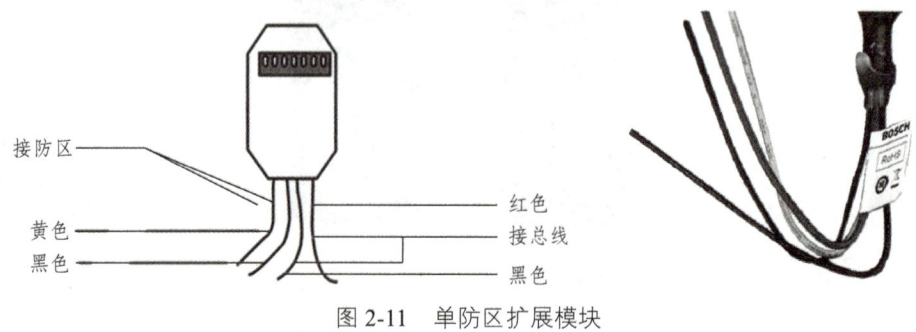
图 2-11 单防区扩展模块

二、传输部分

在实际应用过程中，传输部分主要有三种设置方式，如下图 2-12（a）、2-12（b）、2-12（c）所示。

探测器信号线及电源线：RVV 护套线。

报警总线：一般为 RS485 协议，采用 RVS 护套线或者 RVV 护套线。

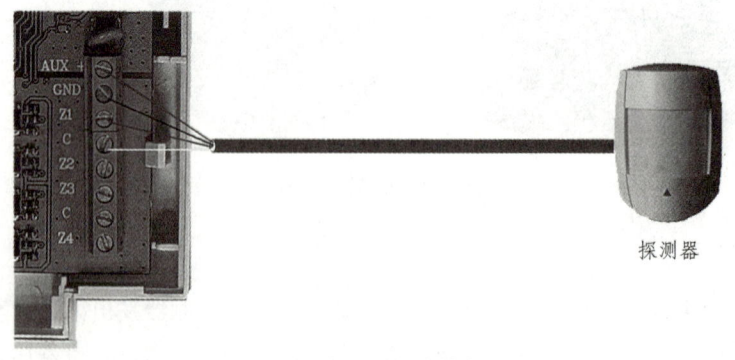
（a）单防区传输模式

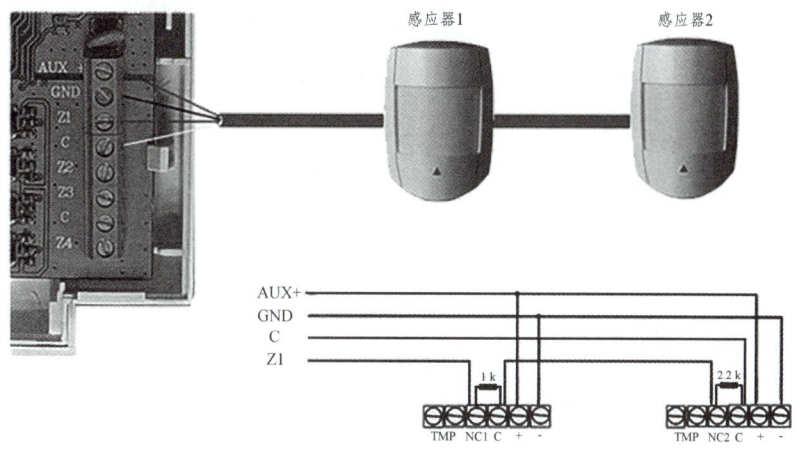

(b）串联型双防区扩展模式

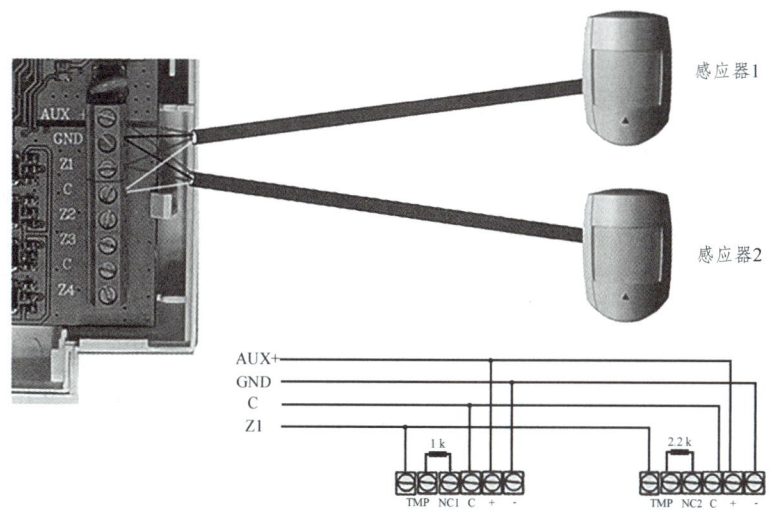

(c）并联型双防区扩展模式

图 2-12　传输部分设置方式

三、控制设备

1. 报警主机

一旦发生突发事件，就能通过声光报警信号在安保控制中心准确显示出事地点，便于迅速采取应急措施。

报警主机是报警系统的"大脑"，处理探测器的信号，并且通过键盘等设备提供布撤防操作来控制报警系统，如图 2-13 所示。在报警时可以提供声/光提示，同时还可以通过电话线将警情传送到报警中心。

报警主机的主要功能：分区和防区、布撤防和报警、事件记录和查询、通信和联网、故障检测和显示、密码和复位、扩展和兼容性等多个方面。

图 2-13 报警主机

（1）分区和防区：一般建议中等以上规模的报警主机设立分区，可方便管理，大型主机甚至可设多个分区，而分区所包括的防区数可由程序设计确定。

防区有各种不同的种类，如出入口延迟防区、周界防区、内部防区、应急防区、医疗救助防区、火灾防区等；防区还有各种不同的属性，如有声/无声、持续声/断续声、容许旁路/不能旁路、无线/有线、传输延时/不延时等。

防区的数量、类型和属性以满足需要为宜，不一定越多越好，事实上国外的一些主机，其防区的种类非常多，但有的并不适合国内的需求，反而会造成了累赘和不便。

为了便于记忆和使用，一些大型主机可以将分区、防区、出入口以自定义的代号或别名作为标识，如一个公司的几个部门分别占用不同的分区，每个分区就可用不同的部门名称表示。

（2）布撤防和报警：布撤防的种类，包括留守布撤防、外出布撤防、自动布撤防、强制布撤防、单防区布撤防、工程布撤防（测试用）、设置防区旁路及解除等，其类型越全，用户越方便。

报警分为两大类，一类是入侵触发报警；另一类是各种检测故障报警，如防拆、电源、警号、防区故障、电话线故障等。这类报警涉及主机的自我防护，应得到重视。

（3）事件记录和查询：凡属主机在运行过程中发生的警情，以及关系到改变设定的各种操作，都应作为事件得到存储，在需要的时候，又能够方便地进行查看。这种事件记录不容许任意删改，而且即使主机断电较长一段时间，其记录仍可完整地保存下来。这种记录对于发生重要变故后的责任查询、总结经验教训，具有相当重要的意义。

（4）通信与联网：包括兼容的通信协议，通信对象和方向。一般以有线电话作为主要通信手段，可以与两个或两个以上的中心联网，还可以直接向用户电话报告警情。有的主机还增加了网络或移动通信，作为备用和辅助，进一步提高了通信的可靠性。

为了节省电话费用，有的主机可默认布撤防专用电话，中心在免提电话机的情况下，根据对方传输来的电话号码，即可判断进行布防或撤防的用户账号，但此项功能必须得到中心接收机的支持。

（5）故障检测和显示：带有自动维护的性质，通常有交直流电源监测、防拆、警号回路、防区回路故障、电话线故障、通信失败等内容。此项功能越全，主机自我防护的性能越好，工作的可靠性越高。出现故障后，对于 LED 显示器，要求声光显示的含义明确，便于理解和记忆。

（6）密码与复位：常用的密码种类有工程密码、管理员密码、用户密码、挟持密码，有的还可设一次性密码、单布防密码（布防有效、撤防无效）和遥控程序设计密码。

主机应有复位的功能，在丢失密码或其他特殊情况下，通过复位，恢复出厂设置或重新程序设计。对于大型主机，由于程序设计内容较多，其复位往往分为几个层次，可以专门针对某个方面进行部分复位，以减少程序再次设计的工作量。

（7）扩展和相容：主机功能的扩展，一般通过连接模块的方式完成，如防区的增加、有无线防区的兼容、可程序设计输出的增加、与门禁控制器的连接等。这些功能在特殊的场合，能够满足使用者的个性需要，是很受欢迎的。

2. 报警主机接线试图

防区输入端口与探测器连接方法，如图 2-14 所示。

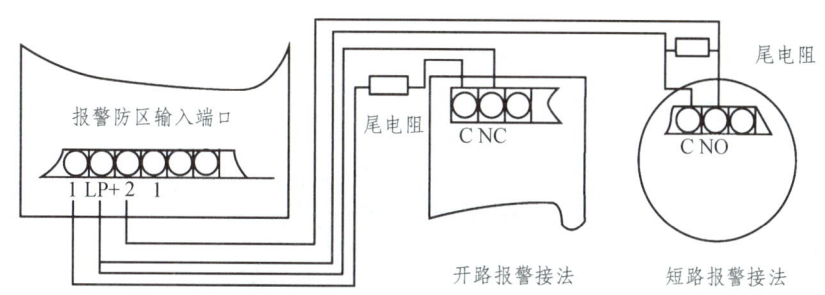

图 2-14　防区输入端口与探测器连接方法

图中是以自带防区为例，触发方式为开路或短路报警的两种接线方式图。值得注意的是，各种报警主机的线尾电阻都不一样。

3. 控制键盘

报警主机常见的控制键盘，如图 2-15 所示。

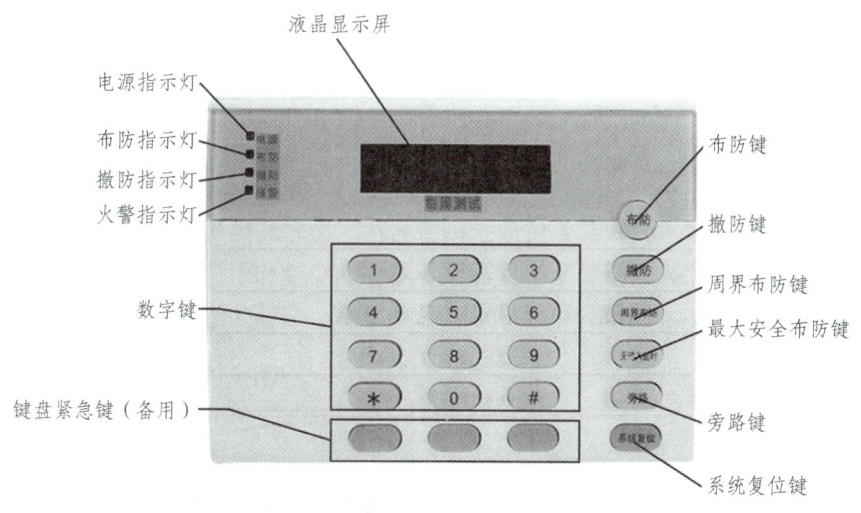

图 2-15　控制键盘

表 2-1　控制键盘指示灯说明

指示灯	灭	闪	亮
Armed 红色	系统处于撤防状态	退出时的状态或报警	系统布防，但未报警
Status 绿色	布防已被触发	布防后有防区被旁路	系统已准备好
Power 绿灯	交/直流均中断	系统有故障（参见故障分析）	交流电正常工作
Fire 防火	无火警发生	有火警发生	有故障

4. 单总线驱动器

总线驱动器是在报警主机使用总线扩充模块时必须选用的设备之一，它直接安装在报警主机的主板上，驱动一路总线，如图 2-16 所示。

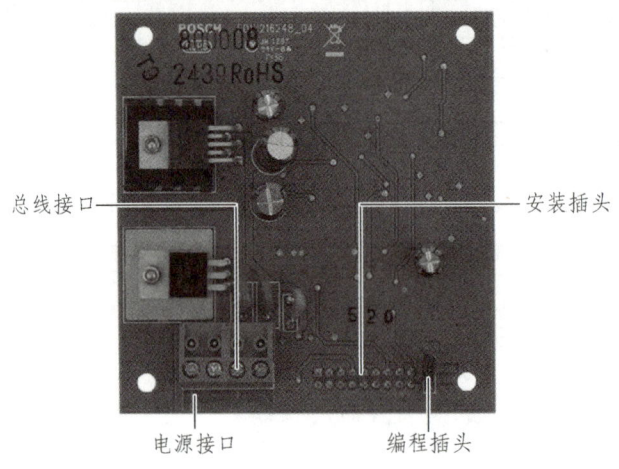

图 2-16　单总线驱动器

任务实施

（1）认识实训场地中入侵报警系统前端设备名称、型号和用途。
（2）认识实训场地中入侵报警系统传输设备名称、型号和用途。
（3）认识实训场地中入侵报警系统报警主机的名称、型号和用途。

任务小结

（1）小组讨论实训场地中入侵报警系统前端设备名称、型号和用途。
（2）小组讨论实训场地中入侵报警系统传输设备名称、型号和用途。
（3）小组讨论实训场地中入侵报警系统报警主机的名称、型号和用途。

子任务3 主动红外入侵探测器实训

任务描述

前面已经介绍了报警系统组成情况及相关设备功能,这部分主要介绍主动红外入侵探测器组成、工作原理及安装要求等。

学习目标

(1)掌握主动红外入侵探测器的原理。
(2)领悟主动红外入侵探测器的安装要点。
(3)熟练掌握主动红外入侵的应用。

【建议学时】1学时

知识准备

一、什么是主动红外入侵探测器

主动红外入侵探测器(Active Infrared Intrusion Detector)是由发射机和接收机组成。发射机是由电源、发光源和光学系统组成,接收机是由光学系统、光电传感器、放大器、信号处理器等部分组成。

主动红外探测器是一种红外线光束遮挡型报警器,发射机中的红外发光二极管在电源的激发下,发出一束经过调制的红外光束(此光束的波长约在 0.8~0.95 μm 之间),并经过光学系统的作用变成平行光。此光束被接收机接收,由接收机中的红外光电传感器把光信号转换成电信号,经过电路处理后传给报警控制器。

由发射机发射出的红外线经过防范区到达接收机,构成了一条警戒线。正常情况下,接收机收到的是一个稳定的光信号,当有人入侵该警戒线时,红外光束被遮挡。

二、主动红外入侵探测器分类

按光束数分类:单光束、双光束、四光束、光束反射型栅式、多光束栅式。
按安装环境分类:室内型、室外型。
按工作方式分类:调制型、非调制型。
主动红外入侵探测器的探测距离各个品牌都有不同型号,一般会有 10 m、20 m、30 m、40 m、60 m、80 m、100 m、150 m、200 m、300 m 等。

三、工作原理

主动红外探测器是采用主动红外探测方式，以达到安保报警功能的探测器。主动红外探测器由红外发射机、红外接收机和报警控制器组成。置于收、发端的光学系统一般采用光学透镜，起到将红外光束聚焦成较细的平行光束的作用，使红外光的能量能够集中传送。红外光在人眼不可见的光谱范围，若有人经过这条无形的封锁线，必然全部或部分遮挡红外光束，接收端输出的电信号强度会因此产生变化，从而启动报警控制器发出报警信号，如图2-17所示。

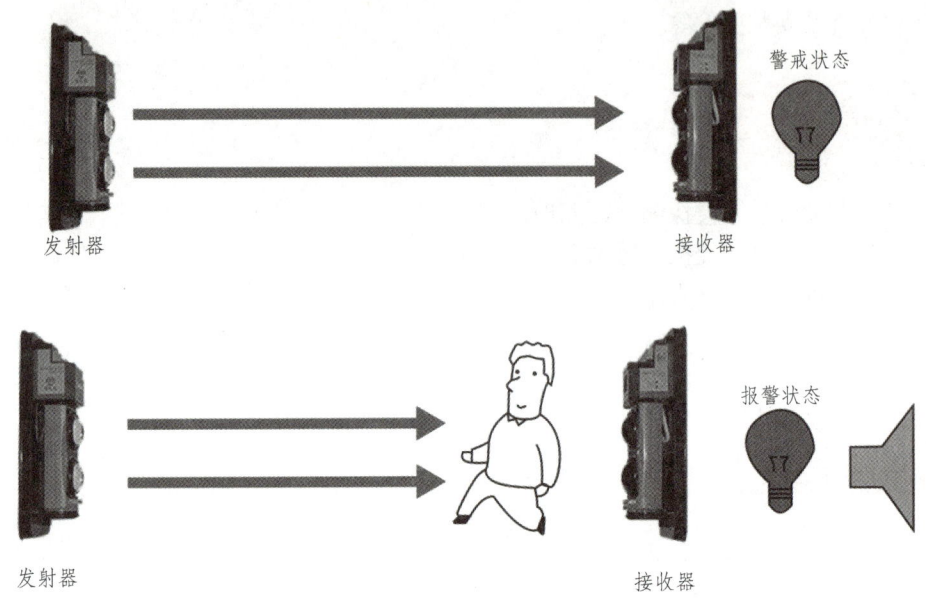

图 2-17　主动防御工作原理

四、主动红外探测器选用及安装注意事项

1. 室外与室内主动红外探测器对应用环境有较高的要求

根据国家标准（GB 10408.4—2000），主动红外探测器在选用时，对所适用的环境，其性能上要达到如下要求：

（1）承受高低温性能：室内型 – 10 ℃ ~ +55 ℃、室外型 – 25 ℃ ~ +70 ℃、相对湿度≤95%。
（2）抗恒定湿热要求：(+40 ± 2)℃、RH（93 ± 2.3）%。
（3）抗振动要求：10 ~ 55 Hz 正弦振动、振幅 0.75 mm、一倍频程/分钟。
（4）抗冲击要求：室内型 15 g、11 ms；室外型 30 g、18 ms。
总之，室外型的要求等级要明显高于室内型的。

2. 探测距离要求

室外型主动红外探测器的最大探测距离按探测器技术要求规定一般应是其标称探测距离的 6 倍。室外型探测器需要考虑到室外环境及天气因素，也就是指在室外遇到风、雪、雨、风沙等情况也要能正常工作。所以在实际使用时，按照行规和公安技防规范要求还常常再增加余量,现在约定的共识是:"实际探测使用距离≤厂方标称值的70%"。例如:标称值300 m的探测器,在理想环境条件下能探测的距离应是1 800 m(即标称值的六倍),但在实际使用时只能用于保护≤240 m的围墙(栏栅)。

3. 光束选择要求

关于单光束、双光束、四光束探测器的选用,常规情况都选用双光束主动红外入侵探测器。因为一般来说,正常人体截面积大致在为 500 mm(身宽)×200 mm(身厚)左右,如选用四光束主动红外入侵探测器可能不能遮挡上部某条红外射线,而漏报警,当然选用四光束主动红外入侵探测器误报较少。但一般仍建议在周界围墙上选用双光束主动入侵探测器为宜。(从经济角度考虑也选用双光束主动红外探测器为好),不过某些特殊应用场合也会选用四光束主动红外入侵探测器。

一般安装双光束主动入侵探测器时要求探测器下光束离墙底端在 150 mm 左右,这样能确保入侵者在越墙时会正好遮挡住二根红外光束,而引发报警。

并且选用双光束探测器(与单光束比较)不会因为小动物、树叶等遮挡一根光束而产生误报,这样在一定程度上提高了探测器的可靠和稳定性。

因此从可靠性、稳定性以及经济性等因素考虑,在一般室外应用场合选择双光束探测器还是比较合理的。

另外,长距探测器一般要求选用标称值≤100 m(按探测距离70 m使用)的,这样探测防区总是≤70 m,有利于报警定位。

4. 安装位置要求

主动红外入侵探测器响应时间在安装使用中应当特别注意。根据国家标准(GB 10408.4—2000),一般探测器的光束被遮挡的持续时间≥40 ms(误差±10%)时,探测器应产生报警信号;光束被遮挡的持续时间≤20 ms(误差±10%),探测器不应产生报警信号。这就说明 20 ms(误差±10%)<遮挡时间<40 ms(误差±10%)时,有一个报警与否的不确定时间域。遮挡时间是由遮挡物体的运动速度和它的遮挡体积决定的。所以为了避免遮挡时间处于报警与否的不确定时间域,一般要求周界探测器安装在围墙顶部或略靠外侧,因为上爬的速度要远低于下跳的速度,所以上爬时间要多于下跳时间(人下跳时,遮挡时间有可能小于 20 ms),以延缓遮挡时间。

另外,人的截面尺寸也是主动红外入侵探测器安装时要考虑的依据。比如参照地方标准(DB 31/294—2003)要求,如安装在围墙顶部,则要求下光束距围墙顶端间距保持(150±10)mm;如安装在围墙外侧,则要求光束距围墙间距保持(175±25)mm。按上述间距一般能保证入侵者在越墙时能有效地遮挡双光束,而使正常触发报警。

5. 避免盲区要求

二对相邻的主动红外入侵探测器要求交叉安装,一般要求交叉间距要≥300 mm,即至少 300 mm 范围是二对相邻探测器的公共保护区,当然二对相邻探测器光束方向要相反。

如果是立柱加栏栅形围墙,一般两根立柱的间距远大于 300 mm,而在 3~5 m,此时交叉保护在立柱之间是最理想的选择。

任务实施

一、断开实训操作台电源开关

二、打开主动线外探测器发射机的外壳

扫码观看红外探测器
配合球形摄像机的使用

辨认主动红外探测器发射机,如图 2-18 所示,包括:发射机电源端子、工作指示灯、发射机防拆接点端子。

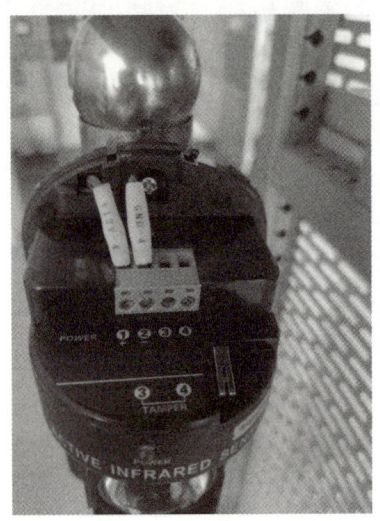

图 2-18　探测器外壳

三、打开主动线外探测器接收机的外壳

辨认主动红外探测器接收机,如图 2-19 所示,包括:接收机电源端子、接收机防拆接点端子、常开接点端子、常闭接点端子、工作指示灯、光轴测试端子、挡时间调节钮。

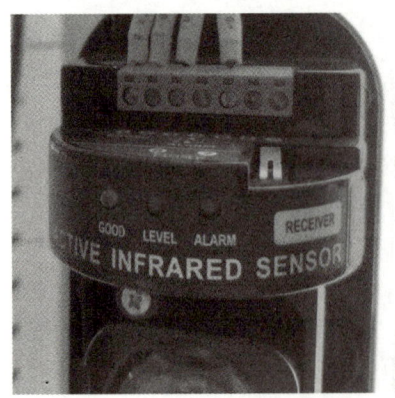 

图 2-19　探测器接线端子

四、探测器安装示意图

主动红外探测器的安装方式很多，主要有 I 型和 L 型支架安装，如图 2-20、2-21 所示。

图 2-20　I 型支架安装示意图

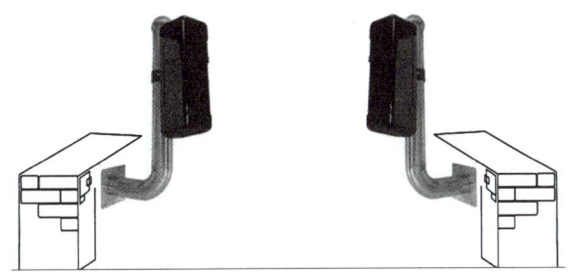

图 2-21　L 型支架安装示意图

五、红外对射接线和调试

1. 红外对射布线

发射端：两根电源线。①②为电源输入接线，不分极性；③④为防拆开关接线。

接收端：两根电源线，两根信号线。①②为电源输入接线，不分极性；③④为常闭信号输出；④⑤为常开信号输出；⑥⑦为防拆接线，如图 2-22 所示。

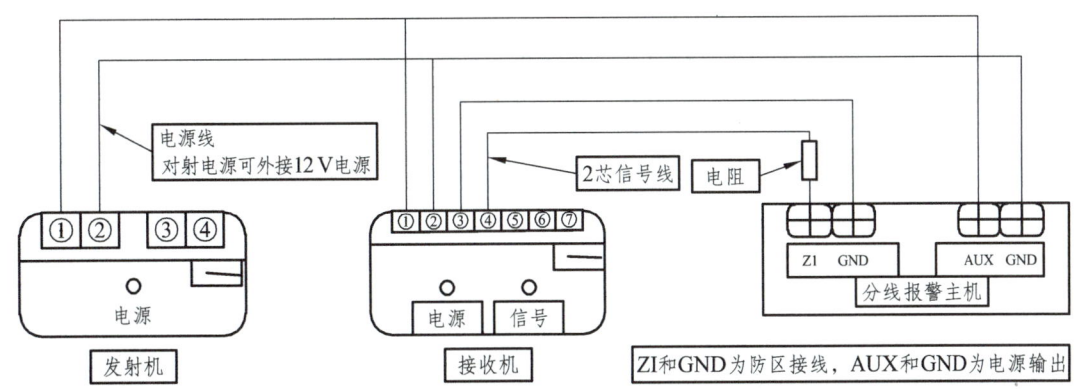

图 2-22　探测器接线示意图

红外对射的安装请遵循发射机↔接收机/接收机↔发射机的安装方法，否则会导致对射干扰或者对射遮断不报警的情况，如图 2-23 所示。

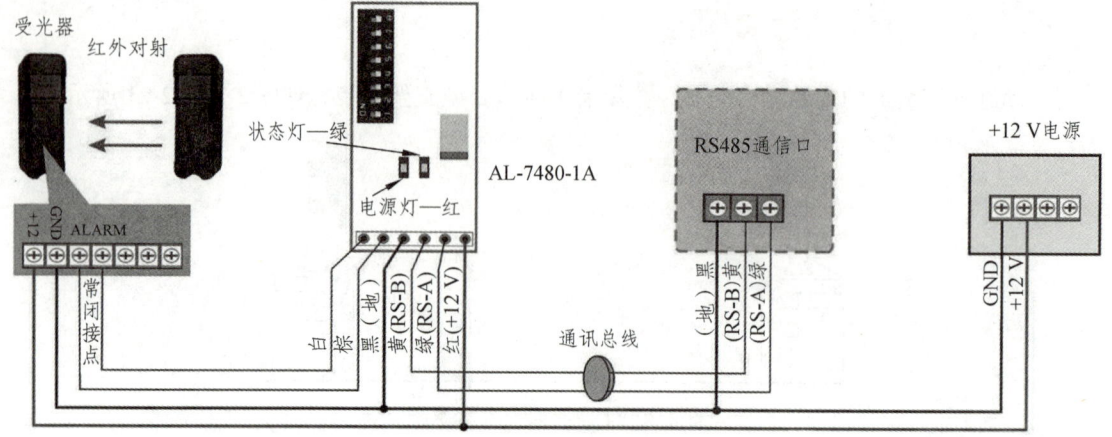

图 2-23 红外探测器与总线模块连接图

2. 红外对射调试

将对射的支架安装在围墙两端,然后将红外对射安装上去并通电,对射接收端有 LED 光轴电压显示屏,观察显示的数值,通过佩带瞄准工具,将显示数值调到最高,然后微调发射机和接收机的俯仰和左右角度,直到接收机 LED 屏显示电压 4.0 V 以上,如果显示 2.0 V 以下就需要继续调试。对光完成后,在不同方位挡住红外对射的光线进行测试,如果每次测试都报警了就算测试完成。

3. 报警测试

红外对射分为发射端和接收端,发射端不停地向接收端发射红外光线,当接收端接收不到或有人及物体挡断红外光线(光束全部遮断)时,就会向主机输出信号,主机实现报警功能。如遮挡后不报警,请注意测试报警的遮挡物的体积是否过小,报警条件是遮断全部光束。

任务小结

(1)小组讨论实训场地中主动红外入侵报警系统的使用方法及注意事项。
(2)小组讨论主动红外入侵报警系统实训存在的问题及解决办法等。

子任务 4 被动红外入侵探测器实训

任务描述

前面我们讲了主动红外探测器的组成、工作原理及安装要求,这部分主要介绍被动探测器工作原理及组成情况,掌握主动红外探测器和被动红外探测器的不同。

学习目标

(1)掌握被动红外入侵探测器的原理。
(2)领悟被动红外入侵探测器的安装要点。
(3)熟练掌握被动红外入侵的应用。

【建议学时】1 学时

知识准备

一、什么是被动式红外入侵探测器

被动红外探测器 PIR(Passive Infrared Detectors)是采用被动红外方式,已达到安保报警功能的探测器。被动式红外探测器主要由光学系统、热释电传感器(或称为红外传感器)及报警控制器等部分组成。探测器本身不发射任何能量而只被动接收、探测来自环境的红外辐射。一旦有人体红外线辐射进来,经光学系统聚焦后使热释电器件产生突变电信号,进而发出警报。

被动式红外入侵探测器不向空间辐射能量,而是依靠接收人体发出的红外辐射来进行报警。任何有温度的物体都在不断向外界辐射红外线,人体的表面温度为 36 ℃ ~ 37 ℃,其大部分辐射能量集中在 8 ~ 12 μm 的波长范围内。被动式红外入侵探测器在结构上可分为红外探测器(红外探头)和报警控制部分。红外探测器用得最多的是热释电探测器,作为将人体红外辐射转变为电量的传感器。如果把人的红外辐射直接照射在探测器上,当然也会引起温度变化而输出信号,但这样探测距离是不会远的。为了加长探测器探测距离,须附加光学系统来收集红外辐射,人们通常采用塑料镀金属的光学反射系统或塑料做的菲涅耳透镜作为红外辐射的聚焦系统。在探测区域内,人体透过衣饰的红外辐射能量被探测器的透镜接收,并聚焦于热释电传感器上。当人体(入侵者)在这一监视范围中运动时,顺次地进入某一视场,又走出这一视场,运动的人体对热释电传感器时而可见,时而不可见,于是人体的红外线辐射不断地改变热释电体的温度,使它输出一个又一个相应的信号,此信号就是报警信号。

二、工作原理

被动红外探测器的核心组件是热释电传感器，其主体是薄膜铁电材料，该材料在外加电场的作用下极化，当撤去外加电场时，仍保持极化状态，称为自发极化。自发极化强度与温度有居里点温度。在居里点温度下，根据极化强度与温度的关系制成热释电传感器。一定强度的红外辐射到已极化的铁电材料上，引起薄皮温度上升、极化强度降低、表面极化电荷减少，这部分电荷经放大器转变成输出电压。如果相同强度的辐射继续照射，铁电材料温度稳定在某一点上，不再释放电荷，即没有电压输出。由于热释电传感器只在温度升降过程中才有电压信号输出，所以被动红外探测器的光学系统不仅要有汇聚红外辐射的能力，还应让汇聚在热释电传感器上辐射的热量有升降变化，以保证被动红外探测器在有人入侵时有电压信号输出。在数字化被动红外探测器中，热释电传感器输出的微弱电信号直接输入到一个功能强大的微处理器上，信号转换、放大、滤波等进程都在一个处理芯片内进行，从而提高了被动红外探测器的可靠性。

三、认识被动探测器设备

吸顶式被动红外探测器是采用数字技术的微处理器控制功能的单鉴探测器，能较好地配合现代家具，与安装环境巧妙融为一体。红外部分采用精密菲涅尔透镜技术，提高能量接收效率，采用双重屏蔽技术，有效防止外界的干扰，增加探测器的稳定性。在 3～12 m 探测距离范围内有极强的灵敏性，配合数字分析技术能判断区分入侵者和小型宠物，具有先进的防宠物功能。其外观如图 2-24 所示，其内部结构如图 2-25 所示。

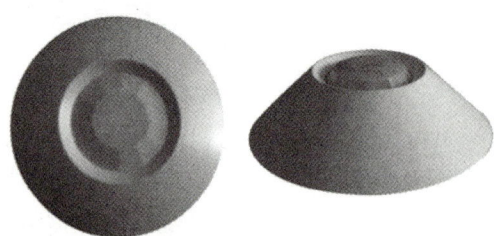

图 2-24 吸顶式被动红外探测器外观

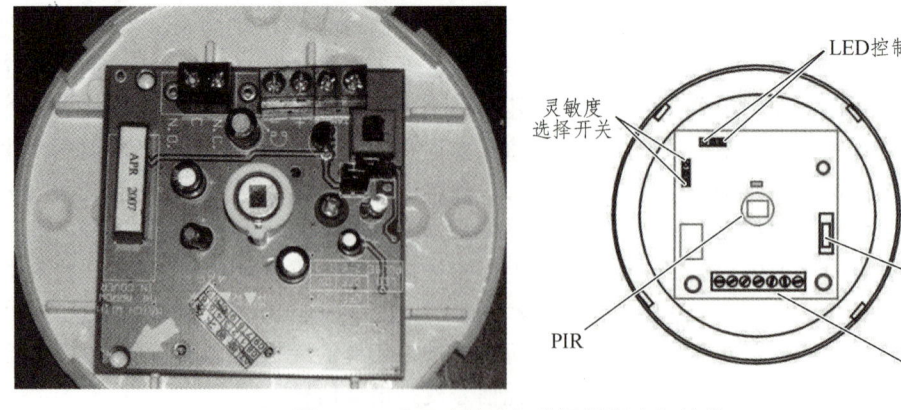

图 2-25 吸顶式被动红外探测器内部结构

操作指引

1. 组织方式

（1）实训场地模拟墙 1 套。
（2）吸顶式被动红外探测器及螺丝刀等实训工具。

2. 操作要点

（1）穿戴干净整洁的工作服。
（2）遵守场地安全规定，注意用电安全。
（3）吸顶表面安装，安装高度 2.4~3.6 m。
（4）基座允许单面墙角的安装，与墙面成 45°角。

任务实施

1. 安装步骤

（1）使用螺丝刀移开外壳。
（2）按垂直调节，取下电路板。
（3）选择安装位置，将探测器安装在入侵者最可能通过的地方。选择安装位置时应避免安装在如下位置：室外、太阳光下、冷热气流下、转动的物体下、热源附近、空调通风口、窗户及未封闭的墙面等。
（4）按产品使用说明书要求进行布线及 LED 设置。
（5）调节红外探测范围，取下屏蔽物。

2. 覆盖区域步行测试

（1）安装外壳，顺时针旋转底座扣好扣位；
（2）通电后至少等 2 min 再开始步测；
（3）在覆盖区域的远端任何地方穿过、走动引发 LED 指示灯亮 2~3 s；
（4）从相反方向进行步测，以确定两边的周界。应使探测中心指向被保护区的中心；
（5）在离探测器 3~6 m 处，慢慢举起手臂，并伸入探测区，标注被动红外报警的下部边界。重复上述做法，以确定上部边界，如图 2-26 所示。
（6）探测区中心不应向左右倾斜。如果不能获得理想的探测距离，则应左右调整探测范围，以确定探测器的指向不会偏左或偏右。

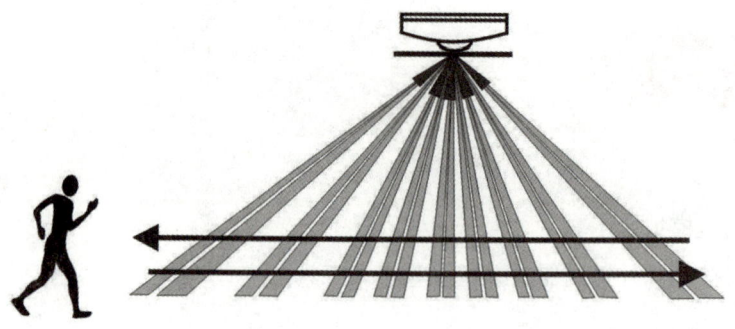

图 2-26 被动红外探测器步行测试

任务小结

被动红外探测器在安装过程中要注意以下问题：

（1）按照被动红外探测器说明书确定正常的安装角度。

安装高度不是随意的，会影响探测器的灵敏度和防小宠物的效果。试想一下，一个探测器装在 2 m 高度的位置和 2.5 m 高度的位置，那么物体从地面移动时，切割明区和暗区的频率是不一样的。

（2）不宜面对玻璃门窗。

被动式红外探测器正对玻璃门窗，会有两个问题：一是白光干扰，虽然被动红外探测器对白光具有很强的抑制功能，但毕竟不是 100%的抑制。因此避免正对玻璃门窗，可以避免强光的干扰。二是避免门窗外复杂的环境干扰，比如人群流动、车辆等。

（3）不宜正对冷热通风口或冷热源。

被动式红外探测器感应作用与温度的变化具有密切的关系。冷热通风口和冷热源均有可能引起探测器的误报，对一些低性能的探测器，有时通过门窗的空气对流也会造成误报。

（4）不宜正对易摆动的物体。

易摆动的物体将会使微波探测器起作用，因此同样可能造成误报。

（5）注意非法入侵路线。

安装探测器的目的是防止犯罪分子的非法入侵，在确定安装位置之前，必须要考虑建筑物主要出入口。截断非法入侵线路，也就达到了防止非法入侵的目的。

子任务 5　电子围栏报警系统实训

任务描述

认识电子围栏系统的组成、原理、部署方式。

学习目标

（1）认识什么是电子围栏。
（2）电子围栏系统的组成。
（3）整个系统的工作原理。

【建议学时】1 学时

知识准备

一、什么是电子围栏系统

电子围栏系统，指的是在基地的非出入通道的周边区域设置脉冲电子围栏探测器，形成一道电子围墙进行防范和管理。电子围栏系统是第一道防线，也是最重要的一道防线。担负着基地的安全与保卫工作。当有人非法翻越围墙或实施破坏，探测器可立即将警情传送到管理中心，管理中心对报警信号进行接收和处理，电脑上跳出的基地电子地图上显示出入侵区域；同时，外接的声光报警器开始报警，中心值班人员通知巡逻中的保安人员立刻赶往现场处理。中心保安人员在现场处理完毕后，对报警主机及探测器的报警状态进行恢复。现场报警同时也能触发警号报警，提醒附近职工注意，协助保安人员。

二、系统组成

电子围栏主要三大部分组成，如图 2-27 所示。
（1）前端围栏：前端围栏包含终端杆、中间杆、承力杆，这是常用的三种杆子组成的支撑部分。电子围栏防护阻挡的重要部分就是合金裸导线，它高压脉冲传输的载体。而高压绝缘导线是将脉冲电压从脉冲主机输送到合金裸导上，起到电子围栏主机与合金线裸导线的桥接作用。
（2）电子围栏主机：主要负责产生脉冲电子信号，发射到前端围栏合金裸线上，并接收返回信号，形成一个封闭回路。电子围栏主机有单防区、双防区之分，但功能都一样。每个电子围栏厂家主机功能有差别，如有的厂家电子围栏主机联动声光报警器及喇叭时，需要加电源或继电器。

（3）电子围栏后端：主要是由报警主机、键盘和控制软件组成，有特殊要求的会加上模拟电子地图以及监控联动等功能。

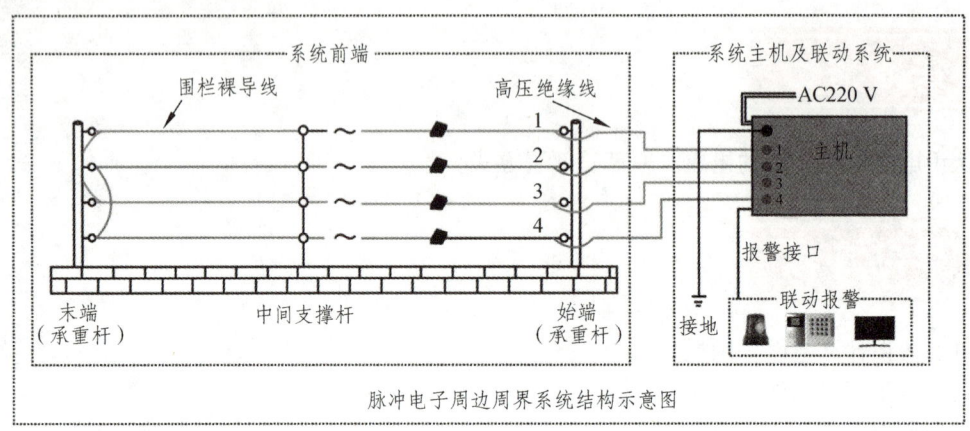

图 2-27　电子围栏系统图

三、系统工作原理

电子围栏系统主要由高压电子脉冲式探测器和电子围栏前端两部分组成，探测器输出脉冲电频信号，分别有发射和接收两部分，从而在围栏上形成正、负两个回路。当入侵者破坏围栏导致某处发生短路或断路时，探测器会发出报警信号；电源或电池能量不足时，探测器也会发出报警信号，如图 2-28、图 2-29 所示。

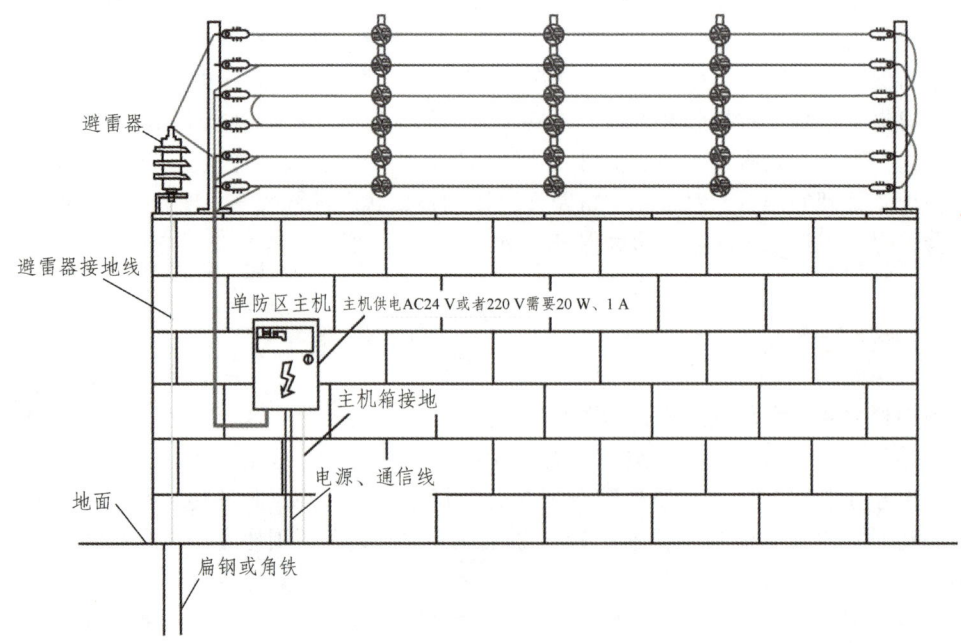

图 2-28　系统工作原理图 1

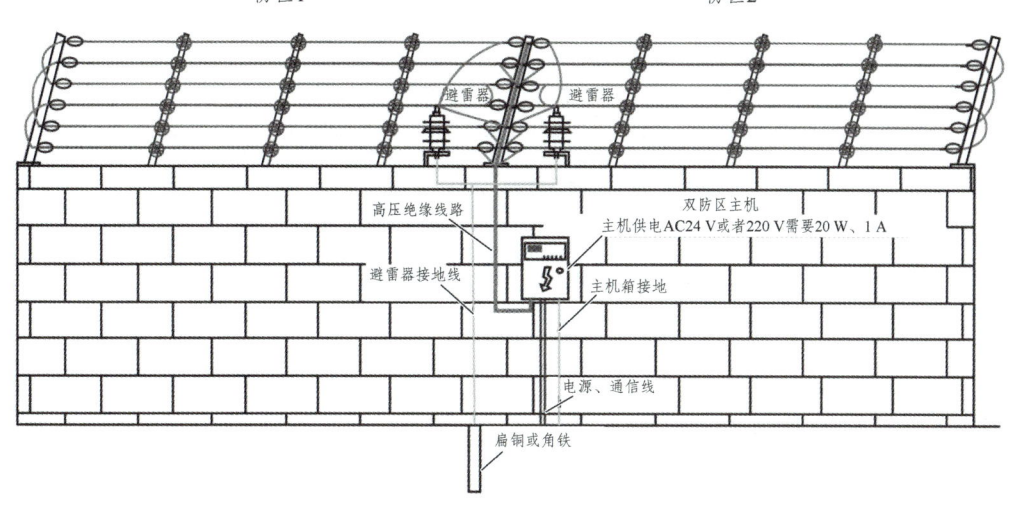

图 2-29 系统工作原理图 2

四、系统功能特点

（1）有强大的威慑作用，能有效阻退入侵者，防护周界区域，对翻越行为提供及时的报警；当有人试探接触脉冲电子围栏时，就会被脉冲电子围栏上的高压脉冲击退。

（2）能够对所有防区进行控制管理。

（3）若有人破坏或强行入侵，探测器探测到电子围栏被破坏或有人非法翻越造成的电子围栏线短路、接地或断路时，探测器发出报警信号，并通过报警线路传输至管理中心。

（4）管理中心的保安人员通过电子地图，可以迅速确定非法翻越的具体位置。

（5）同时通过视频联动，使相应摄像机的图像画面在监视器上弹出，使管理中心的保安人员能观察到现场情况。

（6）探测器报警信号也会触发现场警号发出报警声，夜间还会触发现场灯光给摄像机补光。适用性强，抗误报性能较好，防范效果佳安全可靠，对人体无直接伤害。

五、电子脉冲围栏系统的优越性

1. 威慑感

这是新概念的周边报警系统，即"有形"报警系统，实实在在给入侵者一种威慑感觉和阻挡作用，使之在作案前便增加心理负担，不敢轻举妄动，达到防范作用，减少作案次数，提高系统的可靠性。

2. 误报率低和适应性强

由于电子脉冲围栏系统采用了全新的报警检测和控制体系，确保了极低的误报率，如表 2-2 所示。因为它不像其他周边设备受环境（如树木、小动物、震动等）和气候（如雨、雾、风、雪等）的影响，也不受地形高和边界曲折形状的限制，还不像红外线、微波墙等系统那样，局限于视距，只能在直线及平坦区域的周界环境中使用。

表 2-2　误报率低和适应性强

对比项目	红外对射	电子脉冲围栏系统
对入侵的可靠防御程度	低	高
误报警的概率	高	低
对地形的要求	直线	任意
对气候的要求	受雨、雾、雪的影响	全天候
直接成本	较低	较高
综合成本	高	低

3. 绝对安全及报警检测功能

传统的电围栏警戒系统没有报警检测功能，它仅仅以高压、大电流的方式阻止入侵者，极易造成入侵者伤残，甚至死亡等严重后果。

电子脉冲围栏系统采用了低能量的脉冲高压（5 000 V）。由于能量极低且作用时间极短，因而对人体不会构成伤害。一旦触及，也只会因有触电感而离开。同时电子围栏又能检测非正常的状况而报警。

4. 电子脉冲围栏系统的阻挡功能

传统的红外对射、泄漏电缆或微波等系统，只具有报警功能，而没有阻挡功能。入侵者往往能毫无阻挡地跨越警戒线。也就是说，当有人入侵时，在系统发出报警之前，入侵者就可能已进入安防区域之内，这可能使事件处理复杂化。

电子脉冲围栏系统在防区的周边架设了一道电子围栏。如果有人企图入侵，首先挂在围栏上的"脉冲高压禁止攀爬"警示牌会给予他心理上的威慑感。如果企图跨越并触及围栏时，便给予电击，使之退缩离开，且不敢再次触及。而对于强行攀登者，则系统发出报警。再则，电子围栏采用了带有弹性的挂线杆。当入侵者企图跨越时，挠性的围栏不给予支持力，使入侵者无法跨越。这就是电子围栏的有效阻挡功能。

5. 电子脉冲围栏系统的电脉冲对人身安全的保障

虽然电子脉冲围栏系统脉冲电压达 5 000 V，但是脉冲的释放频率极低，每秒仅 1 次。脉冲的持续时间 ≤ 0.1 s。脉冲最大能量为 5 J，脉冲最大电量为 2.5 mC。由此可见，其能量很小，不会伤人，仅给予入侵者较难受的刺激，动摇其攀越围栏的心理动机，达到安全阻挡的目的。

操作指引

1. 参照 GB 12663—2001《防盗报警控制器通用技术条件》、GB 50254—2014《电气装置安装工程　低压电器施工及验收规范》标准实施。

2. 操作要点

(1) 作业人员必须戴安全帽、绝缘手套，穿绝缘鞋和使用绝缘工具。
(2) 在通信线路附近有其他线缆时，在没有辨清该线缆使用性质前，一律按电力线处理。
(3) 新旧缆做好明确标识，待割接缆时必须两人现场核实、确认无误。
(4) 尽量避免触碰和踩踏现有线缆，视情况需要，用保护材料对现有线缆进行包裹保护。

任务实施

一、电子围栏前端安装

安装原则：先将终端杆、承力杆、中间杆分别组装好；然后在墙上选择相应位置打眼，将三种杆分别固定；最后挂合金线，安装主机，通电调试。

1. 前端安装方式

（1）墙顶式安装。

墙顶式电子围栏可以直接安装在围墙的顶部上方或是倾斜安装。围墙高度应在1.8 m以上。线杆的安装，可以有焊接、卡箍或预埋三种方式，视围墙结构状况选择较合适的方式。例如，在铁栅围墙上，可采用焊接法；在混凝土围墙上，可采用预埋方式；在砖墙上可采用卡箍方式。只要能保证稳固、美观，也可以采用别的方法，如图 2-30、图 2-31 所示。

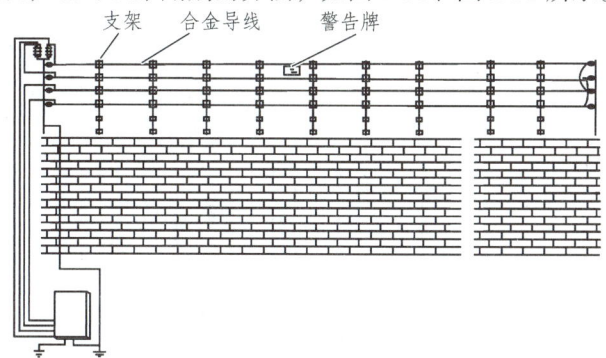

图 2-30　墙顶式安装 1

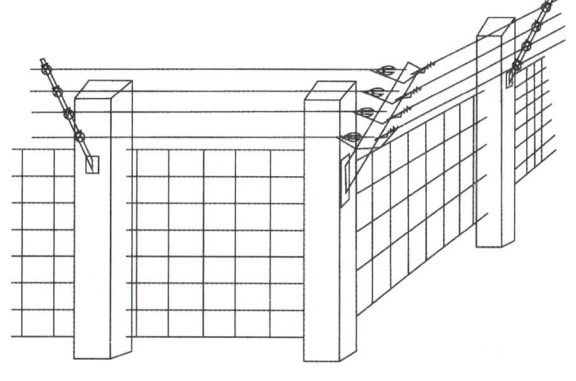

图 2-31　墙顶式安装 2

（2）附属式安装。

附属式电子围栏附加在围墙和栅栏上部或者内侧,围墙直接承受电子围栏的压力和导线张力,所以在安装之前必须保证墙体的结构强度,如果不牢固,应预先加固。电子围栏前端最上面一根金属导体线离墙顶或者栅栏顶部的距离应不小于 700 mm,如图 2-32、图 2-33 所示。

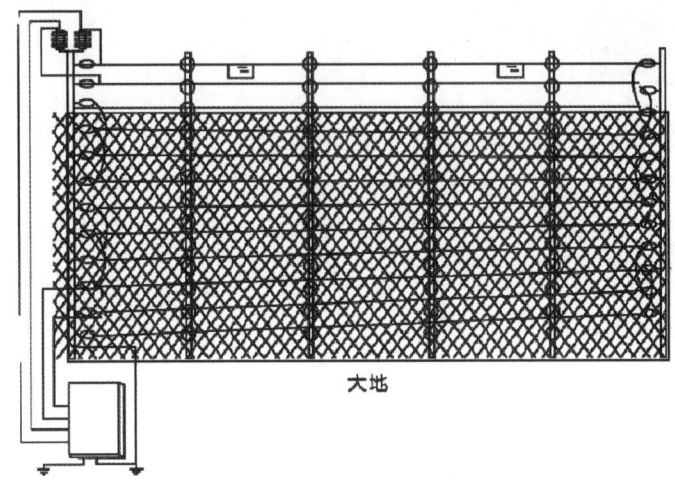

图 2-32　附属式安装 1

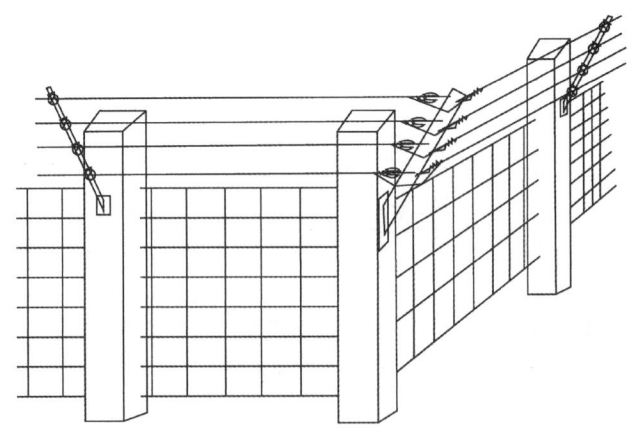

图 2-33　附属式安装 2

（3）独立式电子围栏。

将电子围栏独立安装在建筑物的周围。由于其高度不小于 1 800 mm,导线数达 8~20 条,所以,导线对终端杆和承力杆的张力较大,因此,终端杆和承力杆必须有足够的强度,且埋设必须稳固。如果土质坚实,可直接将终端杆和承力杆的下端埋入地下 60 cm 固定。如果终端杆的刚性不够,应增加支撑。中间承力杆虽不承受导线的张力作用,但必须支持多线的压力,因此也需要安装稳固,可采用埋入法安装。如下图 2-34 所示 8 线独立式安装。

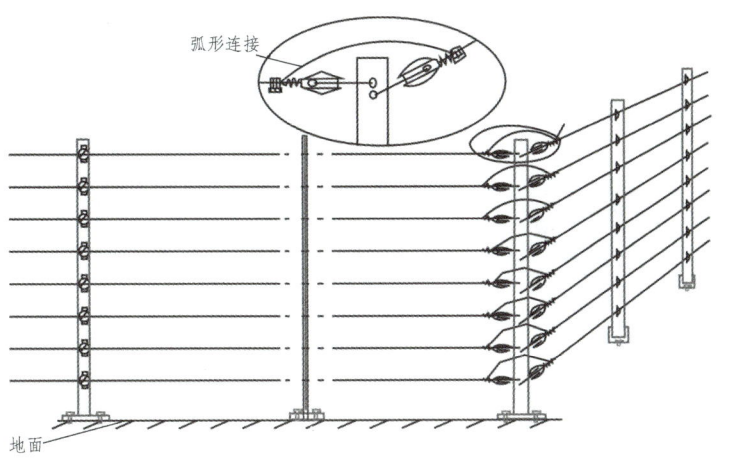

图 2-34　8 线独立式电子围栏

2. 前端围栏安装角度

（1）根据现场的情况及甲方要求确定周围栏角度（0°、22.5°、45°、67.5°、90°、112.5°、135°、157.5°、180°）和倾斜方向（内倾式、外倾式、垂直式或水平式安装），见下图 2-35 所示。

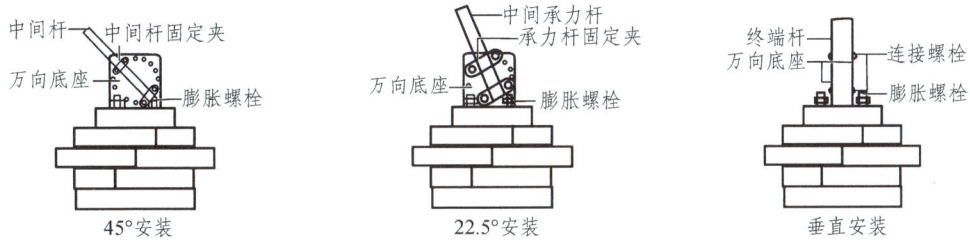

图 2-35　前端围栏安装角度

（2）根据周界环境：居民区、学校附近建议为内倾或垂直安装，空旷地带建议为外倾，围墙高于 2.5 m 时可以采用水平安装。

（3）根据保护对象：防止外界入侵时建议为外倾式安装，防止内部翻越时建议为内倾式。

3. 终端杆及终端杆绝缘子安装

用终端绝缘子固定夹把终端绝缘子挂在终端杆上，考虑到距离越长，拉力越大，终端杆一般每 70 m 或者大的拐角和分区的需安装，见下图 2-36 所示。

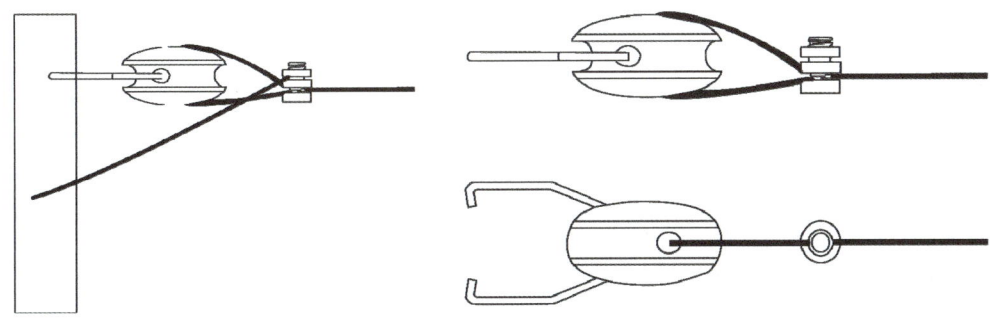

图 2-36　终端杆及终端杆绝缘子安装

4. 承力杆及承力杆绝缘子安装

承力杆绝缘子可以用抽芯铆钉或者承力杆绝缘子固定螺丝安装到承力杆上面，应注意承力杆绝缘子的安装方向，中间承力杆一般每 20 m 安装一根，如图 2-37 所示。

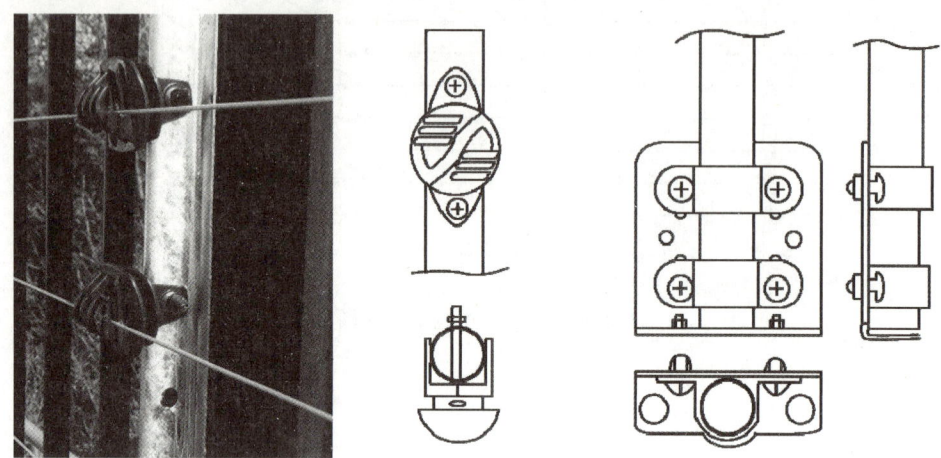

图 2-37　承力杆及承力杆绝缘子安装

5. 中间杆及中间杆绝缘子安装

中间杆绝缘子是螺纹式的绝缘子，分为螺杆和螺帽两部分，先把螺杆套入过线杆，再把螺帽拧上，当螺帽没拧紧时，调整好方向和距离（要求每根杆子的方向和距离保持一致，可参照承力杆的间距），拧紧固定好即可。中间杆一般 4～5 m 安装一根，如图 2-38 所示。

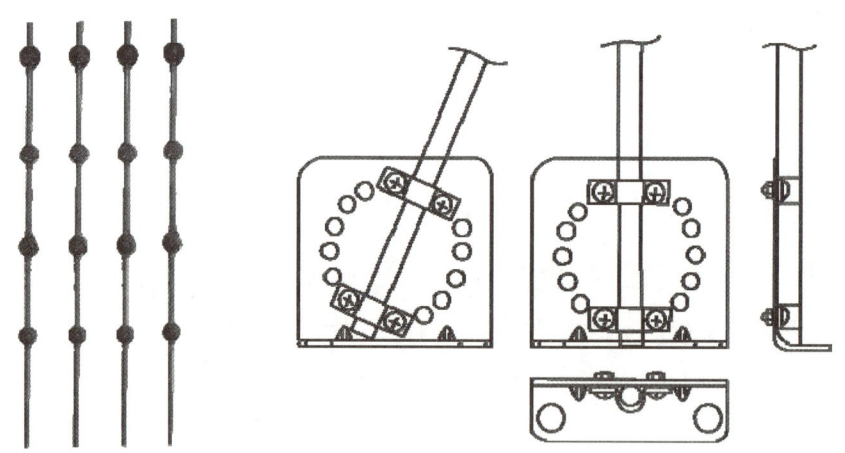

图 2-38　中间杆及中间杆绝缘子安装

6. 紧线器安装

紧线器挂在前端围栏上，安装合金导线时，把导线从中间收紧器侧面的圆孔穿入，再对准并穿过中间的中缝，最后通过另一侧面的圆孔穿出，如图 2-39 所示。注意：紧线时切勿紧过头，如果紧线过紧，因为热胀冷缩，冬天可能会发生断裂。

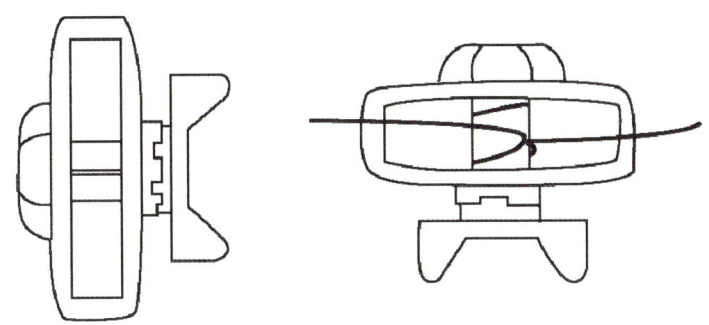

图 2-39 紧线器安装

7. 避雷器安装

首先将避雷器固定件固定在终端杆顶端,再将避雷器通过自身的螺母固定在避雷器安装支架上面,避雷器通常安装在脉冲主机的上方,每一个防区都必须安装两支避雷器。

8. 合金线之间的连接

用导线连接器连接,先将需连接的两导线头穿入连接器中,再用螺母将导线压紧在连接器中,如图 2-40 所示。

9. 终端杆固定夹的安装

首先将终端杆固定夹固定在终端杆绝缘子上,再将固定夹固定在终端杆上,如图 2-41 所示。

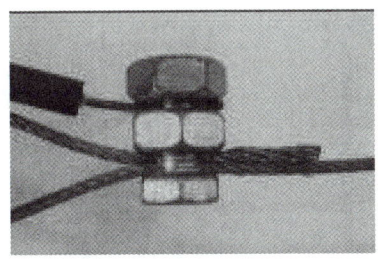
图 2-40 合金线之间的连接

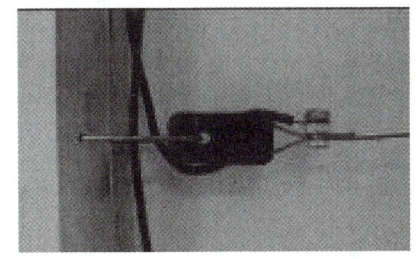
图 2-41 终端杆固定夹的安装

10. 围栏警示牌的安装

警示牌固定在最上面一根合金线上,需靠杆安装,根据实际情况决定距离,一般每 10 m 一块。

11. 接地

接地要求:依据 GB/T 7946—2008 的接地原则与电力弱电接地分开。此电子围栏系统有:主机高压输出接地、避雷器接地、保护接地(主机主板、键盘主板和信号线屏蔽层)输出三种接地,高压接地与避雷接地可以共用,但必须与保护接地分开,而且两个接地桩之间的距离不小于 4 m,接地桩埋地深度不小于 1.5 m,弱电接地电阻值应小于 4 Ω,高压电接地电阻值应小于 10 Ω。避雷接地用 16～25 mm^2 的铜导线可靠连接。

12. 常用连线方式

根据不同的线制其连线方式各不相同，如图 2-42 所示。

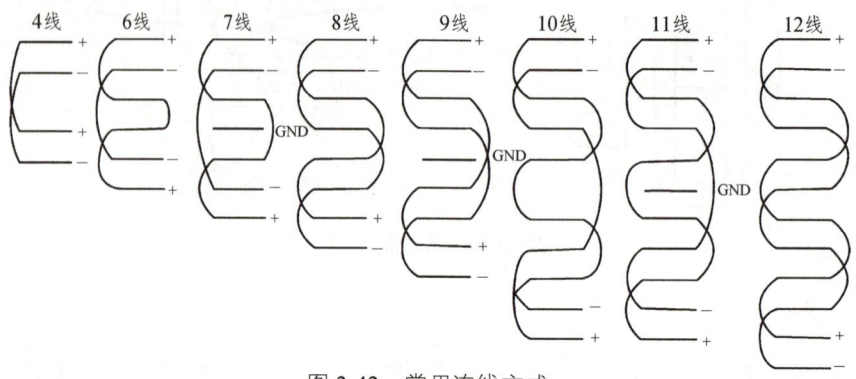

图 2-42　常用连线方式

二、电子围栏主机安装与连线

1. 电子围栏主机安装

将主机牢固地固定在靠近防区起始点或防区分区处，也可以放在控制中心或门卫室。安装在室外时需配备相应的防雨箱，其连接方式如图 2-43 所示。

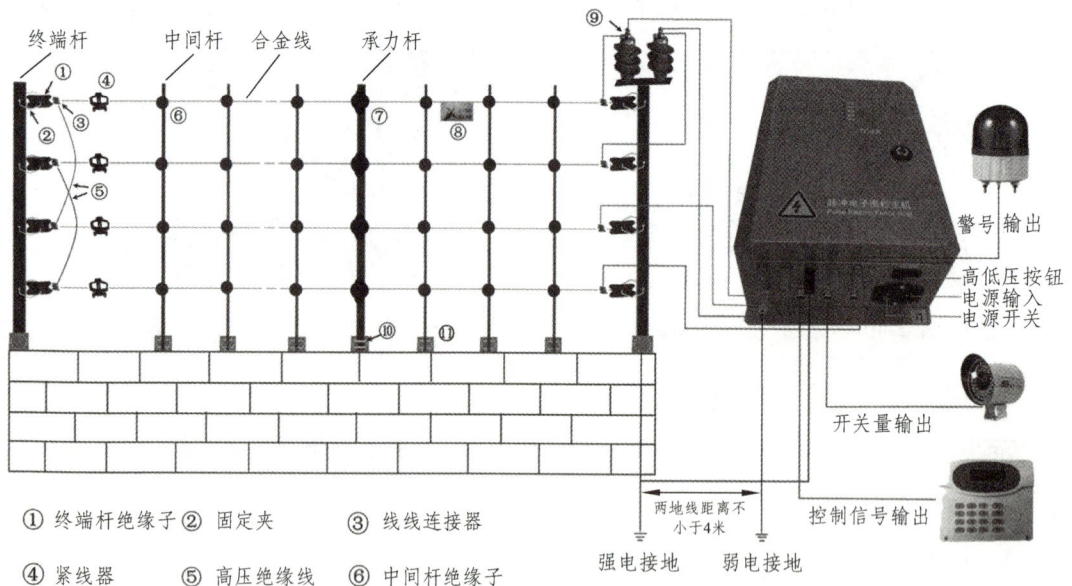

图 2-43　电子围栏主机安装

2. 电子围栏主机与电子围栏前端连接图

将周界围栏用高压绝缘线分别连接至控制器底端的高压接线柱上，其中最上面两条线必须经过避雷器后接入"1路输出"和"2路输出"两个发射端子，围栏末端1与3、2与4需用高压绝缘线短接，其他接线方式依情况而定。

任务小结

（1）小组讨论实训场地中电子围栏报警系统的使用方法及注意事项。
（2）小组讨论电子围栏报警系统实训存在的问题及解决办法等。

学习任务三
楼宇对讲系统

任务描述

楼宇对讲系统是由各单元口安装的防盗门、小区总控中心的管理员总机、楼宇出入口的对讲主机、电控锁、闭门器以及用户家中的可视对讲分机通过专用网络组成,以实现访客与住户对讲、住户可遥控开启防盗门的功能。各单元梯口访客通过对讲主机呼叫住户,对方同意后方可进入楼内,从而限制了非法人员进入。同时,若住户在家发生抢劫或突发疾病,可通过该系统通知保安人员以得到及时的支援和处理。

楼宇对讲系统具有连线少、户户隔离、不怕短路、户内不用供电、待机状态不耗电、不用专用视频线、稳定性高、性能可靠、维护方便等特点。

(1)认识楼宇对讲系统的常用设备、说出系统的构成。
(2)能够画出楼宇对讲系统的系统结构、掌握相关设备的功能及描述系统的工作原理。
(3)掌握楼宇对讲系统设备连接端口的功能并画出系统接线图。
(4)掌握系统设备的安装方法及设备参数的设置方法。

学习任务

(1)二次门口机-室内分机的安装与调试。
(2)单元门口机与室内分机通信。
(3)物业管理监视系统的装配与调试。

子任务 1　二次门口机–室内分机的安装与调试

任务描述

晋城市某住宅小区为了有效保护住户的人身和财产安全，采用楼宇对讲系统把楼宇的入口、住户及小区物业管理部门三方面的通信包含在同一网络中，形成防止非法入侵的重要防线。楼宇对讲系统是采用计算机技术、通信技术、CCD 摄像及视频显像技术而设计的一种访客识别的智能信息管理系统。楼门平时总处于闭锁状态，避免非本楼人员未经允许进入楼内。本楼内的住户可以用钥匙或密码开门、刷卡开门自由出入。当有客人来访时，需在楼门外的室外主机键盘上输入被访住户的房间号，呼叫被访住户的室内分机，接通后与被访住户的主人进行双向通话或可视通话。通过对话或图像确认来访者的身份后，住户主人允许来访者进入，就用室内分机上的开锁按键打开大楼入口门上的电插门锁，来访客人便可进入楼内。住宅小区的物业管理部门通过管理机，对小区内各住宅楼宇对讲系统的工作情况进行监视。如有住宅楼入口门被非法打开或对讲系统出现故障，管理机会发出报警信号和显示出报警的内容和地点。

学习目标

（1）能够认识二次门口机和室内分机。
（2）能够用导线正确连接二次门口机和室内分机。
（3）能够调试二次门口机至室内分机。

【建议学时】2 学时

知识准备

一、认识楼宇对讲控系统

住宅小区的特点是用户集中，容量大，统一保安管理，而且国内大部分地区经济收入不高，因此小区安防系统必须满足"安全可靠、经济有效、集中管理"的要求，虽然目前市场上有各种各样的安防系统，但是真正符合小区特点、适合小区使用的产品并不多。楼宇对讲系统作为这样的产品，具有连线少、户户隔离、不怕短路、户内不用供电、待机状态不耗电、不用专用视频线、稳定性高、性能可靠、维护方便等特点。

智能化住宅小区作为二十一世纪的新宠，有其自身的要求，根据建设部规定，目前智能化住宅小区有六项要求：在住宅小区中设立计算机自动化管理中心；水、电、气等自动计量、收费；对封闭的住宅小区实行安全防范系统自动化监控管理；对住宅的火灾，有害气体泄漏实行自动报警；住宅中设置楼宇对讲和紧急呼叫系统；对住宅小区关键设备、设施实行集中管理，对其运作状态实施远程监控。

智能化住宅小区包括监控系统、电子巡更系统、三表自动抄集系统、视频监控系统、边界监控系统、门禁系统、楼宇对讲系统（可视/非可视）等多个系统。

二、楼宇对讲系统连接图

对讲门禁及室内安防系统配置有可视室内分机、二次门口机、非可视室内分机、专用联网交换机、G5 模拟联网切换器、单通道可视模块、管理机、单元门口主机、AC/DC 开关电源、门磁开关、开门按钮、红外探测器、幕帘探测器、燃气探测器、感烟探测器、电磁锁、电插锁等器件，如图 3-1 所示。

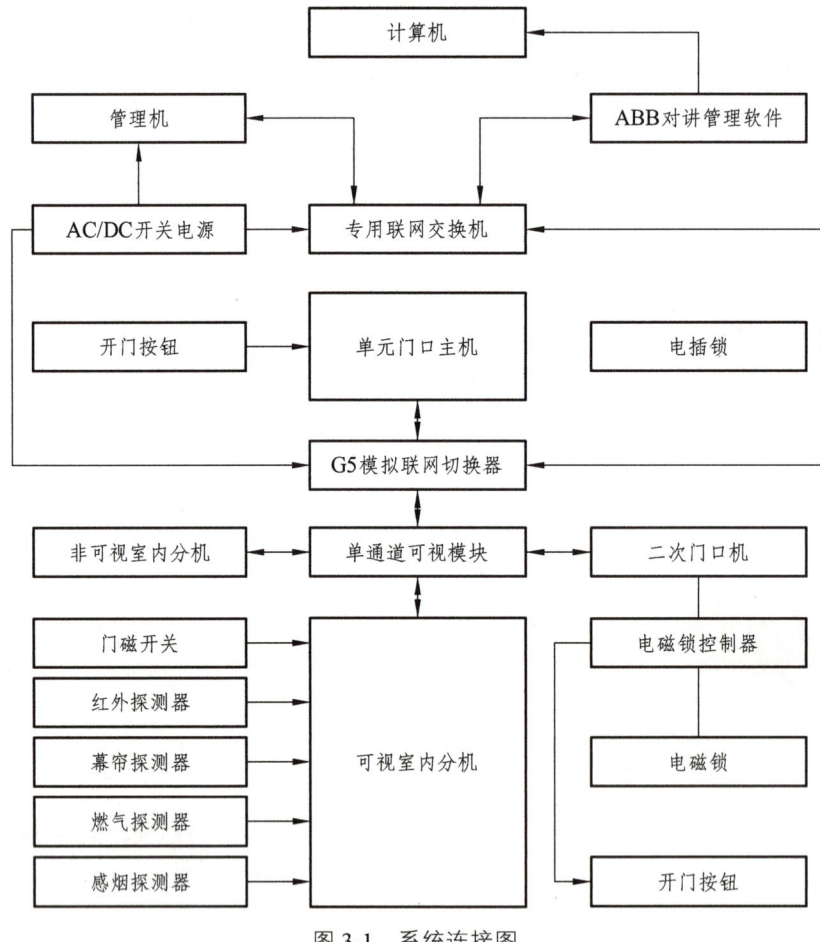

图 3-1　系统连接图

三、设备之间线路连接

室内分机、二次门口机、单通道可视模块、开关电源接线如图 3-2 所示。

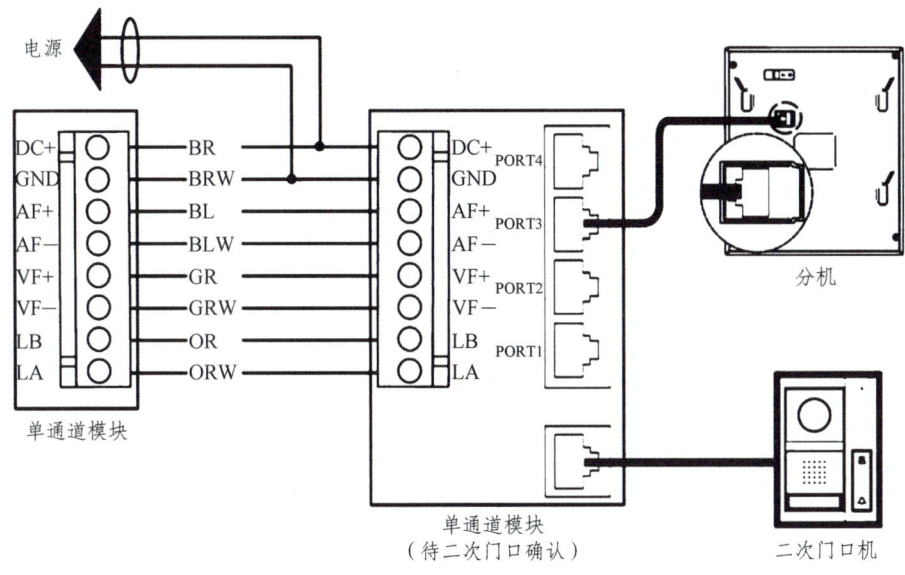

图 3-2　设备之间线路连接

四、设备简介

1. 室内分机

本系统采用的室内分机是免提可视联网分机，键盘背光指示，是室内安防系统的主要组成部分之一，可单独与二次门口机组成简单的家庭安防系统，也可以通过单通道可视模块、G5 模拟联网切换器、专用联网交换机等实行联网控制，如图 3-3 所示。

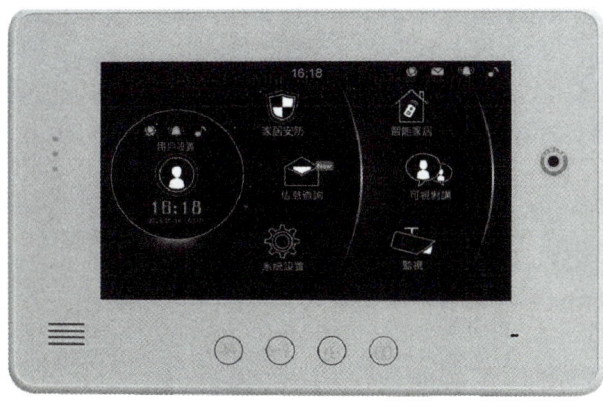

图 3-3　室内分机

2. 二次门口机

本系统采用的二次门口机是最新的产品，利用小巧、稳定、可靠的电路来实现通信，是室内安防系统的主要组成部分之一，可单独与室内分机组成简单的家庭安防系统，也可以通过单通道可视模块、G5 模拟联网切换器、专用联网交换机等实行联网控制，如图 3-4 所示。

3. 单通道可视模块

实现用户内的音频、视频切换，如图3-5所示。

图3-4 二次门口机

图3-5 单通道可视模块

五、设备设置

1. 单通道可视模块

单通道可视模块编码设置：将拨码开关（位于单通道可视模块左侧盖板内）的第1位拨为"ON"，如图3-6所示。

2. 可视室内分机

（1）室内分机监视。

当占线灯不亮时，按 🖼 键，可监视住户门口的情况，监视时间为15 s，若要取消监视，重新按一下 🖼 键即可。

（2）室内分机报警。

按室内分机 🔔 键，管理机将会接收到室内分机"手动"报警信息。

（3）室内分机静音功能。

当按下室内分机 🔇 键，此时静音灯亮，当访客呼叫住户时，室内分机不响铃，处于静音状态。若要取消静音，可再按一次 🔇 键。

在访客与住户通话期间，按 🔇 键，静音灯亮，单元门口主机通话声音被屏蔽，无法传送到住户，但单元门口主机能听到住户通话声。

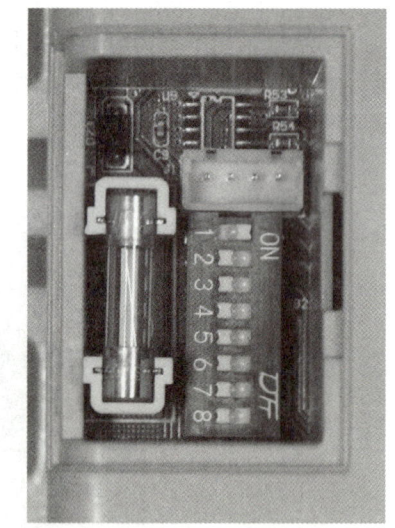

图3-6 单通道可视模块编码设置

（4）室内分机布防。

在撤防状态下，按 🔑 键，再按四位布防密码（📞+🖼+👤+✉）键，随后听到"嘀…"的提示音，此时表示布防成功，防区指示灯闪烁，系统进入布防状态。

（5）室内分机撤防。

在布防状态下，按 🔑 键，再按四位撤防密码（📞+🖼+👤+✉）键，随后听到"嘀…"

的提示音，此时表示撤防成功，防区指示灯灭，系统进入撤防状态。

六、系统调试方法

1. 操作步骤

（1）二次门口机呼叫室内分机。

按下二次门口机的 ▇ 键，此时室内分机响，住户可通过室内分机的显示屏查看来访者，按室内分机上的 ▇ 键，能与住户门口的来访者进行通话。通话过程中，按 ▇ 键来开启住户的门，再次按室内分机 ▇ 键，或按二次门口机 ▇ 键结束通话。

（2）室内分机呼叫管理机。

先按室内分机 ▇ 键，再按 ▇ 键，此时管理机响，提起管理机的话机，能与住户进行通话，再次按室内分机 ▇ 键，或管理机挂机结束通话。

（3）二次门口机呼叫管理机。

按下二次门口机的 ▇ 键，此时管理机响，提起管理机的话机，能与住户门口的访客进行通话，再次按二次门口机 ▇ 键，或管理机挂机结束通话。

2. 防区的设置

布防：先按 ▇ 键，再按四位布防密码（▇ + ▇ + ▇ + ▇）键，输入完成后，室内分机长"嘀"一声，防区指示灯慢速闪烁，表示布防成功。

（1）在布防状态下，当有人在红外探测器范围内晃动，被红外探测器探测到，经过延时后室内分机和管理机马上发出警报，且室内分机的防区指示灯快速闪烁。接着进行撤防，返回到撤防状态。

（2）在布防状态下，当有人强行打开住户大门，门磁开关被断开，室内分机和管理机马上发出警报，且室内分机的防区指示灯快速闪烁。接着进行撤防，返回到撤防状态。

（3）在不受布防影响的状态下，按下感烟探测器的测试键（TEST），马上报警（防区灯快闪）；按下感烟探测器的复位键（RESET），接着进行撤防，返回到撤防状态。或在感烟探测器感应的范围内，提供一定浓度的烟雾（点燃纸张熄灭后的烟雾等），探头触发，室内分机和管理机马上发出警报，且室内分机的防区指示灯快速闪烁，接着进行撤防，返回到撤防状态。

（4）在不受布防影响的状态下，按下燃气探测器的测试键，室内分机和管理机马上发出警报，且室内分机的防区指示灯快速闪烁。等到燃气探测器不再发出报警信号，接着进行撤防，返回到撤防状态。

撤防：先按 ▇ 键，再按四位撤防密码（▇ + ▇ + ▇ + ▇）键，系统进行撤防。

操作指引

1. 组织方式

（1）场地设施：亚龙 YL-714 楼宇智能化工程实训系统。

（2）设备设施：可视对讲门禁及室内安防系统。
（3）工量具：常用工具和量具等。
（4）学生组织：教师指导、分组实训、过程评价。

2. 注意事项

（1）进入实训场地必须穿着干净整齐的工作服。
（2）听从实训指导老师的安排，严格遵守场地安全规定，注意用电安全。
（3）上电调试前征得教师同意。

任务实施

（1）认知二次门口机-室内分机的安装位置。
（2）掌握二次门口机-室内分机的连接关系。
（3）掌握二次门口机-室内分机的调试方法。

任务小结

通过该任务的实施，学生掌握了二次门口机和室内分机的安装，并且对系统进行了调试，提高了动手能力和楼宇智能控制的核心能力。

子任务 2　单元门口机与室内分机通信

任务描述

楼宇对讲系统在现在的智能化小区应用的越来越多。现接到工作任务，要求为城区某小区安装单元可视对讲门禁系统，其中，我们班需要完成的是单元门口机与室内分机的连接通信。

学习目标

（1）能够认识单元门口主机、室内分机、G5 模拟联网切换器等器件。
（2）能够熟悉单元门口主机的功能、接线、调试。
（3）具备信息查询和维修手册使用的基本能力。
（4）能够按照企业 5S 管理要求和安全生产规范进行操作。
（5）能与同学密切合作，规范安全地完成学习活动。
（6）养成自主学习的习惯，培养规范操作的工作作风。

【建议学时】2 学时

知识准备

单元楼门平时总处于闭锁状态，以避免非本楼人员未经允许进入楼内。本单元住户可以用钥匙、密码、刷卡等途径开门进入。当有客人来访时，需要在单元门口主机键盘上输入房间号来呼叫被访住户的室内分机，接通后，访客可与被访住户进行双向通话或可视通话。通过对话或图像确认来访者的身份后，住户可用室内分机上的开锁按键打开单元门电磁锁，来访客人便可进入楼内。

一、单元门口机与室内分机通信系统框图

单元门口机与室内分机通信，通过 G5 模拟切换器切换，再由单通道可视模块转换，呈现在可视室内分机上，如图 3-7 所示。

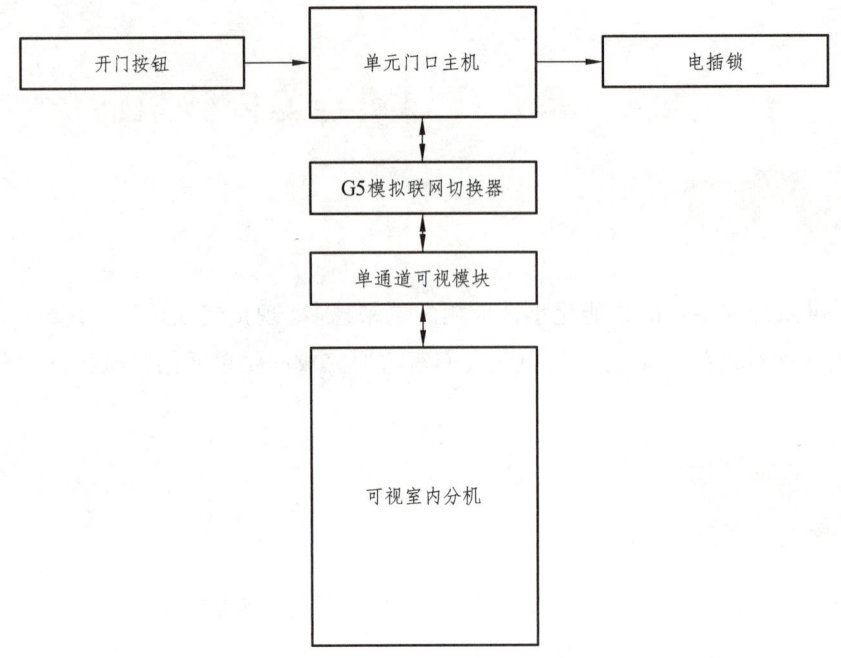

图 3-7 单元门口机与室内分机通信系统框图

二、器件说明

1. 单元门口主机

本系统单元门口主机是安装在各单元出入口，如图 3-8 所示，主要是完成与单元楼上分机的通信和控制单元大门电锁的开启，与 G5 模拟联网切换器连接使用，再通过专用联网交换机实现与管理处连接的统一管理，同时在分机与管理机、分机与分机的通信过程中又起到中转的作用。可内置读卡器（EM 卡或 Mifare 卡），方便实现刷卡开锁和小区一卡通。

2. 单通道可视模块

实现用户内的音频、视频切换，如图 3-9 所示。

图 3-8 单元门口主机

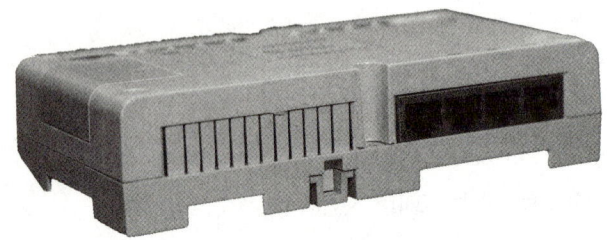

图 3-9 单通道可视模块

3. G5 模拟联网切换器

实现单元内的音频、视频切换，如图 3-10 所示。

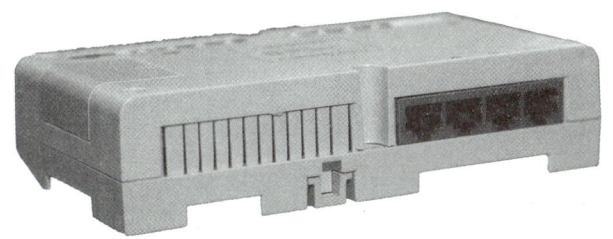

图 3-10　G5 模拟联网切换器

4. 可视室内分机

本系统采用的室内分机是免提可视联网分机，防区报警后，键盘背光指示，是室内安防系统的主要组成部分之一，可单独与二次门口机组成简单的家庭安防系统，也可以通过单通道可视模块、G5 模拟联网切换器、专用联网交换机等实行联网控制，如图 3-11 所示。

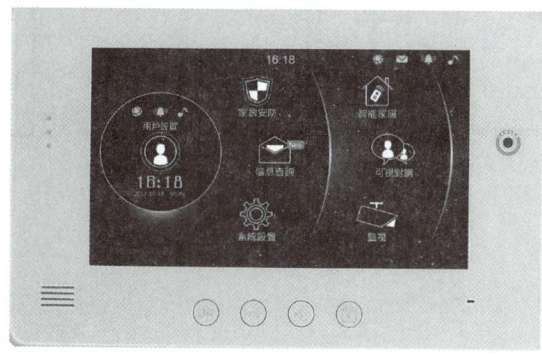

图 3-11　可视室内分机

5. 门磁开关

门磁开关由永久磁铁及干簧管（又称磁簧管或磁控管）两部分组成，如图 3-12 所示。

干簧管是一个内部充有惰性气体（如氦气）的玻璃管，内装有两个金属簧片，形成触点。固定端和活动端分别安装在智能小区的门框和门扇上。

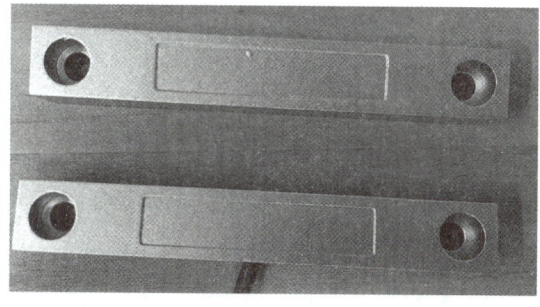

图 3-12　门磁开关

6. 模拟联网切换器、单通道可视模块、单元门口主机、开关电源接线（如图3-13）

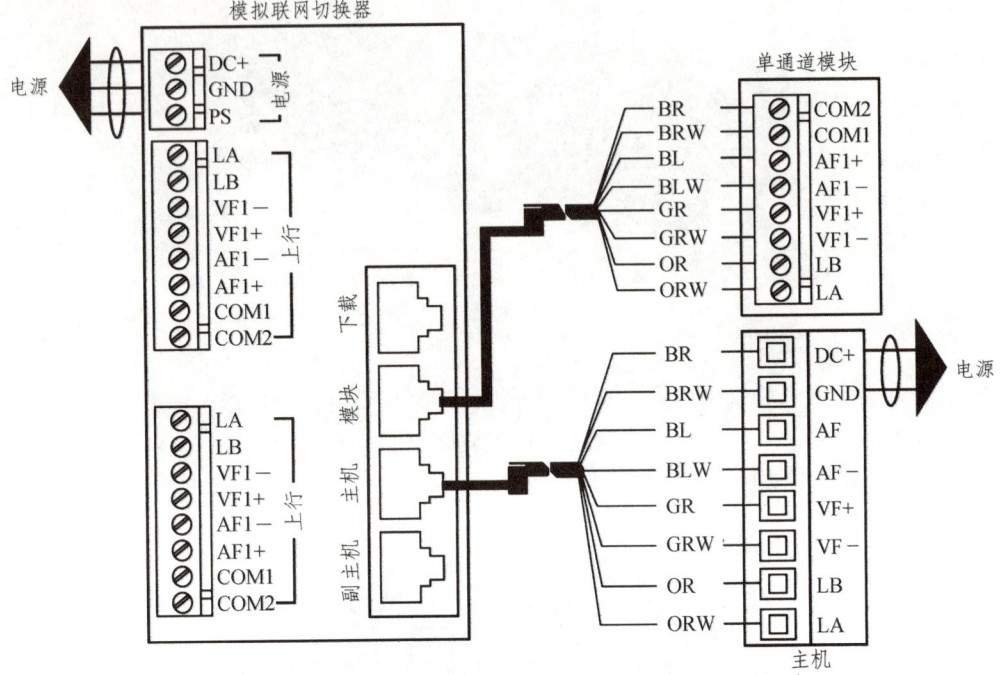

图3-13 模拟联网切换器、单通道可视模块、单元门口主机、开关电源接线

操作指引

1. 组织方式

（1）场地设施：楼宇智能化工程实训系统。
（2）工量具：常用工具和量具等。
（3）学生组织：教师指导、分组实训、过程评价。

2. 注意事项

（1）进入实训场地必须穿着干净整齐的工作服。
（2）听从实训指导老师的安排严格遵守场地安全规定，注意用电安全。

任务实施

一、系统接线

认识系统中各单元模块，学会连接单元门口主机与室内分机通信系统，系统连接图如图3-14所示。

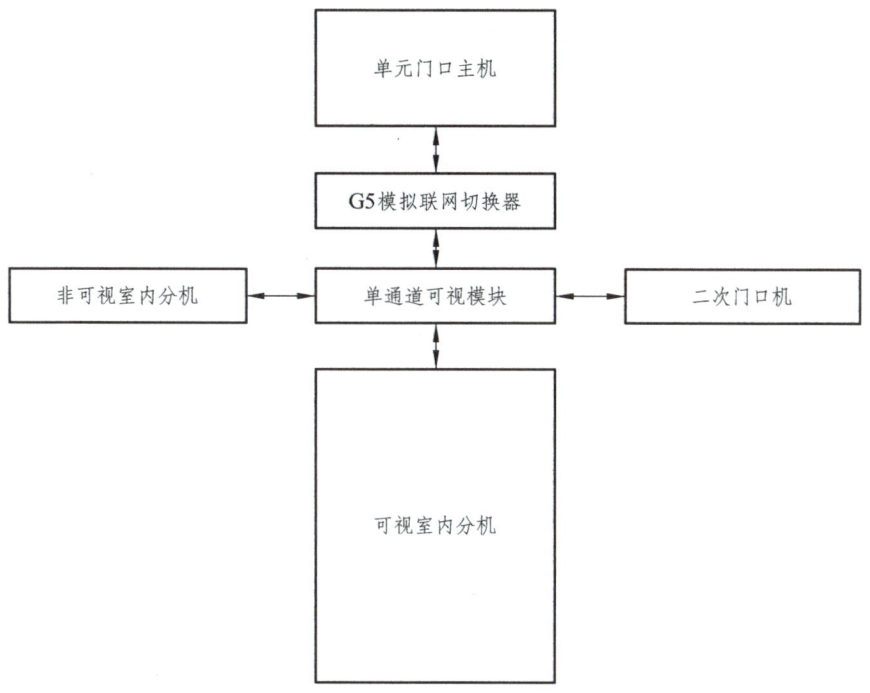

图 3-14 系统接线图

二、通信系统中各模块设置

1. 单通道可视模块

单通道可视模块编码设置：将拨码开关（位于单通道可视模块左侧盖板内）的第 1 位拨为"ON"，如图 3-15 所示。

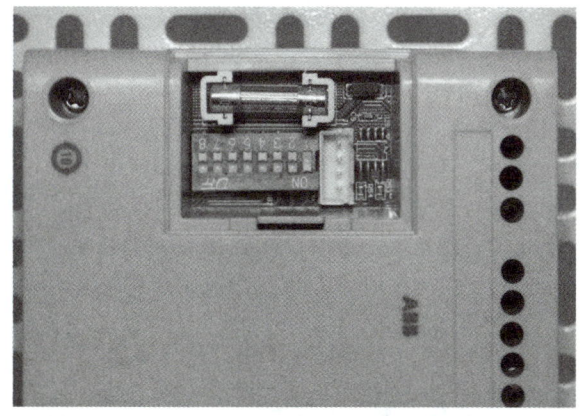

图 3-15 单通道可视模块编码设置

2. G5 模拟联网切换器

G5 模拟联网切换器编码设置。

拨码开关位于切换器左侧盖板内，将拨码开关的第1位拨为"ON"，如图3-16所示：

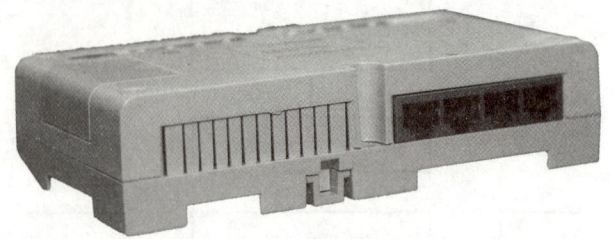

图3-16　G5模拟联网切换器

3. 可视室内分机

（1）室内分机监视。

当占线灯不亮时，按▣键，可监视住户门口的情况，监视时间为15 s，若要取消监视，重新按一下▣键即可。

（2）室内分机报警。

按室内分机▣键，管理机将会接收到室内分机"手动"报警信息。

（3）室内分机静音功能。

当按下室内分机▣键，此时静音灯亮，当访客呼叫住户时，室内分机不响铃，处于静音状态。若要取消静音，可再按一次▣键。

在访客与住户通话期间，按▣键，静音灯亮，单元门口主机通话声音被屏蔽，无法传送到住户，但单元门口主机能听到住户通话声。

（4）室内分机布防。

在撤防状态下，按▣键，再按四位布防密码（▣+▣+▣+▣）键，随后听到"嘀…"的提示音，此时表示布防成功，防区指示灯闪烁，系统进入布防状态。

（5）室内分机撤防。

在布防状态下，按▣键，再按四位撤防密码（▣+▣+▣+▣）键，随后听到"嘀…"的提示音，此时表示撤防成功，防区指示灯灭，系统进入撤防状态。

4. 单元门口主机

（1）单元门口主机地址设置。

在待机状态下，先按"#+*"，接着输入系统密码"1234"，然后按"#"键，进入系统设置，LED屏显示"set"，输入"0+#"，继续输入单元门口主机地址"0001"，再输入G5模拟联网切换器端口号"1"，按"#"键确认，LED屏显示"0-OK"，单元门口主机发出长"嘀"一声表示设置完成，按"*"键退出。

扫码观看单元门口主机的设置

（2）室内分机地址设置。

在待机状态下，先按"#+*"，接着输入系统密码"1234"，然后按"#"键，进入系统设置，LED屏显示"set"，输入"1+#"，继续输入"0+#"，再输入室内分机地址"0101"，接着输入单通道可视模块号"001"，再输入单通道可视模块端口号"1"，最后输入振铃音3，单元门口主机发出长"嘀"一声表示设置完成，按"*"键退出。

（3）室内分机数据上传。

在待机状态下,先按"#+*",接着输入系统密码"1234",然后按"#"键,进入系统设置,LED 屏显示"set",输入"1+#",继续输入"4+#",LED 屏显示"- - - -",完成后单元门口主机长"嘀"一声,同时 LED 屏显示"12OK"。按"*"键退出。

(4)注册单张卡。

在待机状态下,先按"#+*",接着输入系统密码"1234",然后按"#"键,进入系统设置,LED 屏显示"set",输入"3+#",继续输入"0 或 1+#",LED 屏显示"30- -",输入注册的卡号(也直接刷卡),按一下"#"键,注册成功后 LED 屏显示"30OK",同时单元门口主机发出长"嘀"一声。按"*"键退出。

(5)删除单张卡。

在待机状态下,先按"#+*",接着输入系统密码"1234",然后按"#"键,进入系统设置,LED 屏显示"set",输入"3+#",继续输入"3 或 4+#",LED 屏显示"33- -",输入删除的卡号(也可直接刷卡),按一下"#"键,删除成功后 LED 屏显示"33OK",同时单元门口主机发出长"嘀"一声。按"*"键退出。

三、功能调试

具体实施过程参考如下:

(1)单元门口主机呼叫管理机。

接通:按单元门口主机上的 键进行呼叫,此时管理机响,管理员可通过管理机的显示屏查看来访者,提起管理机上的话机,能与大楼门口的来访者进行通话,通话过程中,按 开锁 键来开启大楼门。

挂断:按单元门口主机"*"键,或管理机挂机结束通话。

(2)单元门口主机呼叫室内分机。

接通:在单元门口主机上输入室内分机的地址"0101",此时室内分机响,住户可通过室内分机的显示屏查看来访者,按室内分机上的 键,能与大楼门口的来访者进行通话,通话过程中,按 键来开启大楼的门。

挂断:按单元门口主机"*"键,或按室内分机 键结束通话。

(3)刷卡开锁。

将已注册卡放在单元门口主机的读卡区刷卡,单元门口主机语音提示"门已开",LED 屏显示"PASS",即可打开与其连接的电磁锁。

(4)公共密码开锁。

在待机的状态下,在单元门口主机上按"#"键,接着输入6位有效密码"201001",按"#"确认,即可开锁,语音提示"门已开",LED 屏显示"PASS"。

(5)开门按钮开锁。

当住户人员需要外出,按下大楼的开门按钮,即可打开大楼的电磁锁,单元门口主机语音提示"门已开"。

任务小结

(1)单元门口机与室内分机通信系统中包含单元门口主机、室内分机、G5 模拟联网切换器等器件。

（2）单元门口机与室内分机通信系统中各器件之间的接线。

（3）单元门口机与室内分机通信系统中各器件的设置。

（4）单元门口机与室内分机通信系统的功能调试。

子任务 3　物业管理监视系统的装配与调试

任务描述

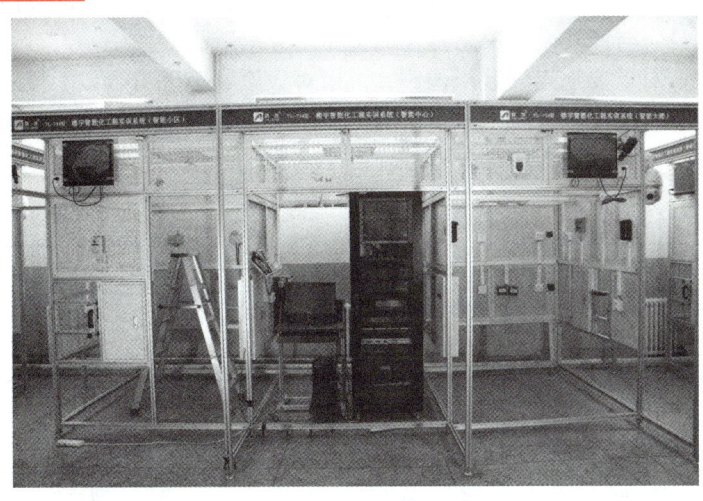

图 3-17　物业管理监视系统

住宅小区的物业管理部门通过管理机,对小区内各住宅楼宇对讲系统的工作情况进行监视。如有住宅楼入口门被非法打开或对讲系统出现故障,管理机会发出报警信号和显示出报警的内容和地点。

物业的管理系统对于小区住户的安全起到至关重要的影响,本节主要以物业管理监视系统进行介绍。

学习目标

(1)能够熟知物业管理机系统的组成、各部分作用。
(2)能够区分不同类型的对讲、安防设备。
(3)能够熟知门禁系统的基本术语。
(4)能够描述物业管理系统的基本工作原理。
(5)能够熟练对线路进行连接、对设备进行调试。
(6)具备信息查询和维修手册使用的基本能力。
(7)能够按照企业 5S 管理要求和安全生产规范进行操作。
(8)能与同学密切合作,规范安全地完成学习活动。
(9)养成自主学习的习惯,培养规范操作的工作作风及环保意识。

【建议学时】2 学时

知识准备

一、物业管理监视系统认识

楼宇监控系统对大厦、小区的重要程度直线上升，其服务系统的功能及使用可靠性直接影响业主和客户的人身、财产安全，关系物业的整体服务水平。

利用监控系统，对重要地点安装摄像头，可以对大厦、小区出入口、停车库的路口等一些重要的地点进行全实时的视、音频录像，系统框图如图3-18所示。

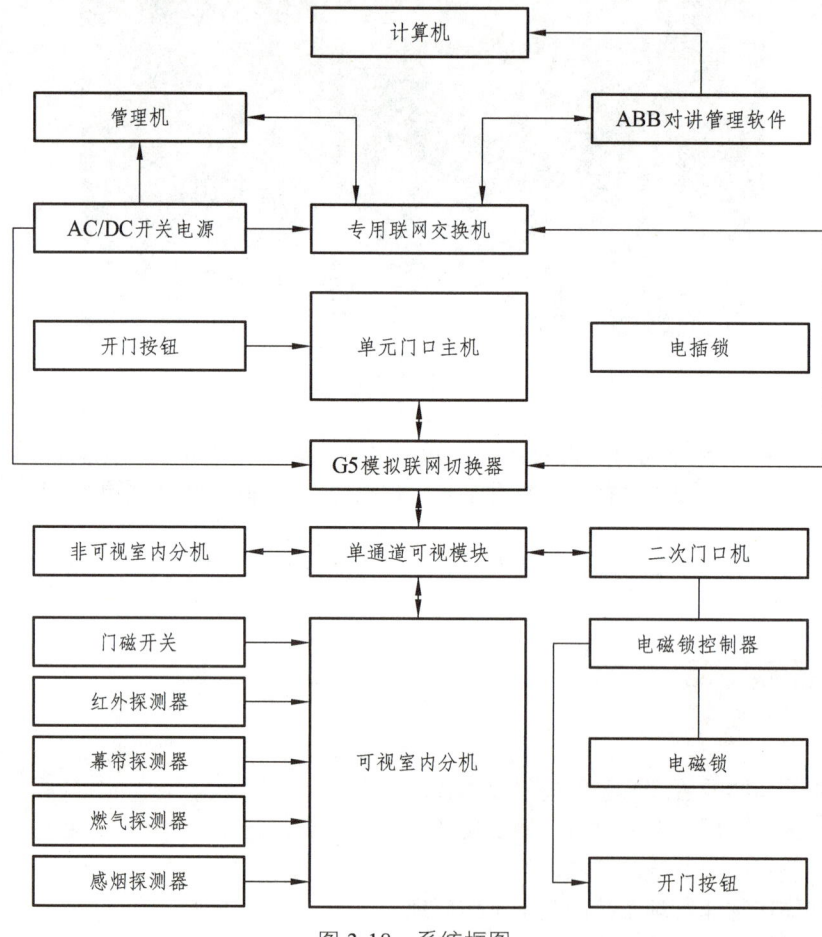

图 3-18 系统框图

二、器件说明

1. 管理机

扫码观看管理机的设置

图 3-19 为本系统采用的管理机，增加了功能按键，具有半自动监视、全自动监视等功能，使管理人员操作更加方便，是门禁对讲系统的主要组成部分之一，可以通过专用联网交换机，

G5 模拟联网切换器，单通道可视模块等实行联网控制。

图 3-19　管理机

2. 专用联网交换机

实现各支路间的信号切换。

图 3-20　专用联网交换机

3. G5 模拟联网切换器

实现单元内的音频、视频切换。

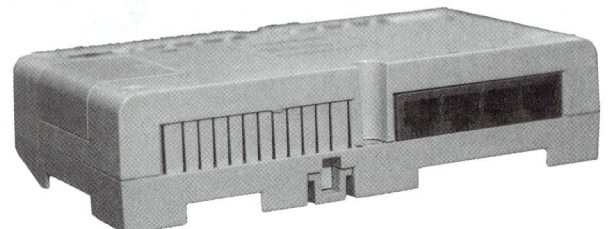

图 3-21　G5 模拟联网切换器

4. AC/DC 开关电源

为设备供电（高频、高压、大功率、不含蓄电池）。

图 3-22　AC/DC 开关电源

5. 单元门口主机

本系统单元门口主机安装在各单元出入口，主要作用是完成与单元楼上分机的通信，控制单元以及大门电锁的开启,它与 G5 模拟联网切换器连接使用,再通过专用联网交换机实现与管理处连接进行统一管理,同时在分机与管理机、分机与分机的通信过程中又起到中转的作用。单元门口主机可内置读卡器(EM 卡或 Mifare 卡),方便实现刷卡开锁和小区一卡通。

图 3-23　单元门口主机

6. 单通道可视模块

实现用户内的音频、视频切换。

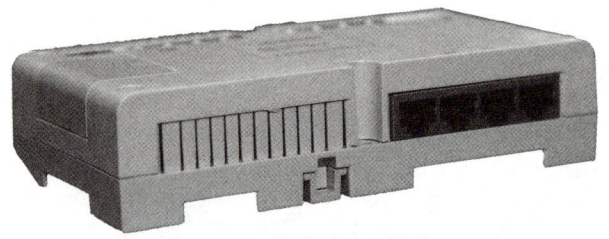

图 3-24　单通道可视模块

7. 二次门口机

本系统采用的二次门口机是最新的产品,利用小巧、稳定、可靠的电路来实现通信,是室内安防系统的主要组成部分之一,可单独与室内分机组成简单的家庭安防系统,也可以通过单通道可视模块、G5 模拟联网切换器、专用联网交换机等实行联网控制。

图 3-25　二次门口机

8. 室内分机

本系统采用的室内分机是免提可视联网分机,防区报警后,键盘背光指示,是室内安防系统的主要组成部分之一,可单独与二次门口机组成简单的家庭安防系统,也可以通过单通道可视模块、G5 模拟联网切换器、专用联网交换机等实行联网控制。

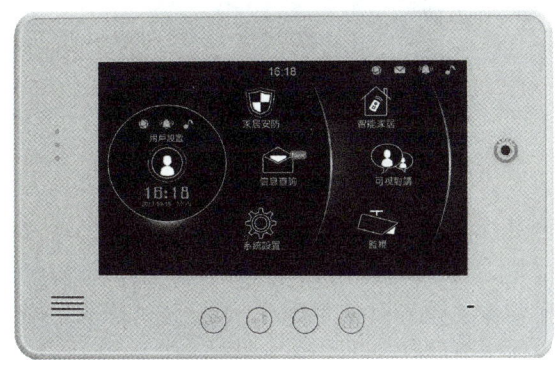

图 3-26　室内分机

9. 安防探测器

(1)紧急求助按钮:当银行、家庭、机关、工厂等场合出现入室抢劫、盗窃等险情或其他异常情况时,往往需要采用人工操作来实现紧急报警。这时可使用紧急报警按钮开关。紧急报警按钮开关安装在"智能小区"室内,位置要适中且隐蔽,便于操作。

(2)门磁开关:门磁开关是由永久磁铁及干簧管(又称磁簧管或磁控管)两部分组成的。干簧管是一个内部充有惰性气体(如氮气)的玻璃管,内装有两个金属簧片,形成触点。固定端和活动端分别安装在"智能小区"的门框和门扇上。

图 3-27　安防探测器

图 3-28　门磁开关

(3)烟雾探测器:烟雾探测器也被称为感烟式火灾探测器、烟感探测器或感烟探测器等,主要应用于消防系统,以及安防系统建设。感烟探测器是特殊结构设计的光电传感器,采用 SMD 贴片加工工艺生产,具有灵敏度高、稳定可靠、低功耗、美观耐用、使用方便等特点。烟雾探测器安装在天花板上,位置要适中,可进行模拟报警测试。

注意:在正常待机下,测试键的 LED 灯一直不亮或闪烁。

图 3-29 烟雾探测器

（4）红外探测器：红外探测器又称热感式红外探测器。它的特点是不需要红外辐射光源，本身不向外界发射任何能量，而是直接探测来自移动目标的红外辐射，因此才有被动式之称。任何物体，包括生物和矿物体，因表面温度不同，都会发出强弱不同的红外线。不同物体辐射的红外线波长也不同，人体辐射的红外线波长是在 10 μm 左右，而被动式红外探测器件的探测波长范围在 8～14 μm。因此，被动式红外探测器件能较好地探测到活动的人体跨入禁区段，从而发出警戒报警信号。被动式红外探测器按结构、警戒范围及探测距离的不同，可分为单波束型和多波束型两种。单波束型红外探测器采用反射聚焦式光学系统，其警戒视角较窄，一般小于 5°，但作用距离可达百米。多波束型红外探测器采用透镜聚集式光学系统，用于大视角警戒，视角可达 90°，作用距离只有几米到十几米，一般用于重要出入口入侵警戒及区域防护。红外探测器安装在门口附近，并且要面向门口以保证其灵敏度。

（5）幕帘探测器：幕帘探测器一般采用红外双向脉冲记数的工作方式，即 A 方向到 B 方向报警，B 方向到 A 方向不报警，因幕帘探测器的报警方式具有方向性，所以也叫作方向幕帘探测器。幕帘探测器具有入侵方向识别能力，用户从内到外进入警戒区，不会触发报警，在一定时间内返回不会引发报警，只有非法入侵者从外界侵入才会触发报警，保证用户可以在设防的警戒区域内活动，同时又不触发报警系统。

 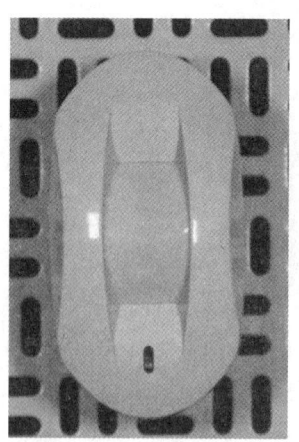

图 3-30 红外探测器　　　　　　　图 3-31 幕帘探测器

（6）燃气探测器：探测器采用长寿命气敏传感器，具有传感器失效自检功能。感应气体：煤气\天然气\液化石油气。

电源：DC 12 V 的直流电源。
报警浓度：15%LEL。
恢复浓度：8%LEL。
工作温度：－10 ℃ ~ +40 ℃。
相对湿度：≤90%RH。
报警浓度误差：不大于 ± 5%LEL。
安装在厨房距离探测气体大约 3 m 左右，位置要适中。
注意：在正常待机下，测试键的 LED 灯一直常亮。

图 3-32　燃气探测器

操作指引

1. 组织方式

（1）场地设施：智能楼宇一体化教室。
（2）设备设施：门禁系统的各设备组件。
（3）工量具：智能楼宇系统专用工具。
（4）学生组织：教师指导、分组实训、过程评价。

2. 注意事项

（1）进入实训场地必须穿着干净整齐的工作服。
（2）听从实训指导老师的安排，严格遵守场地安全规定，注意用电安全。

任务实施

一、组织方式

（1）学习各组件的作用及连接方法。

（2）熟悉系统框图，了解各组件的连接顺序。
（3）分组对线路进行连接。
（4）管理机设置。
（5）管理机与交换机设置方法。

二、操作指引

1. 设置专用交换机号

在挂机状态下，按"OK"键，然后输入密码"345678"，选择"交换机配置"，按"OK"或"F3"键确认，选择"设置交换机号"，再按"确认"键，输入交换机号"0001"，最后将级联属性改为"0"总交换机，管理机"嘀"一声后保存，按"F4"键退出。

在挂机状态下，按"OK"键，然后输入密码"345678"，选择"交换机配置"，按"OK"或"F3"键确认，选择"增加记录"，再输入交换机号"0001"，进入以下操作：

（1）选择"设备类型"，按"1"将设备类型改为"管理机"，下移到"设备号码"，再输入"0001"，接着下移到"通道 1 端口号"，再输入"9"，按"F2"键单条保存。

（2）选择"设备类型"，按"3"将设备类型改为"切换器"，下移到"设备号码"，再输入"0001"，接着下移到"通道 1 端口号"，再输入"1"，按"F2"键单条保存。

（3）选择"设备类型"，按"7"将设备类型改为"围墙机"，下移到"设备号码"，再输入"0001"，接着下移到"通道 1 端口号"，再输入"12"，按"F2"键单条保存。

以上设置好后，按"F4"键返回上一步，选择"下载全部记录"，按"OK"或"F3"键，再输入交换机号"0001"，LED 屏显示下载 3 条，下载完成，按"F4"键退出。

2. 清除交换机下载记录

在挂机状态下，按"OK"键，然后输入密码"345678"，选择"交换机配置"，按"OK"或"F3"键确认，选择"清空全部记录"，再输入交换机号"0001"，按"确认"键，管理机"嘀"一声后，清除成功。

防区演示：

布防：先按 🔑 键，再按四位布防密码（📞+📷+👤+✉️）键，输入完成后，室内分机长"嘀"一声，防区指示灯慢速闪烁，表示布防成功。

（1）在布防状态下，此时当有人在红外探测器范围内晃动，红外探测器探测到，经过延时，室内分机和管理机发出警报，且室内分机的防区指示灯快速闪烁。接着进行撤防，返回到撤防状态。

（2）在布防状态下，当有人强行打开住户大门，门磁开关被断开，室内分机和管理机马上发出警报，且室内分机的防区指示灯快速闪烁。接着进行撤防，返回到撤防状态。

（3）在不受布防影响的状态下，按下感烟探测器的测试键（TEST），马上报警（防区灯快闪）；按下感烟探测器的复位键（RESET），接着进行撤防，返回到撤防状态。或在感烟探测器感应的范围内，提供一定浓度的烟雾（点燃纸张熄灭后的烟雾等），探头触发，室内分机和管理机马上发出警报，且室内分机的防区指示灯快速闪烁。接着进行撤防，返回到撤防状态。

（4）在不受布防影响的状态下，按下燃气探测器的测试键，室内分机和管理机马上发出警报，且室内分机的防区指示灯快速闪烁，等到燃气探测器不再发出报警信号。接着进行撤防，返回到撤防状态。

撤防：先按 🔑 键，再按四位撤防密码（📞+🖼+👤+✉）键，系统进行撤防。

管理机与单元门口主机及室内分机的实训演示：

（1）管理机呼叫室内分机。

拿起管理机话机，根据显示屏中的提示，先按"F1"键（呼叫），再选择"室内机"，或直接按 室内机👤 键，然后输入"0001 0101"，此时室内分机响，按室内分机上的 📞 键，能与管理机进行通话，再按室内分机的 📞 键或管理机挂机，便可结束通话。

（2）单元门口主机监视。

按管理机的"F2"键（监视）或 🖼 键，再选择"门口机"，最后输入单元门口主机号"00011"，显示画面。

任务小结

（1）学生可以根据不同的环境条件选择不同的设备组件，并可以熟练地进行连接。

（2）在连接完成的基础上，我们还要进行各组件的调试，这是我们学习的重点也是难点，需要我们在以后的实训、工作过程中积累大量的经验。

（3）功能自检，完成接线和调试后应该知道整个系统的功能，只有在熟知功能的基础上才能进行自检，所以要求学生在接线之前要对设备有充足的时间进行功能演示。

（4）培养良好的职业素养，在实训过程中严格按照各操作规范进行。

学习任务四

视频监控系统

任务描述

视频监控系统是安全技术防范体系中的一个重要组成部分,它是一种先进且防范能力极强的综合性系统,可通过遥控摄像机及其辅助设备(镜头、云台等)直接观看被监视场所的一切情况。

随着网络的不断发展与视音频处理、存储、智能化等技术的不断提高,其功能也是愈来愈强大,还可以与安全技术防范系统中的其他系统(如防盗报警系统)联动运行,使其防范范围与能力也更加强大和智能。

(1)认识视频监控系统的常用设备、说出系统的构成。
(2)能够画出视频监控系统的系统结构、掌握相关设备的功能及描述系统的工作原理。
(3)掌握视频监控系统设备连接端口的功能并画出系统接线图。
(4)掌握系统设备的安装方法及设备参数的设置方法。

学习任务

(1)视频监控系统认识。
(2)前端设备认识。
(3)传输设备认识。
(4)控制中心设备认识。
(5)显示及记录设备认识。
(6)布线及设备安装、调试。

子任务 1 视频监控系统认识

任务描述

某学校计划对考场视频监控系统进行改造升级，需要对整个视频监控系统的设备设施重新设计规划，因此管理人员需要对整个系统改造升级进行预算工作。

本节任务主要是了解视频监控系统组成以及各组成部分的主要设备等，认识了解摄像机的类型及主流摄像机。

学习目标

（1）了解视频监控系统有哪些部分组成。
（2）能快速描述视频监控系统各组成部分的主要设备。
（3）熟悉掌握视频监控系统前端设备的主要参数指标。
（4）认识视频监控系统目前主流的前端摄像机类型和品牌。
（5）认识视频监控系统的传输方式。

【建议学时】1 学时

知识准备

一、认识视频监控系统

视频监控系统由实时控制系统、监视系统及管理信息系统组成。实时控制系统完成实时数据采集处理、存储、反馈的功能；监视系统完成对各个监控点的全天候监视，能在多操作控制点上切换多路图像；管理信息系统完成各类所需信息的采集、接收、传输、加工、处理。从 19 世代 80 年代模拟监控到火热数字监控再到方兴未艾网络视频监控，视频监控系统在短短二十几年时间中发生了翻天覆地的变化。在 IP 技术逐步统一全球的今天，我们有必要重新认识视频监控系统发展历史。从技术角度出发，视频监控系统发展划分为第一代模拟视频监控系统（CCTV），到第二代基于"PC+多媒体卡"数字视频监控系统（DVR），到第三代完全基于 IP 网络视频监控系统（IPVS）。

中国视频监控行业共经历了三个阶段，分别是模拟视频监控阶段、数字视频监控阶段、网络视频监控阶段。中国视频监控市场正从模拟向数字化过渡，数字视频监控成了市场的主流。2004 年到 2012 年，数字监控在总体视频监控市场规模中所占的比例从 35.7%增长到了 56.7%。与此同时，网络视频监控市场正在稳步增长，所占比例由 2004 年的 7.4%增长到 2012 年的 28.2%。受平安城市建设、交通信息化建设、金融监控、安全生产、智能家居等各种项目建设与发展的带动，中国视频监控产品的需求量不断扩大。

二、视频监控系统的常用设备

典型的视频监控系统主要由前端音视频数据采集设备、传送介质、终端监看监听设备和控制设备组成。视频监控子系统由摄像机部分（有时还有麦克）、传输部分、控制部分以及显示和记录部分四大块组成。在每一部分中，又包含更加具体的设备或部件。其组成原理如图 4-1 所示。

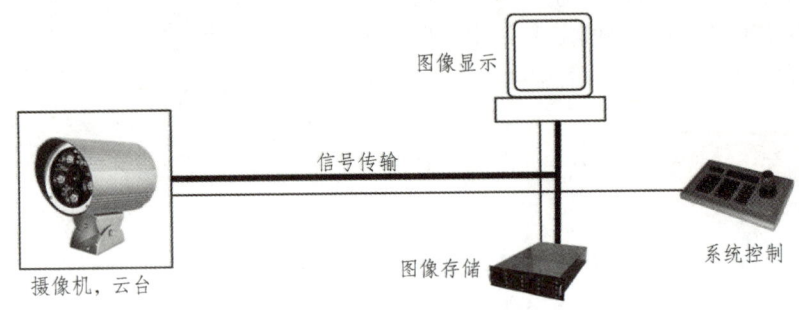

图 4-1　视频监视系统的组成

视频监控系统产品包含光端机、光缆终端盒、云台、云台解码器、视频矩阵、硬盘录像机和监控摄像机。视频监控系统组成部分包括监控前端、管理中心、监控中心、PC 客户端及无线网桥。

三、视频监控系统的组成

视频监控系统是保障居住安全的第二道屏障，针对不同用户的特点和功能要求可以选择不同的结构类型。

1. 单头单尾方式

这是最简单的组成方式，头指摄像机，尾指监视器。这种一台摄像机和一台监视器的组成方式用在一处连续监视一个固定目标的场合，见图 4-2。

图 4-2　单头单尾方式

2. 单头多尾方式

这种方式是一台摄像机向许多监视点输送图像信号，由各个点上的监视器同时观看图像，见图 4-3。这种方式用在多处监视同一个固定目标的场合。

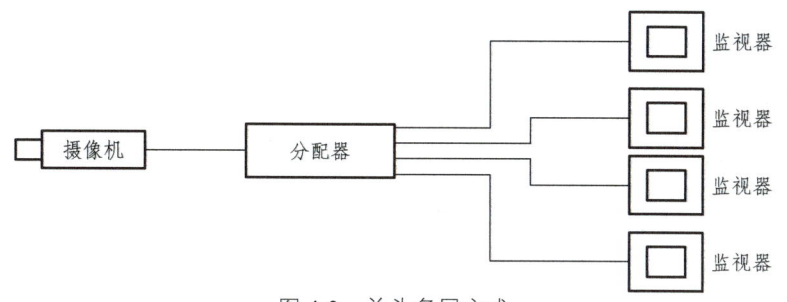

图 4-3 单头多尾方式

3. 多头单尾方式

此方式适用于需要一处集中监视多个目标的场合。如果不要求录像，多台摄像机可通过一台切换器由一台监视器，全部进行监视；如果要求连续录像，多台摄像机的图像信号通过一台图像处理器进行处理后由一台录像机同时录制多台摄像机的图像信号，由一台监视器监视，见图 4-4。

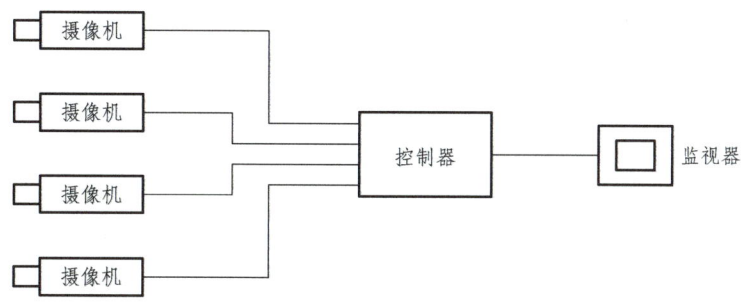

图 4-4 多头单尾方式

4. 多头多尾方式

该方式适用于多处监视多个目标场合，并可对一些特殊摄像机进行云台和变倍镜头的控制，每台监视器都可以选切自己需要的图像，见图 4-5。

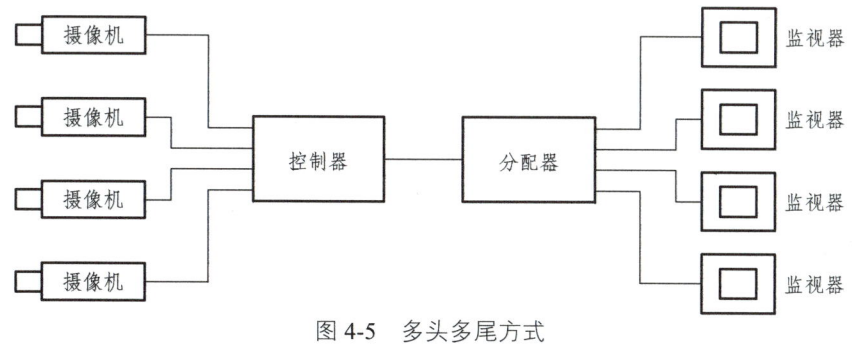

图 4-5 多头多尾方式

任务实施

（1）认识实训场地中视频监控系统的各类设备名称、型号和用途。

（2）熟悉实训场地中视频监控系统各类设备的基本功能、操作方法等。

任务小结

（1）小组讨论实训场地中视频监控系统的各类设备名称、型号和用途。
（2）小组讨论实训场地中视频监控系统各类设备的基本功能、操作方法等。

子任务 2　前端设备认识

任务描述

在某校园考场视频监控系统在改造中,需要对现场前端摄像头进行安装和调试。

学习目标

(1) 认识前端设备的组成部分。
(2) 了解什么是摄像机以及摄像机的组成部分和工作原理。
(3) 熟悉并掌握摄像机的主要性能指标。
(4) 掌握前端摄像机及配件的选择方法。

【建议学时】2 学时

知识准备

一、前端设备

前端设备是指系统前端采集音视频信息的设备。操作者通过前端设备获取必要的声音、图像及报警等需要被监视的信息。系统前端设备主要包括摄像机、镜头、云台、解码控制器和报警探测器等。

摄像机　　　　　云台　　　　　解码器

图 4-6　前端采集设备

二、视频监控摄像机分类

(1) 按摄像机形状分:枪机、球机、针孔机。
(2) 按感光芯片分:CCD 摄像机、CMOS 摄像机。
(3) 按输出图像信号格式划分:模拟摄像机、数字摄像机。

(4) 按成像色彩划分：彩色、黑白。
(5) 按分辨率划分：330 TVL、420 TVL、480 TVL、540 TVL、650 TVL……。
(6) 按感光元件靶面大小划分：1 inch[①]、2/3 inch、1/2 inch、1/3 inch、1/4 inch……。

三、摄像机简介

在监控系统中，摄像机又称摄像头，严格来说，摄像机应该是摄像头和镜头的总称。摄像机一般安装在现场，它包括摄像头、镜头、防护罩、支架和电动云台。它的作用是对监视区域进行摄像并将其转换成电信号。

摄像机主要由两大部分组成：CCD/CMOS + DSP（即：图像传感器 + 数字信号处理）。

CCD 与 CMOS 是当前被普遍采用的两种图像传感器，都是将图像转换为数字数据信号，主要的差异是数字数据传送方式不同。

四、摄像机主要技术指标解释

摄像机主要技术指标解释如图 4-7 所示。

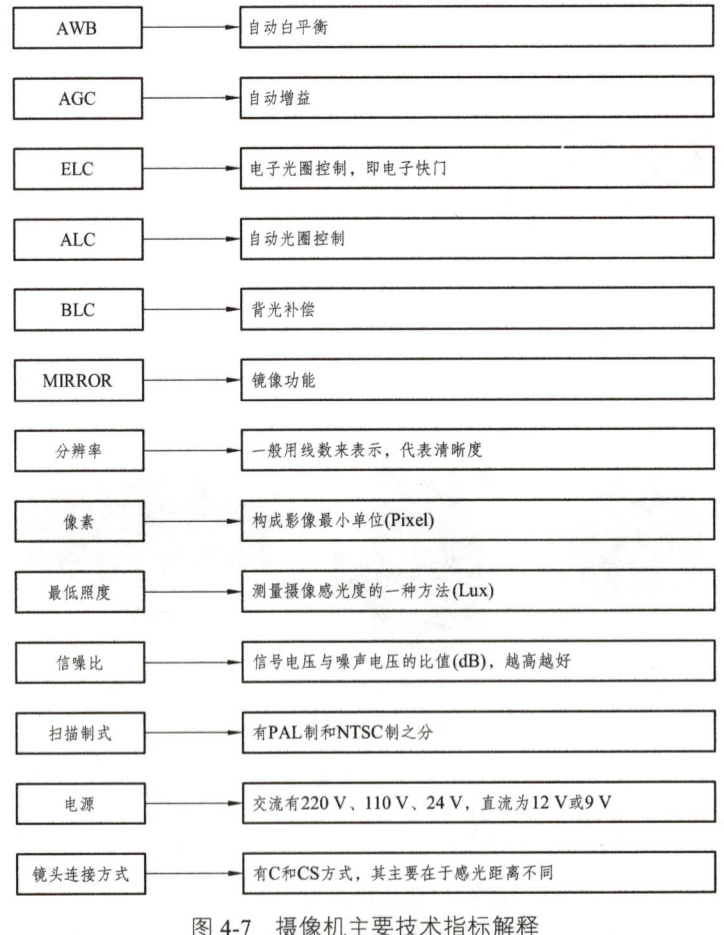

图 4-7 摄像机主要技术指标解释

---

① 1 inch≈2.54 cm。

五、摄像机云台简介

云台是承载摄像机进行水平和垂直转动的装置。其内装有两个电动机,一个负责水平方向的转动,另一个负责垂直方向的转动。目前常见有交流 24 V 和 220 V 两种。

(1)根据回转特点可分为:

水平旋转云台:水平 0°~350°。

全方位旋转云台:水平 0°~350°,垂直 ±35°/±45°/±75°。

(2)根据旋转速度可分为:

恒速云台:水平转速 3°/s~10°/s,垂直转速 4°/s。

变速云台:水平转速 0°/s~32°/s,垂直转速 0°/s~16°/s。

高速云台:水平转速 200°/s 以上,垂直转速 120°/s。

(3)根据使用环境可分为:

室内用云台与室外用云台。

水平及垂直转动角度的大小可通过限位开关进行调整。

图 4-8　摄像机云台

六、摄像机支架简介

支架分成两种:一种是摄像机支架,一种是云台支架。

摄像机支架是用于固定摄像机的部件,根据应用环境的不同,其形状也各异。摄像机支架一般均为小型支架,有注塑型及金属型,可直接固定摄像机,也可通过防护罩固定摄像机,所有的摄像机支架都具有万向调节功能,这样便可以将摄像机的镜头准确地朝向被摄现场。如图 4-9 所示。

云台支架由于承重要求高,所以一般均为金属结构,且尺寸也比摄像机支架大。考虑到云台自身已具有方向调节功能,因此,云台支架一般不再有方向调节的功能。如图 4-10 所示。

  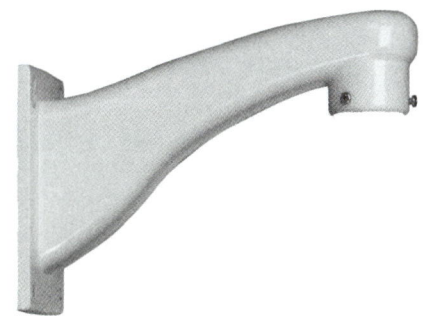

图 4-9　摄像机支架　　　　　　　　　　图 4-10　云台支架

操作指引

(1)实训前准备摄像头、云台等前端实训设备一套。

(2)实训的过程中遵守安全规定,包括用电安全等。

任务实施

对视频监控系统前端各种设备进行介绍，讲解工作原理和怎样与后端设备进行连接传输信号。

对前端设备、云台支架、枪机支架进行实训安装，同时讲解安装过程中应遵循的相关标准和规定，对现场安装的前端设备检查是否满足室内高度在 2.5~5 m，室外离地 3.5~10 m 等。

任务小结

（1）充分了解视频监控系统前端的各种设备以及设备相关配件。
（2）了解前端摄像头的工作方式及工作原理。
（3）了解前端设备及配件的安装方式和安装要求。
（4）总结在实训中遇到的问题和错误。

子任务 3　传输设备认识

任务描述

在某校园考场视频监控系统的改造中，为保证传输的可靠性，需要对传输线路进行改造，将模拟传输线路改为数字传输线路。

学习目标

（1）了解视频监控系统线路的传输方式和常用的视频传输方式。
（2）了解同轴电缆、双绞线、光纤的类型。
（3）了解同轴电缆、双绞线、光纤的结构。
（4）能完成 BNC（同轴电缆）接头的制作。
（5）了解光纤的传输原理及主要技术指标。

【建议学时】1 学时

知识准备

传输介质：传送介质是将前端设备采集到的信息传送到控制设备及终端设备的传输通道，主要包括视频线、电源线和信号线。一般来说，视频信号采用同轴视频电缆传输，也可用光纤、微波、双绞线等介质传输。

（1）同轴电缆：同轴线缆是先由两根同轴心、相互绝缘的圆柱形金属导体构成基本单元——同轴对，再由单个或多个同轴对组成的电缆。如图 4-11 所示。

（2）双绞线：双绞线既可用于传输模拟信号，又可用于传输数字信号如图 4-12 所示。美国电气工业协会/电信工业协会（EIA/TIA）制定了双绞线相关标准，并将其分为多个等级，每个等级的传输速率和应用环境不同，标准如表 4-1 所示。

图 4-11　同轴电缆

表 4-1　双绞线相关标准

类别		适用领域	传输速率	备注
UTP	一类线	语音、电话通信	4 Mb/s	
UTP	二类线	语音、数据通信	4 Mb/s	
UTP	三类线	局域网数据通信	10 Mb/s	适合 10base-T

续表

类别		适用领域	传输速率	备注
UTP	四类线	基于令牌局域网数据通信	16 Mb/s	适合 10/100base-T
UTP	五类线	快速局域网数据通信	100 Mb/s	适合 100/10base-T
UTP	超五类线	快速局域网数据通信	100 Mb/s	适合 100base-T
UTP	六类线	千兆位以太网	200～250 Mb/s	适合 100/1 000base-T
UTP	超六类线	千兆位以太网	200～250 Mb/s	适合 100/1 000base-T
UTP	七类线	千兆位或万兆位以太骨干网	600 Mb/s～1.2 Gb/s	

图 4-12 双绞线

（3）光纤：光纤是以光脉冲的形式来传输信号，因此材质也以玻璃或有机玻璃为主。主要由光导纤维纤芯（光纤核心）、玻璃网层（内部敷层）和坚强的外壳组成（外部保护层）。与其他传输介质相比，光纤的电磁绝缘性能好、信号衰变小、频带宽、传输距离远。如图 4-13 所示。

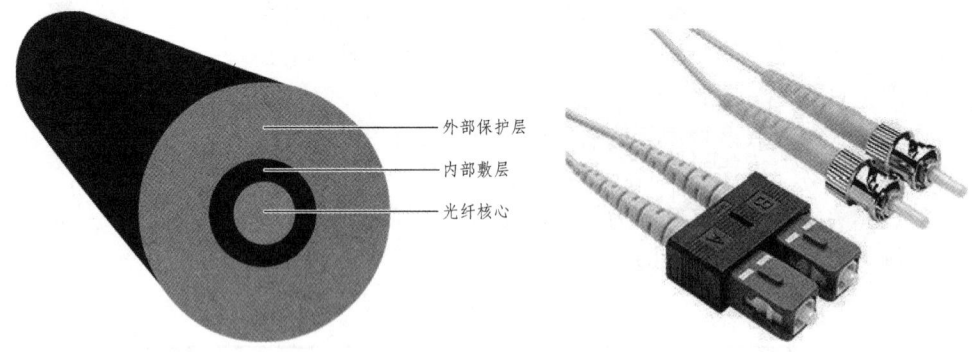

图 4-13 光纤示意图

传输距离：
单模：5 000 m 以上。
多模：在 100/1 000base-T 中，最长 2 000 m。
在 1 000base-T 中，最长 550 m。

光纤传输原理如图 4-14 所示。

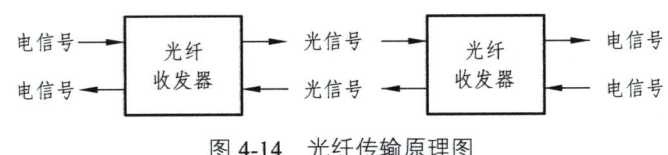

图 4-14　光纤传输原理图

操作指引

（1）准备实训工具线材等。
（2）正确指导实训方式，在实训过程中保证安全。

任务实施

（1）根据实训要求在实训场地中正确使用光纤收发器进行数据传输。
（2）根据实训要求制作视频监控系统传输部分需要的 RJ45 水晶头，检查成品能否正常进行信号传输。
（3）根据实训要求制作视频监控系统传输部分需要的 BNC 同轴电缆接头，保证接头处没有虚焊，接触牢固，若使用免焊接的接头则需检查接头是否接触牢固。

任务小结

（1）小组讨论视频监控系统中各类传输缆线的连接及使用。
（2）小组讨论传输缆线制作过程和实验过程中的技巧，总结经常出错的原因。

子任务 4　控制中心设备认识

任务描述

在某学校考场视频监控系统的改造中，为保证整体系统的稳定性、可靠性，需要对原有设备升级更换，同时将前端设备加入系统。

学习目标

（1）熟练掌握控制中心各设备的工作原理及使用方式。
（2）了解视频解码器中的拨码应用和作用。
（3）了解视频矩阵的工作原理和分类。

【建议学时】1 学时

知识准备

控制设备是整个系统中最重要的部分，它起着协调整个系统运作的作用。人们正是通过控制设备来获取所需的监控功能，以满足不同监控目的的需要。控制设备主要包括解码器、音视频矩阵切换控制器、画面分割器、控制键盘、视频分配器和操作控制台。

一、解码器

解码器是监控系统中的前端控制设备，主要是利用微处理器解码控制信号，对万向云台、变焦镜头、辅助开关等进行控制，如图 4-15 所示。其主要功能与特点如下：

（1）万向云台、变焦镜头控制。
（2）输出云台电压可选，摄像机镜头电压可调。
（3）RS485 控制方式通信接口多重保护。
（4）支持多个键盘直接控制。
（5）完善的自检功能，采用可拔插式接线端口。

每个解码器上都有一个拨码开关，它决定了该解码器在系统中的编号（即 ID 号），在使用解码器时首先必须对拨码开关进行设置使其与系统中的摄像机编号保持一致。

图 4-15　解码器

二、画面分割器

画面分割器主要是通过图像压缩和数字化处理的方法把多个监控图像压缩在一个监视器屏幕上进行显示（有内置顺序切换功能）如图 4-16 所示，其主要性能如下：
（1）全压缩图像，数字化处理。
（2）支持 4、9、16 路等视频输入并带环接输出。
（3）内置可调校时间的顺序切换器和独立的切换输出。
（4）录像带重放实现。
（5）有报警输入/输出接口，可与报警系统联动。
（6）设置屏幕菜单编程/调用。
（7）电子保险锁（用户可自行设定密码，被允许的操作者才能进行系统操作）。

图 4-16　画面分割器

三、视频矩阵

视频矩阵是指通过阵列切换的方法将多路视频信号任意输出至多个监看设备的电子装置（一般情况下矩阵的输入大于输出）如图 4-17 所示。另外有一些视频矩阵也带有音频切换功能，能将视频和音频信号进行同步切换，这种矩阵也叫作视音频矩阵。

视频矩阵的分类：

根据视频型号的属性与切换方式，可分为模拟矩阵和数字矩阵。

根据常见的接口类型，可分为 VGA 矩阵、AV 矩阵、RGB 矩阵、HDMI 矩阵、混合矩阵等。

图 4-17　视频矩阵

四、视频监控制键盘

控制键盘，是视频监控系统中的控制设备。它不仅可以设置高速球、云台的控制权限以及矩阵主机输出通道的控制权限，同时还可设定操作密码或对键盘进行锁定如图 4-18 所示。

操作人员可通过键盘对整个监控系统中的每个单机进行控制，如：

（1）音视频矩阵。

（2）解码器（实现摄像机电源及辅助灯光的开关）。

（3）电动云台（摄像机任意方向运动和自动扫描、自动巡航，电动镜头的光圈、聚焦、缩放及室外型云台防护罩的除尘、温控控制）。

图 4-18　控制键盘

操作指引

（1）准备实训器材。

（2）确保在实训中的用电安全，保证线路连接正常的情况下才通电实验。

任务实施

（1）对控制中心主要设备的工作原理以及注意事项进行讲解。

（2）对画面切割器使用方式进行操作，是否能正确地对画面进行处理。

（3）对视频矩阵进行接线连接，并在监视屏上正确配置并显示相应实时视频监控画面。同时了解模拟矩阵和数字矩阵的区别。

（4）了解控制键盘的功能，并使用控制键盘实时控制监控上墙及云台控制等。

任务小结

（1）了解并掌握了视频监控系统控制中心主要设备的操作方式以及接线方式。

（2）熟练使用控制键盘进行中心平台的各项控制。

（3）同时在操作过程中要保证正确操作。

子任务 5　显示及记录设备认识

任务描述

在某学校考场视频监控系统的改造中，为确保监控中心人员能快速查看视频，将原有设备更换为新的显示及记录设备，需要采购员从供应商处采购一批监控系统监视器。

学习目标

（1）了解监控系统中常用的监视器类型。
（2）能正确掌握监视器与电视机的区别。
（3）熟练掌握监视器的主要性能指标。
（4）认识并了解什么是拼接屏，及其主要技术指标。
（5）了解硬盘录像机的主要基本功能、指标、优点。

【建议学时】1学时

知识准备

一、监视器

监视器是视频监控系统的重要设备之一，系统前端中所有摄像机的图像信号以及记录后的回放图像信号都将通过监视器显示出来。所以，选择质量好、技术指标能与整个系统设备的技术指标相匹配的监视器是非常重要的，不同的监视器如图 4-19 所示。

21英寸 黑白CRT

25英寸 彩色CRT

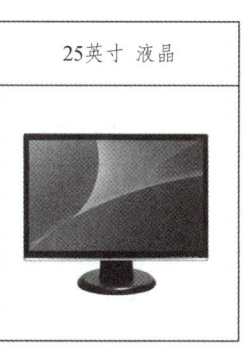
25英寸 液晶

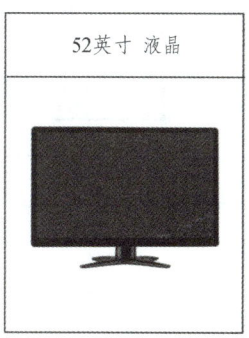
52英寸 液晶

图 4-19　监视器

（1）常见监视器的分类。
按色彩可分为：黑白监视器与彩色监视器。
按扫描方式可分为：隔行扫描监视器与逐行扫描监视器。
按屏幕可分为：纯屏监视器、普屏监视器、球屏监视器。

按材质可分为：CRT 监视器、LCD 监视器。

按尺寸（英寸[①]）可分为：15、17、19、20、22、26、32、37、40、42、46、52、57、65、70、82 等。

按性能等级可分为：广播级监视器（性能质量最高），专业级监视器，普通级监视器。

此外，还有小型监视器、电视墙式组合监视器等。

（2）监视器与电视机的区别。

很多用户误认为可用电视机代替监视器，但实际上是不对的。监视器在功能上要比电视机简单，但在性能上却比电视机要求高，其主要区别有：

图像清晰度：专业监视器在通道电路上具备带宽补偿和提升电路，使其比传统电视机通频带更宽，图像清晰度更高。

色彩还原度：由于监视器观察的通常为静态图像，专业监视器的视放通道在亮度、色度处理和 R、G、B 处理上应具备精确的补偿电路和延迟电路，以确保亮/色信号和 R、G、B 信号的相位同步。

整机稳定度：监视器在闭路监控系统中，通常需要每天 24 小时，每年 365 天连续无间断的通电使用（而电视机通常每天仅工作几个小时），并且某些监视器的应用环境可能较为恶劣，这就要求监视器有更高的可靠性和稳定性。监视器还必须使用全屏蔽金属外壳确保电磁兼容和干扰性能；在元器件的选型上，监视器使用的元器件的耐压、电流、温度、湿度等各方面特性都要高于电视机使用的元器件；而在安装、调试尤其是元器件和整机老化的工艺要求上，监视器的要求也更高，电视机制造时整机老化通常是在流水线上常温通电 8 小时左右，而监视器的整机老化则需要在高温、高湿、密闭环境的老化流水线上通电老化 24 小时以上，以确保整机的稳定性。

根据以上三点不同，可以确定电视机不能直接作为监视器使用。

监视器相关的术语有很多，常见的如图 4-20 所示。

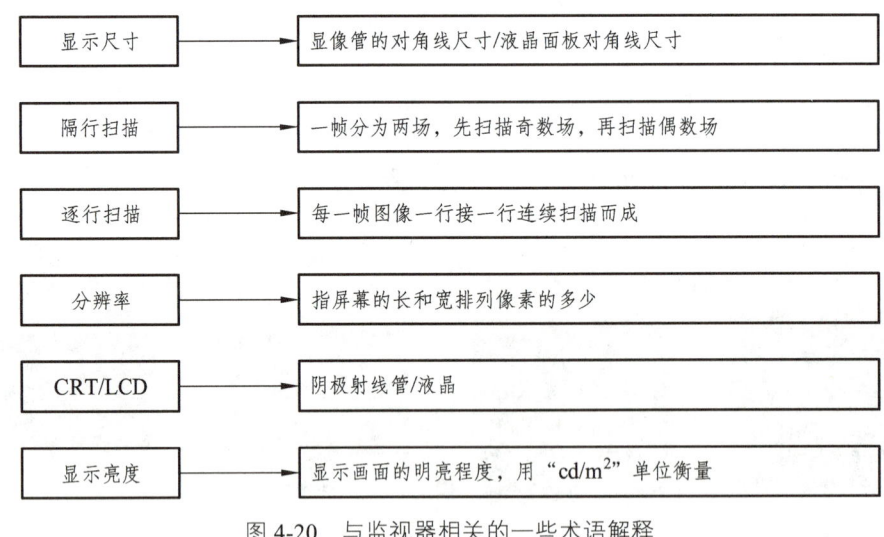

图 4-20　与监视器相关的一些术语解释

二、拼接屏

拼接屏（如图 4-21）是完整的成品，即挂即用，就像搭积木一样，单个或多个液晶屏的拼

[①] 注：监视器屏显单位为英寸，1 英寸=2.54 cm。

接使用及安装都非常简单。拼接屏不仅适用于数字信号输入，对模拟信号的支持也非常好。另外拼接屏信号接口多，利用拼接屏技术可以实现了模拟信号与数字信号同时接入，最近的一种 BSV 拼接屏技术还可以实现 3D 智能效果。

图 4-21　拼接屏

SLCD 是超级窄边的液晶拼接屏，四周边缘仅有 3 mm 的宽度，表面还带钢化玻璃保护层、内置智能温控报警电路及特有的"快散"散热系统。其专用接口非常丰富：模拟的包括 AV、分量、S 端子、VGA 接口；数字的包括 DVI、HDMI 等。SLCD 全系列产品采用独有的以及世界最前沿的数字处理技术，让用户真正体验到全高清大屏幕效果。

拼接屏特点：

（1）超长寿命。随着科学技术的进步，液晶产品的使用寿命已经可以达到 50 000 个小时以上（主要受背光源影响），而目前市场主流的 LED 背光源技术已经基本摆脱了 CCFL 背光源时代的限制，其使用寿命可以达到 10 万小时以上，亮度可以达到 1 000 流明，且不会在长时间使用后出现光源变暗的情况。

（2）视角大。对于早期的液晶产品而言，可视角度曾经是制约液晶的一个大问题，但随着液晶技术的不断进步，目前已经完全解决了这个问题，像使用了 DID、IPS 技术的拼接屏，其可视角度可以达到史无前例的 178°。

（3）分辨率高。按照目前市场主流技术，液晶显示屏的物理分辨率可以轻易达到肉眼无法分辨的视网膜级别，液晶的亮度和对比度都很高，色彩鲜艳亮丽，图像稳定不闪烁。

（4）超薄轻巧。液晶具有厚度薄，重量轻的特点，可以方便地进行拼接和安装。55 寸专用液晶屏，重量只有 30 kg，厚度不到 11 cm，这是其他显示器件所不能比拟的。

（5）功耗极小。液晶显示设备的小功率，低发热一向为人们所称道，待机情况下功率仅为 3 W。

（6）故障率低。液晶是目前最稳定最可靠的显示设备，由于发热量很小，器件很稳定，不会因为元器件升温过高损坏而造成故障。

由于液晶产品的背光源发光体限制了液晶板的尺寸，拼接屏所用的 DID、IPS 液晶屏的边框仍有 4~7 mm 的宽度，因此拼接缝稍大是液晶拼接幕墙主要的缺点，但随着 OLED 技术的逐步成熟，这一缺陷将会得到明显的改善。

拼接屏的出现，解决了传统电视幕墙的各种缺陷，为方便、全面、实时地显示各系统视频信息，特别是远程实时指挥、调度等工程应用提供了最好的大屏幕显示系统，如图 4-22 所示。

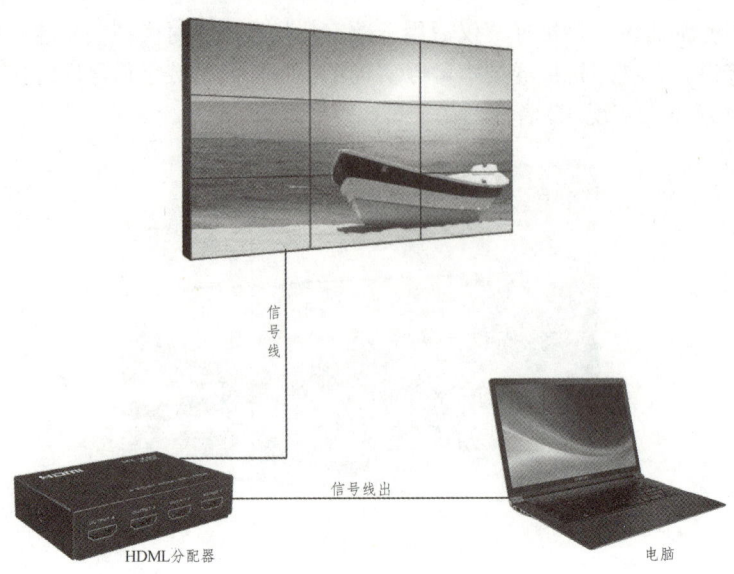

图 4-22 拼接屏系统图

三、硬盘录像机

硬盘录像机,即数字视频录像机,相对于传统的模拟视频录像机,它采用硬盘录像,故常常被称为硬盘录像机,也被称为 DVR,如图 4-23 所示。

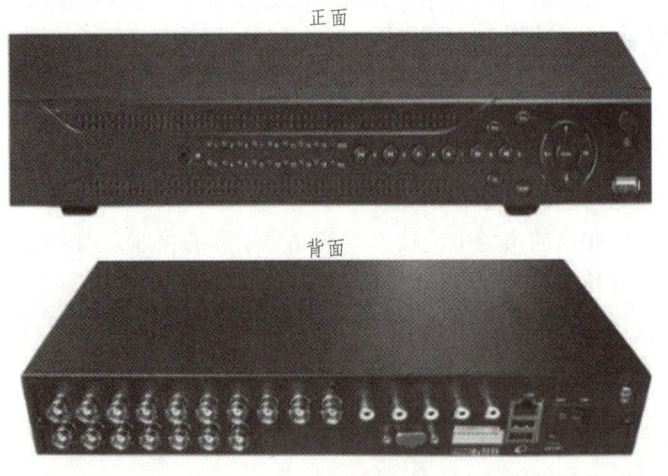

图 4-23 硬盘录像机

硬盘录像机是一套进行图像存储处理的计算机系统,具有对图像/语音进行长时间录像、录音、远程监视和控制的功能。硬盘录像机采用的是数字记录技术,在图像处理、图像储存、检索、备份、以及网络传递、远程控制等方面也远远优于模拟监控设备,代表了电视监控系统的发展方向,是市面上视频监控系统的首选产品。

常见的硬盘录像机具有监视、录像、回放、报警等功能,具体如下。

(1)监视功能。

监视功能是硬盘录像机最主要的功能之一，能否实时、清晰地监视摄像机的画面是监控系统的一个核心问题，大部分硬盘录像机都可以做到实时、清晰的监视。

（2）录像功能。

录像效果是硬盘录像机的核心。即使在监视器上能看见实时和清晰的图像，录像后回放的效果也不一定好，而取证最主要关注的就是录像效果，因此一般情况下录像效果比监视效果更重要，目前，多数硬盘录像机的录像都可以做到实时25帧/秒录像。

（3）报警功能。

主要指探测器的输入报警和图像视频侦测的报警，报警后系统会自动开启录像功能，并通过报警输出功能开启相应射灯、警号和联网输出信号。图像移动侦测是硬盘录像机的主要报警功能。

（3）控制功能。

主要指通过主机对摄像机云台、镜头进行全方位控制，通过专用解码器和键盘来实现。

（4）网络功能。

主要是指经身份识别的用户通过局域网或者广域网实现对主机的各种监视、录像和控制操作。

（5）密码授权。

为了减小系统的故障率和避免非法进入系统，停止录像、布撤防系统以及进入编程等程序需要设置密码口令，使未授权者无法操作，密码授权一般为多级密码授权系统。

（6）工作时间表。

主要是指对某一摄像机的某一时间段进行工作时间编程，这也是数字主机独有的功能，它把节假日等作息时间表的变化全部预排到程序中，能在一定程度上实现无人值守。

操作指引

（1）组织参观校园监控中心，了解校园监控中心显示设备的组成方式。

（2）准备硬盘录像机设备一套，进行实验操作。

（3）注意实验中的用电安全。

任务实施

（1）组织参观校园监控中心监控显示设备，了解监控中心显示设备的组成方式，以及使用的是哪种类型的监视设备，若有拼接屏，则了解拼接屏的拼接方式及控制方式。

（2）对硬盘录像机进行实验操作。

安装硬盘：识别硬盘录像机是几盘位，硬盘与录像机连接是否正确。

系统配置：（在确保第一步正确的情况下进行通电）添加通道，配置录像，对于网络硬盘录像机则需要进行本机IP配置，保证IP地址与前端摄像头在同一网段。

任务小结

（1）对各类监视器设备的类型更加熟悉了解。

（2）熟练掌握硬盘录像机的硬盘安装和系统配置。

子任务 6　布线及设备安装、调试

任务描述

（1）掌握理解视频监控系统基本功能、系统类型、原理组成、各部分具体设备的功能。
（2）掌握云台、解码器的安装、接线与调试，掌握解码器的故障检查及判断。
（3）掌握线缆的分类、选型；学会视频接头、音频接头和 VGA 接头制作方法。

学习目标

（1）熟悉摄像机与镜头的分类、选型。
（2）学会摄像机镜头、支架、防护罩的安装调试。
（3）能够用多媒体软件对监控设备和视频进行控制管理。
（4）学会规范的安装方法，能够对系统进行调试。
（5）学会视频采集卡和多媒体软件的安装方法。

【建议学时】1 学时

知识准备

一套完整的监控系统最重要的施工内容是现场勘察、监控系统布线、监控设备安装和监控系统调试。在项目实施前首要确定的就是监控系统的布线方法，采用什么线缆，线路的路由方式（如：明线敷设还是暗线敷设，是室内还是室外，室内一般用线槽走线，室外一般用金属钢管敷设等等），现场是否有干扰以及前端的监控摄像机具体安装位置等等。

视频监控系统布线方法：

（1）监控视频线布线。

如果前端监控摄像机距离监控室（图像处理器、矩阵控制主机或数码录像机）的距离少于 300 m，可用 SYV-75-5 96 编（或者 128 编）的同轴视频电缆，若超过 300 m 但在 600 m 以内应该采用 SYV-75-7 视频线，如果超过 700 m 的距离，应该采取光缆传输的方式或者网络线缆传输的方式（网线传输一般在 2 km 之内使用）以保证监控图像的质量。

对于安装在电梯内的监控摄像头，在电梯井内布线应采用星铁槽并接地处理，以减少电梯电机启动时对视频信号造成的干扰，电梯内的摄像机线缆的敷设一般都采用电梯专用电缆，不建议采用视频线缆+电源线缆的方式。

如果监控摄像头安装在室外（如大院门口或停车场等），视频线需要在室外走线或通过架空钢缆走线，条件允许的情况下，分别在监控摄像头和监控录像机两个端口各安装 1 个视频信号避雷器和电源信号避雷器，而且每个避雷器均要接地（室外监控摄像头要单独打地线，监控室的视频避雷器可统一接地），以防止感应雷对设备造成损坏。

（2）监控系统控制线布线。

在监控系统中，若安装带变焦镜头的监控摄像头，并使用控制键盘及 DVR 进行控制，控制线（R485 通信线缆）的选择应根据监控摄像头与控制设备的距离确定。当距离少于 80 m 时，485 通信线缆控制线可采用 RVVP2×0.5 屏蔽线缆；当距离大于 100 m 时，云台控制线应采用 RVV2×1.0 屏蔽线缆。

如果该监控系统是通过矩阵控制监控录像机对云台和镜头进行控制，一般需要用到解码器，控制线路布线可参考所用矩阵控制主机的技术要求。

（3）监控系统摄像头电源布线。

安防市场上采用 DC 12 V 供电的普通监控摄像头工作电流约为 200～300 mA，一体化监控摄像机工作电流为 350～400 mA。如果监控摄像机的数量较少（5 台以内）且摄像机与监控主机的距离较近（少于 50 m），每台摄像机可单独布 RVV2×0.5 电源线到监控室并用小型变压器供电。如果摄像机的数量较多，则应采用大功率的 12 V 直流稳压电源集中供电。

操作指引

（1）准备实训器材一套。
（2）对摄像机、云台等设备配件进行安装。
（3）在实训过程中确保安全。

任务实施

一、摄像机安装

首先认识摄像机的安装方法，如图 4-24 所示。

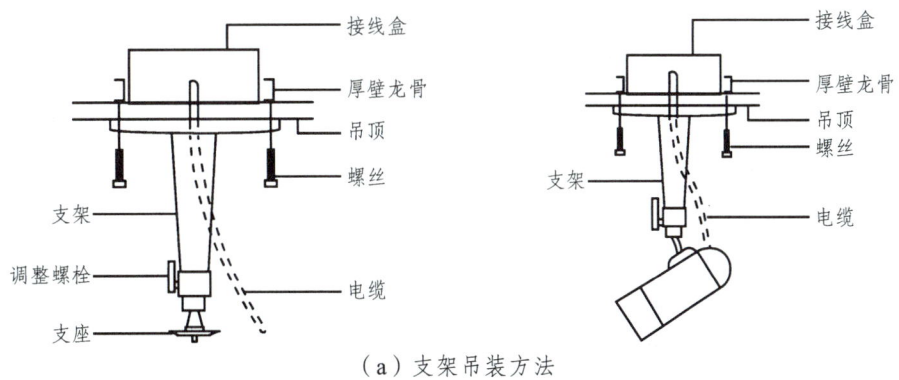

(a) 支架吊装方法

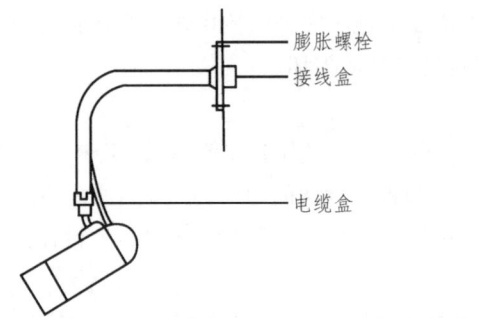
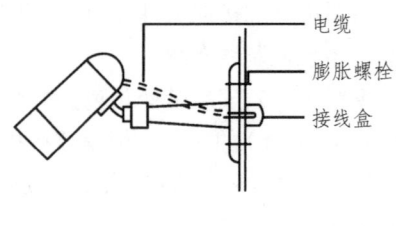

（b）壁装方式

图 4-24　摄像机安装方法

摄像机的安装方法图解：

（1）拿出支架，准备好工具和零件，包括涨塞、螺丝、改锥、小锤、电钻等必要工具。按事先确定的安装位置，检查好涨塞和自攻螺丝的大小型号。确认支架螺丝和摄像机底座的螺口是否合适，预埋的管线接口是否处理好，测试电缆是否畅通，就绪后进入安装程序，如图 4-25 所示。

（2）拿出摄像机和镜头，按照事先确定的摄像机镜头型号和规格，仔细装上镜头（红外摄像机和一体式摄像机不需安装镜头），注意不要用手碰镜头和 CCD（图中标注部分）。确认固定牢固后，接通电源，连通主机或现场使用监视器、小型电视机等调整好光圈焦距，如图 4-26 所示。

图 4-25　摄像头安装第一步　　　　图 4-26　摄像头安装第二步

（3）拿出支架、涨塞、螺丝、改锥、小锤、电钻等工具，按照事先确定的位置，装好支架。检查牢固后，将摄像机按照约定的方向装上，确定安装支架前，最好先在安装的位置通电测试一下，以便得到更合理的监视效果，如图 4-27 所示。

（4）如果室外或室内灰尘较多，需要安装摄像机护罩，在第二步后直接开始安装护罩，如图 4.28 所示。

① 打开护罩上盖板和后挡板。
② 抽出固定金属片，将摄像机固定好。
③ 将电源适配器装入护罩内。
④ 复位上盖板和后挡板，理顺电缆，固定好，装到支架上。

图 4-27 摄像头安装第三步

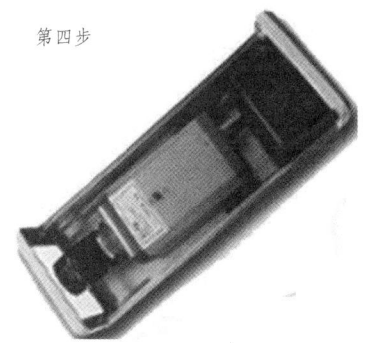
图 4-28 摄像头安装第四步

（5）把焊接好的视频电缆 BNC 插头插入视频电缆的插座内（用插头的两个缺口对准摄像机视频插座的两个固定柱，插入后顺时针旋转即可），确认固定牢固、接触良好，如图 4-29 所示。

将电源适配器的电源输出插头插入监控摄像机的电源插口，并确认牢固度（注意摄像机的电源要求：一般普通枪式摄像机使用 500～800 mA、12 V 电源，红外摄像机使用 1 000～2 000 mA、12 V 电源，请参照产品说明选用适合的产品）。如图 4-30 所示。

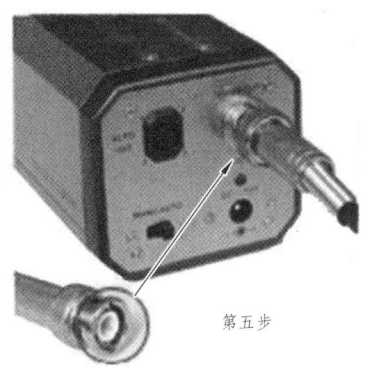
图 4-29 摄像头安装第五步

图 4-30 摄像头安装第六步

（7）把电缆的另一头按同样的方法接入控制主机或监视器（电视机）的视频输入端口，确保牢固、接触良好（如果使用画面分割器、视频分配器等后端控制设备，请参照具体产品的接线方式进行）。如图 4-31 所示。

（8）接通监控主机和摄像机电源，通过监视器调整摄像机角度到预定范围，并调整摄像机镜头的焦距和清晰度，进入录像设备和其他控制设备调整工序，如图 4-32 所示。

图 4-31 摄像头安装第七步

图 4-32 摄像头安装第八步

二、系统调试

1. 系统调试要求

（1）系统的画面显示应可任意编程，具备画面自动轮巡、定格及报警显示等功能，可自动或手动切换。多路摄像信号具有实时传输、切换显示、后备存储等功能。多画面显示系统应具有多画面、单画面转换、定格等功能。

（2）应具备日期、时间、字符显示功能，可设定摄像机识别和监视器字幕。电梯轿厢的摄像机信号要求能将楼层字符叠加上去，通过视频线传至安防监控室，并在监视器墙上显示。

（3）系统前端所有视频信号均能在硬盘录像机上录制下来（包括日期、时间、摄像机编号等）。

（4）系统可对视频输入进行编组，用以对各组不同视频的显示及操作进行组别限制。

（5）系统应具备独立的图形工作站及软件控制功能，实现对系统的管理、编程，并用软件对矩阵、硬盘录像机的控制和视频画面调用显示，在工作站上能以电子地图的方式调看及控制摄像机图像（摄像机图像应能在工作站的显示器及监视器墙上显示）。

（6）图形工作站可对系统进行编程。当收到联动控制信号时，工作站能自动调出与警报点相关的现场平面在监视墙上显示，并启动录像，同时声光报警提醒值班人员及时处理。

（7）实现监视系统状态事件功能，系统的报警、功能切换、顺序事件、键盘活动、视频信号丢失等信息可以被实时的显示在图形工作站的显示器上。

（8）系统可利用键盘或鼠标对各摄像机、云台、镜头、监视器进行控制，操作简单方便。

（9）系统具有独立的视频移动报警功能，可按需要设置任意的报警画面或局部画面的移动报警。

（10）系统应可设置操作员权限，被授权的操作员具有不同的操作权限、监控范围和系统参数。

（11）系统应可设定任一监视器或监视器组用于报警处理，报警发生时立即显示报警联动的图像。系统应可记忆多个同时到达的报警，并按报警的优先级别（如级别相同则按时间）进行排序。

（12）系统应具有对主要设备的自检功能，故障报警。

（13）系统应独立运行，并提供开放的通信接口及协议，与安全管理系统进行集成，组成一个完整的安防系统。

2. 线路检查与测试

对控制电缆进行校线，按施工图检查配线，查看对接线是否正确，对接错的线进行修改，并修改其编号。采用 250 V 兆欧表对控制电缆绝缘进行测量，其线芯与线芯、线芯与地线绝缘不应小于 0.5 MΩ。用 500 V 兆欧表对电源电缆绝缘进行测量，其线芯间和线芯与地线的绝缘不应小于 0.5 MΩ。

闭路电视系统是依靠三种形式的电缆连接起来的。220V 交流电源供电线路，从系统总配电箱到控制器，从控制器至云台和摄像机，从系统总配电箱到监视器。24V 直流供电线路和单独传送的伴音线路，从摄像机至控制器。视频电缆从摄像机至控制器，再从控制器（含视频切换器）至监视器。信号线路不宜与强电线路同管或并行敷设，走线方式及要求应符合表 4-2。

表 4-2 信号线走线方式及要求

分类	举例	说明	安装要求
干扰线路	220 V 交流供电线路	高电平线路,易对其他线路造成干扰	距其他线路 45 cm 以上,双线绞合行走
一般线路	24 V 直流电线路和单独传送的伴音线路	是中电平线路,既对其他线路干扰又受高电平线路干扰	距离敏感线路 10 cm 左右,双线绞合行走
敏感线路	视频传输电缆	是低电平线路,容易受到感应和干扰	互相间距 5 cm 以上,屏蔽线可不考虑间距

钢管在摄像机附近预留的位置、长度应基本准确,不应影响摄像机的转动。上述表中规定的线路间距均为明敷时的距离,本工程线路是穿钢管暗敷设时,不受上表限制。

3. 设备接线

电缆由监控台/柜底部引入地槽,电缆离开机柜弯点 10 cm 处开始成捆绑扎,根据电缆的数量每隔 200～400 cm 绑扎一次。所有电缆(整根都应逐根标示明显永久性标志,以区分电缆去向和传输信号。

引入室内或引出室外的电(光)缆在出入口处应加装防水弯,以免雨水顺电(光)缆流入设备或监控台/柜。

视频电缆传输的电平信号很弱,其接续要求可靠牢固,同时不能使信号衰减太大,连接处不允许扭接,要进行焊接,端头接续插头时,线芯和屏蔽层均应焊接在插头上,插头不但要与设备插座相配套,还要与电缆外径相配套,插头插入设备插座后,用插头外套螺母将插头插座锁紧。安装时应合理计算每根电缆的长度,按照每盘电缆的总长综合考虑,尽量减少中间接头。

控制电缆线芯多,在设备端一般与插头相接,插头上的每个线芯的连接均采用焊接,线芯绝缘护套长度适宜,电缆的外护套应包在插头后盖内,线芯剥去绝缘的长度为 2 mm 左右,剥去太长容易发生互相碰线。控制电缆应尽量少设或不设中间接头,对于多芯电缆应按线芯颜色统一对所接端子作规定,并在监控台/柜的接线箱的接线端子上做上编号,编号应和施工图中编号统一。控制电缆的线芯经两人查对,确认接线正确,方可插接在设备上,插接后应用锁紧螺母锁紧。

监控室采用单相 220 V、50 Hz 电源供电,电源内部允许混入脉冲干扰脉刺(如可控硅开关电源、电弧焊接脉冲刺等),否则要隔离变压器供电。

引入摄像机和云台的控制线、电源线、视频电缆在引出保护管时,用金属蛇皮管、塑料波纹管或聚氯乙烯软管进行保护,每根电缆均应有足够的松弛度,其长度应能满足云台旋转的最大距离,在此基础上还应留 10 cm 左右余量,电缆应沿支架、吊架引向摄像机或云台并进行必要的绑扎,当云台旋转时,电缆不应出现互相绞缠现象。电缆的引入端应设在云台的旋转死角处。

在配电箱中的电缆余量为配线箱周长的二分之一,电缆应沿配线槽敷设,或绑扎整齐敷设在配线箱内。若绑扎配线时,每 10 cm 绑扎一次。

整个系统采用单点接地,接地母线采用铜质线,采用综合接地系统。为了保证整个系统采用单点接地,在工程实施中做到视频信号传送过程中每路信号之间严格隔离、单独供电,信号共地集中在中心机房,接地措施的科学合理可有力地保证系统的抗干扰性能。

4. 电源检测

关闭监控台/柜上的总电源开关，检测交流电源电压，检查稳压装置的线路排列、电压表读数等。关闭各电源分路开关，给监控台送电，测量各输出端电压，直流输出的极性，给每一回路送电，检查电源指示灯，检查各设备端电压。

5. 单体调试

设备的单体调试一般在监控室进行。取视频电缆、控制电缆和电源电缆 3～5 m，一头接监控台/柜配线箱接线端子，另一头接相应的插头。若某些小系统，不设专用监控台/柜，可以直接按系统构成原理图进行接线。首先系统图接线，接通电源，电源指示灯亮，调整控制器的遥控云台旋钮，对电动云台进行遥控（电动云台应固定在稳固的三角支架或木台上）。电动云台的水平旋转、垂直旋转角度满足设计要求时，可以调整云台的限位开关。

对摄像机防护罩按其功能进行逐项试验，分别试验其加热器、刮雨刷和排风扇等的工作情况，当各种功能均能满足设计要求，方可进行安装。并对防护罩的保护电路进行检查，并作必要的试验调整。

6. 联合调试

（1）系统支持 TCP/IP 或 RS485 方式进行分级、多级联网控制。

（2）系统通过 RS232 及其他相关接口，实现与图形工作站及控制键盘的连接。图形工作站及键盘均能对一体化快球、自动变焦镜头等前端设备进行控制。

（3）系统内置日期、时间、字符发生器，在每幅图像中叠加摄像机的编号、位置以及实时变化的时间（包括年、月、日、时、分、秒）。摄像机标题以全中文显示，日期/时间格式可调整。

（4）系统具有视频丢失检测功能。

（5）系统具有多种不同的报警显示方式及报警状态清除方式。

（6）系统支持 RS232 作为报警输入接口，实现与入侵报警主机的联动控制。

（7）系统支持键盘口令输入及优先级操作。

（8）系统具有实时监控系统状态功能。

（9）系统键盘同时支持对矩阵及硬盘录像机的控制。

（10）支持快进、快退、慢进、逐帧等播放模式，快进/快退速度可调整。

扫码观看视频丢失及遮挡后的报警设置

（11）支持外接键盘及工作站软件等远程集中控制。

（12）支持用户权限管理。

（13）支持图像管理软件。

（14）支持 WEB 远程监控模式。

（15）支持电子地图。

（16）支持多工作站联网授权控制。

（17）支持实时图像显示。

（18）支持对硬盘录像机进行网络集中管理。

（19）通过软件在多媒体工作站显示实时画面。

任务小结

（1）我们在监控系统方案设计和施工布线的过程中，要全面地考虑到所有监控摄像机的总功率和由传输线路所造成的电压降（俗称"线损"，规格为 1.2 m 的铜导线每 100 m 的电阻是 1.8 Ω）。

（2）认识视频监控系统的常用设备、能够说出系统的构成。

（3）能够画出视频监控系统的系统结构、掌握相关设备的功能及描述系统的工作原理。

（4）掌握视频监控系统设备连接端口的功能并画出系统接线图。

（5）掌握系统设备的安装方法及设备参数的设置方法。

学习任务五

消防自动报警系统

任务描述

消防报警系统,又称火灾自动报警系统(Fire Alarm System,简称 FAS 系统),是由触发装置、火灾报警装置、联动输出装置以及具有其他辅助功能的装置组成,它能在火灾初期将燃烧产生的烟雾、热量、火焰等,通过火灾探测器变成电信号,传输到火灾报警控制器,并同时以声或光的形式通知整个楼层疏散,控制器记录火灾发生的部位、时间等,使人们能够及时发现火灾,并及时采取有效措施,扑灭初期火灾,最大限度地减少因火灾造成的生命和财产的损失,是人们同火灾做斗争的有力工具。

一般火灾自动报警系统和自动喷水灭火系统、室内外消火栓系统、防排烟系统、通风系统、空调系统、防火门、防火卷帘、挡烟垂壁等相关设备联动,自动或手动发出指令、启动相应的装置,如图 5-1 所示。

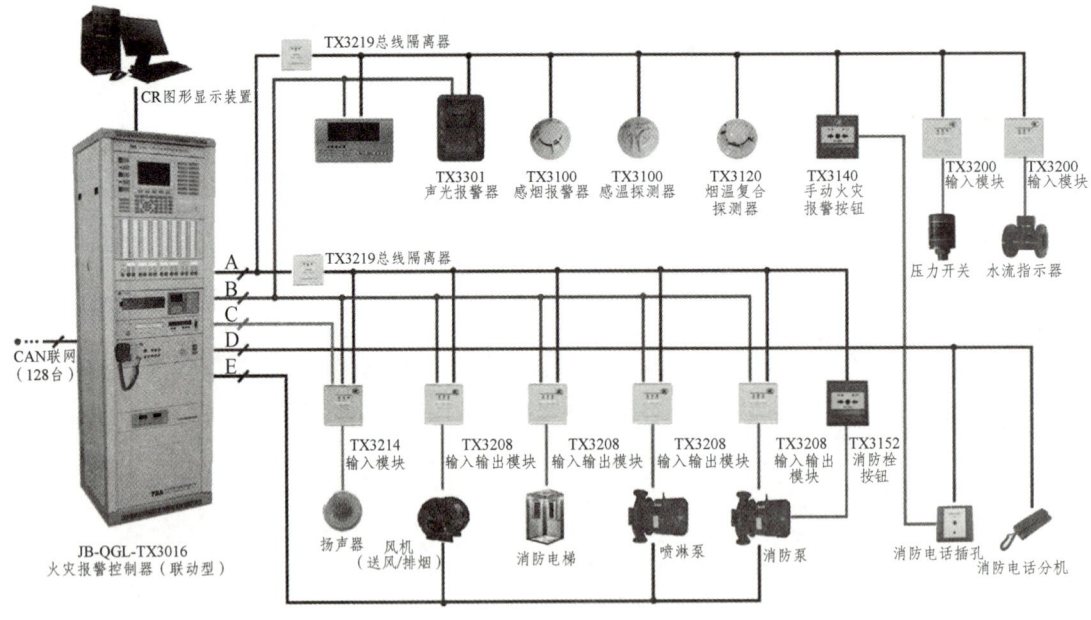

图 5-1 火灾自动报警系统示意图

学习任务

(1)消防报警系统认识。

（2）常见设备及工具认识。
（3）报警主机认识。
（4）感烟（温）探测器与主机连接实训。
（5）直接启动模块、报警器等实训。
（6）探测器触发后，报警器报警实训。
（7）报警主机的预警功能实现。
（8）固定电话与电话主机通话实训。
（9）广播系统功能操作。
（10）设备发生故障的屏蔽及故障处理。

子任务 1　消防报警系统认识

任务描述

了解火灾形成的原因，以及火灾发生后造成的危害，通过学习深刻理解"消防"二字含义，熟悉了解身边的各种消防设施，进而熟悉掌握火灾自动报警系统的工作原理和组成。

学习目标

（1）认识火灾形成原因，熟悉火灾发生后造成的不利因素。
（2）了解具备火灾发生前探测及火灾发生后消防功能的灭火系统。
（3）掌握火灾自动报警系统的工作原理和组成。

【建议学时】2学时

知识准备

火灾是指在时间或空间上失去控制的灾害性燃烧现象。在各种灾害中，火灾是最常见、最普遍威胁公众安全和社会发展的主要灾害之一。人类在牢记火灾教训的同时，也在不断地思考、寻找一个行之有效的方法，用以控制火灾、战胜火灾，这便是现在人们常说的"建筑消防系统"。

早期的防火、灭火都是由人工方法实现，当人们发现火灾时，立即组织人工并统一指挥，采取一切可能的措施迅速灭火。实际上，这就是早期消防系统的锥形。随着人类社会的进步，科学技术的高度发展，人们逐渐学会使用仪器去监视火情，并由仪器发出火警信号，然后在人工统一指挥下，用灭火器械去灭火，这便是较为发达的消防系统。

自动化消防系统，在功能上可实现自动监测现场，自动确认火灾，自动发出声、光报警信号，自动启动灭火设备，自动灭火，自动排烟，自动封闭火区等，还能实现向城市或地区消防队发出救灾请求，进行对讲联络。

结构上，组成消防系统的设备和器件结构紧凑、反应灵敏、工作可靠，同时还具有良好的性能指标。智能化设备及器件的开发与应用，使自动化消防系统的结构趋向于微型化及多功能化。

1. 灭火基本原理与方法

任何物质发生燃烧，都有一个由未燃烧状态转向燃烧状态的过程。燃烧过程的发生和发展，必须具备三个必要条件，即可燃物、氧化剂和温度（引火源）。只有在三个条件同时具备的情况下可燃物质才能发生燃烧，三个条件无论缺少哪一个，燃烧都不能发生。但是有焰燃烧过程中存在未受抑制的游离基（自由基）作中间体，自由基是一种高度活泼的化学基团，能与其他自由基和分子反应，从而使燃烧按链式反应扩展，因此，有焰燃烧的发生需要四个必要条件，即可燃物、氧化剂、温度和未受抑制的链式反应。

所以，灭火就是破坏燃烧条件使燃烧反应终止的过程。根据燃烧条件，灭火基本原理可以归纳为四个方面，即冷却、窒息、隔离和化学抑制，前三种灭火作用主要是物理过程，化学抑制是一个化学过程。

（1）冷却灭火。

冷却灭火的原理是降低燃烧物的温度。用水冷却灭火是扑救火灾的常用方法，二氧化碳灭火剂的冷却效果更好，它在迅速气化时能吸收大量的热，从而快速降低燃烧区的温度使燃烧终止。通常的措施有用直流水喷射着火物、不间断地向着火物附近的未燃烧物喷水降温。

（2）窒息灭火。

窒息灭火的原理是消除助燃物。它是根据可燃物质发生燃烧通常需要足够的空（氧）气这个条件，采取适当措施来防止空气流入燃烧区，或者用惰性气体稀释空气中氧的含量，使燃烧物质因缺乏或断绝氧气而熄灭。运用窒息原理灭火时，可以封闭着火的空间，让着火的空间充满惰性气体或水蒸气，用石棉被、湿棉被、湿帆布等不燃或难燃材料覆盖燃烧物，向着火物上喷射二氧化碳、干粉等。

（3）隔离灭火。

隔离灭火的原理是使着火物与火源隔离。根据发生燃烧必须具备可燃物这个条件，将燃烧物与附近的可燃物隔离或分散开，使燃烧停止。如火灾中，将未着火的物质搬迁至安全处、拆除毗连的可燃建（构）筑物、关闭燃烧气体的阀门切断气体（液体）的来源、用沙土等堵截流散的燃烧液体、用难燃或不燃的物体遮盖受火势威胁的可燃物质等。

（4）抑制灭火。

抑制灭火的原理是中断燃烧链式反应，就是使用灭火剂参与燃烧链式反应，使燃烧过程中产生的自由基快速消失，形成稳定分子或低活性的自由基，进而使燃烧反应停止。常用方法就是往着火物上直接喷射气体、干粉灭火剂，覆盖火焰，中断燃烧链式反应。

2. 火灾自动报警系统组成

火灾自动报警系统主要由以下几个部分组成：触发部件（自动探测烟雾和温度及状态信号、接收人为手动报警）、警报器件（提醒发生火灾现场人员注意的设备）、联动模块（发生火灾后输出命令启动排烟及灭火设备的设备）、消防广播（发生火灾后用于播放疏散指令的设备）、消防电话（用于日常和发生火灾时现场与消防监控室之间通信）、控制器（接收现场设备报警、故障、反馈等等信息，发生火灾时通过预设程序启动现场灭火及辅助灭火设施，如图5-3所示。

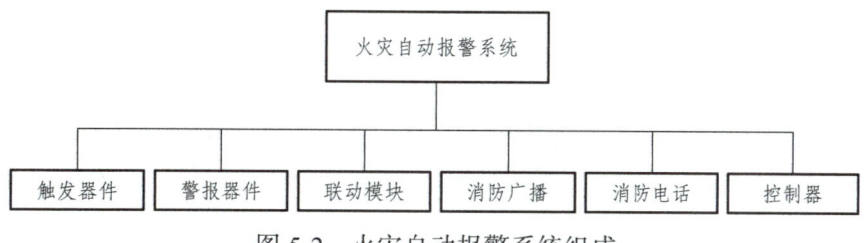

图 5-2　火灾自动报警系统组成

3. 消防其他系统

（1）室内消火栓系统。

室内消火栓系统在建筑物内使用广泛，用于扑灭初期火灾。在建筑高度超过消防车供水能力时，室内消火栓系统除扑救初期火灾外，还可以扑救较大火灾。室内消火栓系统由水枪、水带、消火栓、消防管道和水源等组成。当室外给水管网的水压不能满足室内消防要求时，还要设置消防水泵和水箱，如图5-3所示。

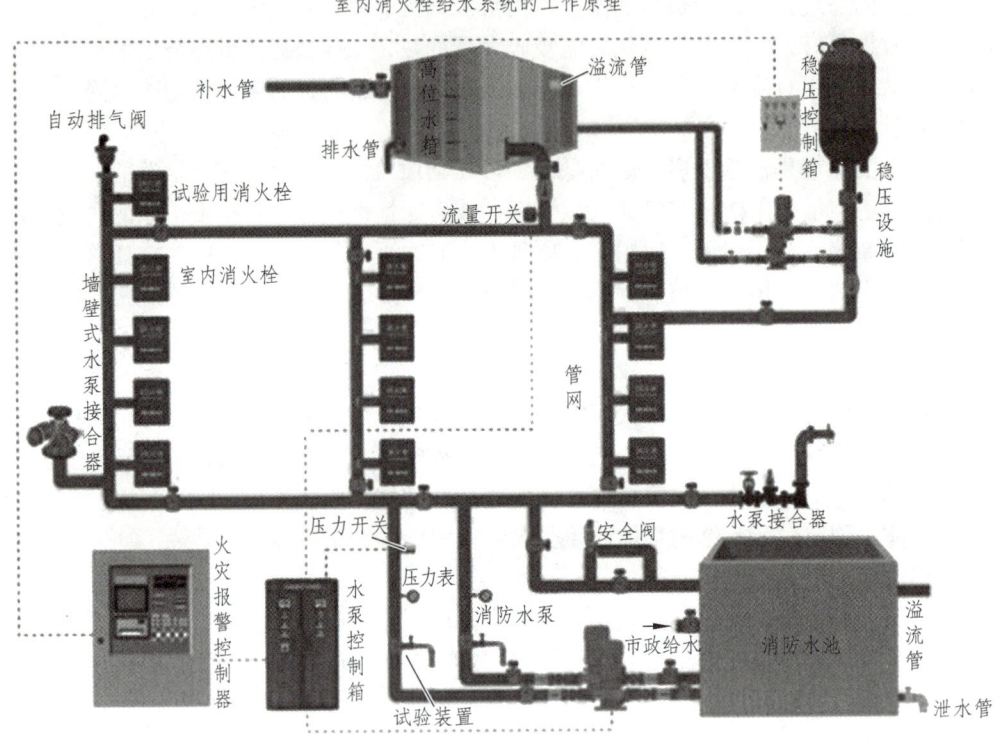

图5-3 室内消火栓系统工作原理

（2）水喷淋灭火系统。

水喷淋灭火系统是由开式或闭式喷头、传动装置、喷水管网、湿式报警阀等组成。发生火灾时，系统管道上的水喷头遇高温自爆（一般是68℃~70℃），通过安装在支管管路上的水流指示器反馈给火灾报警控制系统控制器来控制启动喷淋泵，并设有手动启动装置，如图5-4所示。

（3）防排烟系统。

防排烟系统是防烟系统和排烟系统的总称。防烟系统采用机械加压送风方式或自然通风方式，防止烟气进入疏散通道；排烟系统采用机械排烟方式或自然通风方式，将烟气排至建筑物外。

机械防排烟系统，是由送排风管道、管井、防火阀、门开关设备、送风机、排风机等设备组成。防烟系统设置楼梯间正压。机械排烟系统的排烟量与防烟分区有着直接的关系，如图5-5所示。

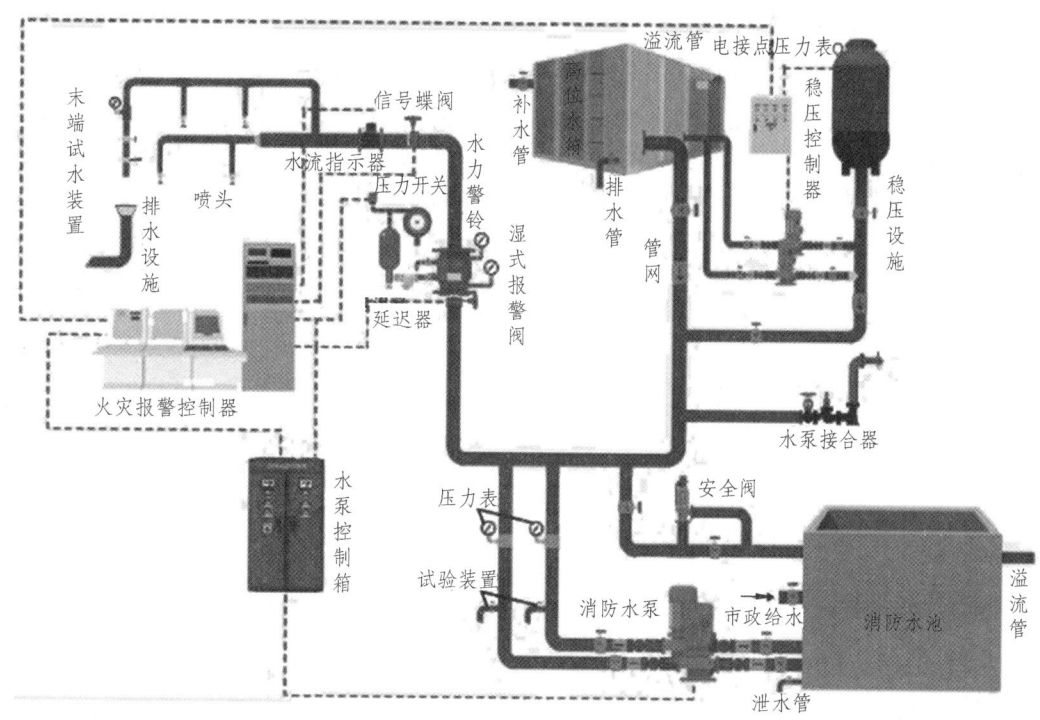

图 5-4 水喷淋灭火系统工作原理

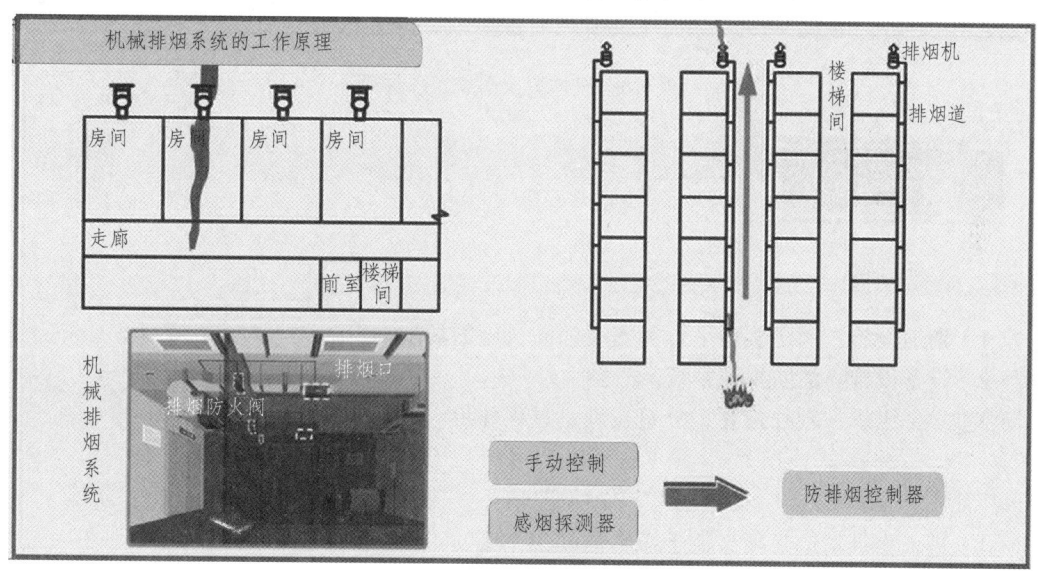

图 5-5 机械防排烟系统工作原理

而自然排烟系统是,当防烟楼梯间前室或合用前室,利用敞开的阳台、凹廊或前室内不同朝向的可开启外窗自然排烟时,该楼梯间可不设排烟设施。

自然排烟应设于房间的上方,宜设在距顶棚或顶板下 800 mm 以内,其间距以排烟口的下边缘计。自然进风应设于房间净高的 1/2 以下,其间距以进风口的上边缘计。内走道和房间的自然排烟口,至该防烟分区最远点应在 30 m 以内。自然排烟窗、排烟口、送风口应设开启方便、灵活的装置。

（4）气体灭火系统。

气体灭火系统是指平时灭火剂以液体、液化气体或气体状态存储于压力容器内，灭火时以气体（包括蒸汽、气雾）状态喷射灭火介质，能在防护区空间内形成各方向均一的气体浓度，而且至少能保持该气体浓度达到规定的浸渍时间，实现扑灭该防护区的火灾。系统包括储存容器、容器阀、选择阀、液体单向阀、喷嘴和阀驱动装置组成，如图5-6所示。

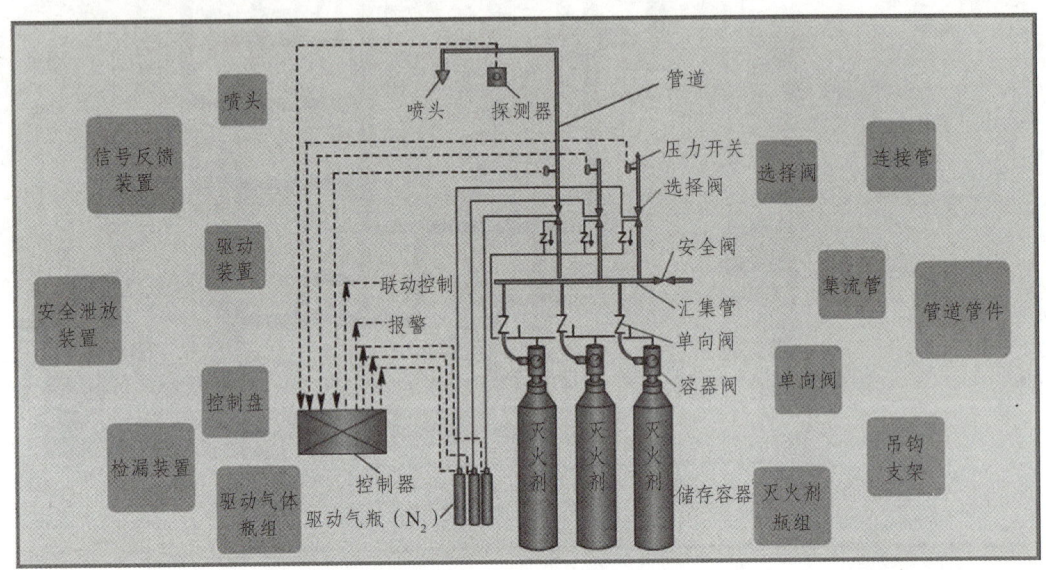

图 5-6　气体灭火系统工作原理

操作指引

1. 组织方式

（1）场地设施：消防实训平台和安装消防设施的场地。
（2）设备设施：消防报警系统。
（3）学生组织：教师指导、分组实训、过程评价。

2. 操作要点

（1）进入实训场地必须穿戴干净整洁的工作服。
（2）听从实训指导老师的安排，严格遵守场地安全规定，注意用电安全。
（3）启动消防报警系统时，注意观察报警系统周围的情况。

任务实施

（1）认识消防报警系统的组成设备，以及各设备间的连接关系。
（2）了解消防报警系统各设备的作用和工作原理。

任务小结

（1）小组讨论实训场地中消防报警系统的各类设备名称、型号、用途以及各设备间的连接关系。

（2）小组讨论实训场地中消防报警系统各类设备的基本功能、操作方法等。

子任务 2　常见设备及工具认识

任务描述

了解火灾自动报警系统工具，现场的各种设备作用和使用方法。

学习目标

（1）学习使用编码器。
（2）了解各设备工作原理和在火灾自动报警系统中作用。

【建议学时】2学时

知识准备

1. 编码器

编码器为火灾自动报警系统中各种前端设备进行地址设定，常见的编码器如图 5-7 所示。

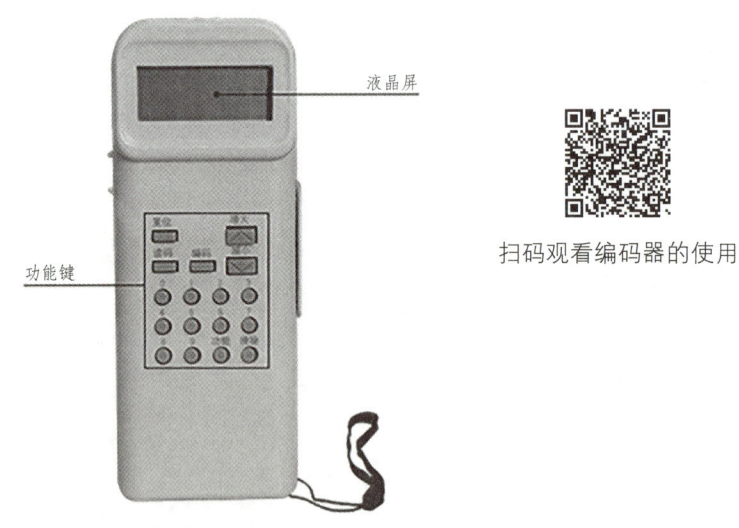

扫码观看编码器的使用

图 5-7　编码器

（1）电源开关：完成系统硬件开机和关机操作。
（2）液晶屏：显示有关探测器的一切信息和操作人员输入的相关信息，并且当电源欠压时给出指示。
（3）总线插口：编码器通过总线插口与探测器或模块相连。

（4）火灾显示盘接口（I2C）：通过此接口与火灾显示盘相连，并进行各灯的二次码的编写。

（5）复位键：当编码器由于长时间不使用而自动关机后，按下复位键，可以使系统重新通电并进入工作状态。

2. 触发部件介绍

触发部件主要包括探测器和输入模块。

根据探测器探测火灾类型和工作原理不同，火灾探测器大体分以下几种：火焰探测器、图像型火灾探测器、线型光束感烟火灾探测器、线型感温火灾探测器、管路采样式吸气感烟火灾探测器、点型光电感烟火灾探测器、点型感温火灾探测器等等。常见的有点型感温火灾探测器（见图5-8）和点型光电感烟火灾探测器（见图5-9）。

输入模块，用于监视主动消防设备，如压力开关、水流指示器、湿式报警阀、信号蝶阀、70度防火阀等。

图 5-8 点型感温火灾探测器 　　　　　图 5-9 点型光电感烟火灾探测器

感温火灾探测器采用热敏电阻作为传感器，传感器输出的电信号经变换后输入到单片机，单片机利用智能算法进行信号处理。当单片机检测到火警信号后，向控制器发出火灾报警信息，并通过控制器点亮火警指示灯。

感烟火灾探测器采用红外线散射的原理探测火灾，在无烟状态下，只接收很弱的红外光；当有烟尘进入时，由于散射的作用，使接收光信号增强；当烟尘达到一定浓度时，便输出报警信号。为减少干扰及降低功耗，感烟火灾探测器发射电路采用脉冲方式工作，以提高发射管的使用寿命。该探测器占一个节点地址，采用电子编码方式，通过编码器读/写地址。

输入模块用于接收消防联动设备输入的常开或常闭开关量信号，并将联动信息传回火报警制器。主要用于配接现场各种主动型设备如水流指示器、压力开关、位置开关、信号阀及能够送回开关信号的外部联动设备等。

3. 手动报警部件

发生火灾后，手动按下报警，通知消防监控室并且联动相应设备进行警报和灭火。常见手动报警部件为手动报警按钮（见图5-10）和消火栓按钮（见图5-11）。

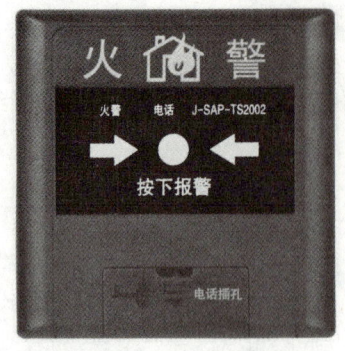 

图 5-10 手动报警按钮　　　　　　　图 5-11 消火栓按钮

手动火灾报警按钮（含电话插孔）一般安装在公共场所，当人工确认发生火灾后，按下报警按钮上的有机玻璃片，即可向控制器发出报警信号。控制器接收到报警信号后，将显示出报警按钮的编号或位置并发出报警声响，此时只要将消防电话分机插入电话插座即可与电话主机通信。

消火栓按钮（以下简称按钮）安装在公共场所，当人工确认发生火灾后，按下此按钮，即可立即启动消防泵喷水灭火，同时火灾报警控制器接收报警信号，并发出报警声响。

4. 警报装置

警报装置是报警装置的一个组成部分，警报装置主要是指警铃、声光装置、火灾显示盘。当火灾发生时，警报装置发出声音和光来提醒人们知道火灾已经发生，如图 5-12 所示。

图 5-12 警报装置

火灾声光警报器（以下简称警报器）用于在火灾发生时提醒现场人员注意。警报器是一种安装在现场的声光报警设备，当现场发生火灾并被确认后，可由消防控制中心的火灾报警控制器启动，也可通过安装在现场的手动报警按钮直接启动。启动后警报器发出强烈的声光警号，以达到提醒现场人员注意的目的。

光报警器用于在火灾发生时提醒现场人员注意。光警报器是一种安装在现场的报警设备，当现场发生火灾并被确认后，可由消防控制中心联动启动，启动后警报器发出强烈的光警号，以达到提醒现场人员注意的目的。

火灾显示盘是一种可以安装在楼层或独立防火区内的火灾报警显示装置，可用于楼层或独立防火区内。当控制中心的主机控制器产生报警，同时把报警信号传输到失火区域的火灾显示盘上，显示盘会显示报警的探测器编号及相关信息并发出报警声响。

5. 联动模块

输入/输出模块采用电子编码器进行编码，模块内有一对常开、常闭触点，如图 5-13 所示。模块具有直流 24 V 电压输出，与继电器的触点接成有源输出，以满足现场的不同需求。另外模块还设有开关信号输入端，用来和现场设备的开关触点连接，以便确认现场设备是否动作。

输入/输出模块主要用于各种一次动作并有动作信号输出的被动型设备，如排烟阀、送风阀、防火阀等，接入到控制总线上。

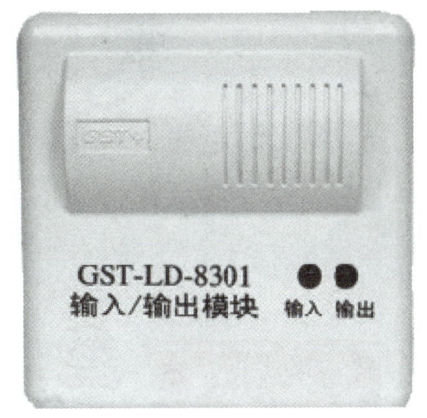

图 5-13　联动模块

6. 消防广播系统

消防广播系统由音源设备、功率放大器、广播分区控制器等组成。消防广播系统用于火灾或紧急情况下，进行现场应急广播，向现场人员通报事故情况，并有效指挥或引导现场人员疏散，非紧急情况下也可通过外部输入音源信号进行背景音乐广播，如图 5-14 所示。

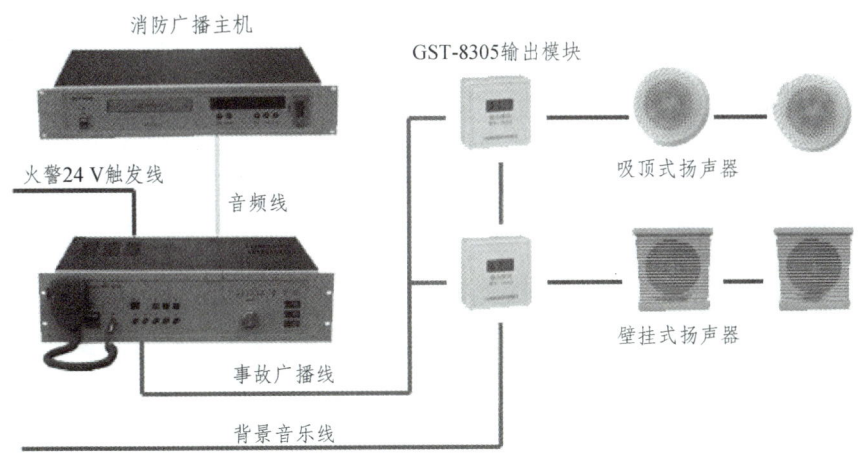

图 5-14　消防广播系统

7. 消防电话系统

消防电话系统是消防通信的专用设备，当发生火灾报警时，它可以提供方便快捷的通信手段，是消防控制及报警系统中不可缺少的通信设备，消防电话系统有专用的通信线路，现场人员可以通过现场设置的固定电话和消防控制室进行通话，也可以用便携式电话插入插孔式手报或者电话插孔上面与控制室直接进行通话，如图 5-15 所示。

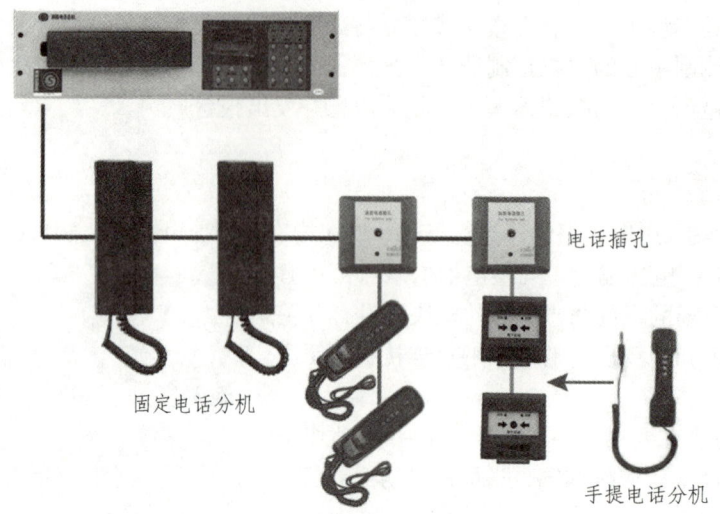

图 5-15 消防电话系统

任务实施

（1）认识实训场地中消防报警系统的各类设备名称、型号和用途。
（2）认识实训场地中消防报警系统各类设备及工具的基本功能、操作方法等。

任务小结

（1）小组讨论实训场地中消防报警系统的各类设备名称、型号和用途。
（2）小组讨论实训场地中消防报警系统各类设备及工具的基本功能、操作方法等。

子任务 3　报警主机认识

任务描述

了解火灾自动报警控制器的结构组成和基本操作方法。

学习目标

（1）掌握火灾自动报警控制器的组成结构，了解各组成部分功能。
（2）掌握火灾自动报警控制器开关机，在控制器上进行设备定义（包括总线盘定义、多线盘定义），联动编程。

【建议学时】2 学时

知识准备

扫码观看消防报警箱的设置

1. 火灾报警控制器

火灾报警控制器是火灾自动报警系统的心脏，可向探测器供电，具有下述功能。
（1）用来接收火灾信号并启动火灾报警装置。该设备也可用来指示着火部位和记录有关信息。
（2）能通过火警发送装置启动火灾报警信号或通过自动消防灭火控制装置启动自动灭火设备和消防联动控制设备。
（3）自动监视系统的正确运行和对特定故障给出声、光报警。

火灾报警控制器按监控区域可分为区域型、集中型和控制中心报警系统。
火灾报警控制器按结构可分为琴台式、立柜式和壁挂式三种，如图 5-16 至图 5-18 所示。

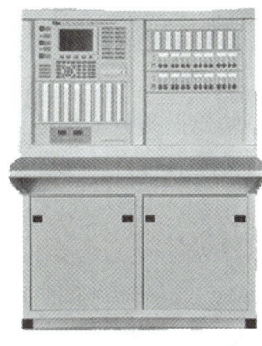　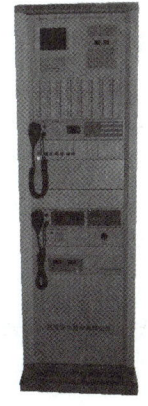　

图 5-16　琴台式火灾报警控制器　　图 5-17　立柜式火灾报警控制器　　图 5-18　壁挂式火灾报警控制器

这里以壁挂式消防报警主机为例进行学习。

2. 壁挂式消防报警主机外部结构

壁挂式消防报警主机外部结构如图 5-19 所示。

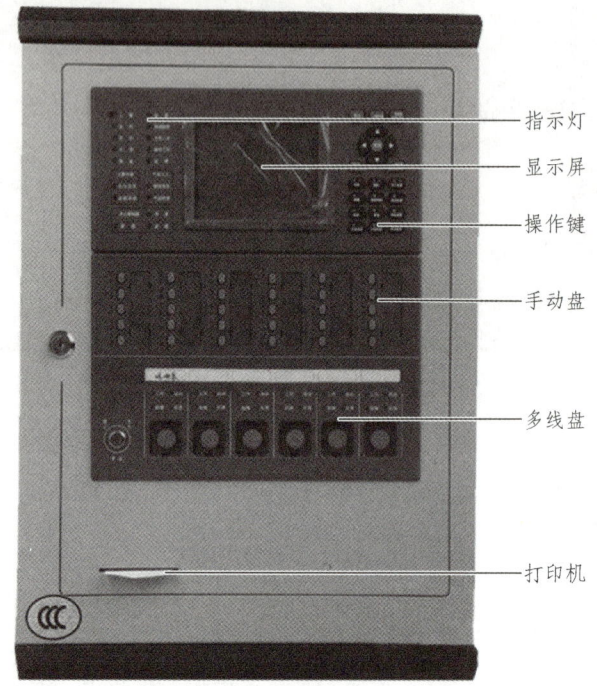

图 5-19　壁挂式消防报警主机外部结构

（1）指示灯。

延时灯：红色，指示控制器处于延时状态。

启动灯：红色，当控制器发出启动命令时，此灯闪亮；在启动过程中，当控制器检测到反馈信号时，此灯常亮。控制器进行复位操作后，此灯熄灭。

反馈灯：红色，此灯亮表示控制器检测到外接被控设备的反馈信号；反馈信号消失或控制器进行复位操作后，此灯熄灭。

屏蔽灯：黄色，有设备处于被屏蔽状态时，此灯点亮，此时报警系统中被屏蔽设备的功能丧失。控制器没有屏蔽信息时，此灯自动熄灭。

故障灯：黄色，此灯亮表示控制器检测到外部设备（探测器、模块或火灾显示盘）有故障或控制器本身出现故障。除总线短路故障需要手动清除外，其他故障排除后可自动恢复。当所有故障被排除或控制器进行复位操作后，此灯会随之熄灭。

系统故障灯：黄色，此灯亮，指示控制器处于不能正常使用的故障状态。

主电工作灯：绿色，控制器使用主电源供电时点亮。

备电工作灯：绿色，控制器使用备用电源供电时点亮。

监管灯：红色，此灯亮表示控制器检测到总线上的监管类设备报警，控制器进行复位操作后，此灯熄灭。

火警传输动作/反馈灯：红色，此灯闪亮表示控制器对火警传输线路上的设备发出启动信息；

此灯常亮表示控制器接收到火警传输设备反馈回来的信号；控制器进行复位操作后，此灯熄灭。

火警传输故障/屏蔽灯：黄色，此灯闪亮表示控制器检测到火警传输线路上的设备故障；此灯常亮表示控制器屏蔽掉火警传输线路上的设备；当设备恢复正常后此灯自动熄灭。

气体灭火喷洒请求灯：红色，此灯亮表示控制器已发出气体启动命令，启动命令消失或控制器进行复位操作后，此灯熄灭。

气体灭火/气体喷洒灯：红色，气体灭火设备喷洒后，控制器收到气体灭火设备的反馈信息后此灯亮。反馈信息消失或控制器进行复位操作后，此灯熄灭。

火灾声光警报器屏蔽灯：黄色，指示火灾声光警报器屏蔽状态，火灾声光警报器屏蔽时，此灯点亮。

火灾声光警报器消音灯：黄色，指示报警系统内的警报器是否处于消音状态。当警报器处于输出状态时，按"警报器消音/启动"键，警报器输出将停止，同时警报器消音指示灯点亮。如再次按下"警报器消音/启动"键或有新的警报发生时，警报器将再次输出，同时警报器消音指示灯熄灭。

火灾声光警报器故障灯：黄色，指示火灾声光警报器故障状态，火灾声光警报器故障时，此灯点亮。

（2）显示屏用于显示系统设置及系统各设备运行状态。

（3）操作键用于系统设置和后期值班人员进行查询、消音、复位、屏蔽等操作。

（4）手动控制盘简单来说就是"快捷键"，用于取代手动启动需要输入命令符的复杂操作。

（5）多线控制盘用于启动消防系统中重要的灭火设备，如消防防排烟风机、喷淋泵、消火栓泵等。

（6）打印机用于打印消防主机运行中发生的各种信息，可以通过主机设定开闭、打印信息类型等。

3. 壁挂式消防报警主机内部结构

图 5-20　壁挂式消防报警主机内部结构

（1）常用接线端子介绍。

L、G、N：交流 220 V 接线端子及交流接地端子。

Z1、Z2：无极性信号二总线端子。

24 VOUT（+、-）：辅助电源输出端子，可为外部设备提供 DC 24 V 电源，当采用内部 DC 24 V 供电时，最大输出容量为 DC 24 V/0.3 A，当采用外部 DC 24 V 供电时，最大输出容量为 DC 24 V/2 A；Cn+、Cn-（n=1~6）：直接控制输出端子，当采用内部 DC 24 V 供电时，输出容量为 DC 24 V/100 mA，当采用外部 DC 24 V 供电时，输出容量为 DC 24 V/1 A，带检线功能，需接 0.25 W/4.7 kΩ 终端电阻，不需要与 GST-LD-8302C 切换模块配接使用。

In1、In2（n=1~6）：无源反馈输入端子，带检线功能，需接 0.25 W/4.7 kΩ 终端电阻。

（2）主机系统设置。

① 设备定义。

具体内部菜单操作此处不做过多赘述，调出界面，如图 5-21 所示。

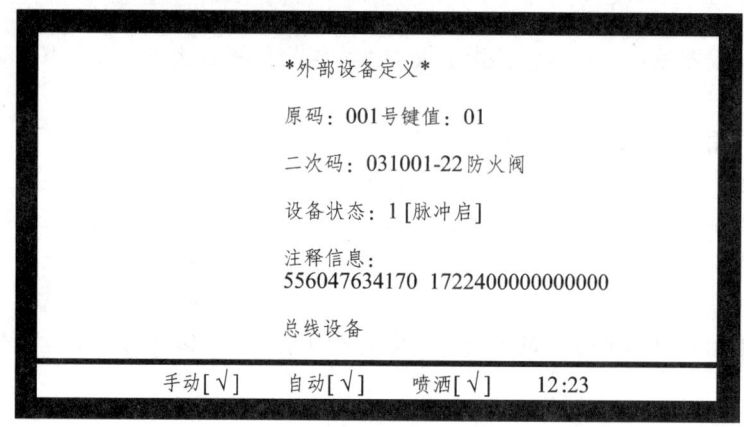

图 5-21　设备定义

"原码"：为该设备的自身编码号，外部设备（火灾探测器、联动模块）原码号为 1~242；火灾显示盘原码号为 1~64；直控输出（多线制控制的设备）原码号为 1~60。原始编码与现场布线没有关系。现场编码包括二次码、设备类型、设备特性和设备汉字信息。

"键值"：当为模块类设备时，是指与设备对应的手动盘按键号。当无手动盘与该设备相对应时，键值设为"00"。

"二次码"：即为用户编码，由六位 0 到 9 的数字组成，它是人为定义用来表达这个设备所在的特定的现场环境的一组数，用户通过此编码可以很容易地知道被编码设备的位置以及与位置相关的其他信息，见表 5-1。推荐对用户编码规定如下：

第一、二位对应设备所在的楼层号，取值范围为 0~99。为方便建筑物地下部分设备的定义，规定地下一层为 99，地下二层为 98，依此类推。

第三位对应设备所在的楼区号，取值范围为 0~9。所谓楼区是指一个相对独立的建筑物，例如：一个花园小区由多栋写字楼组成，每一栋楼可视为一个楼区。

第四、五、六位对应总线制设备所在的房间号或其他可以标识特征的编码。对火灾显示盘编码时，第四位为火灾显示盘工作方式设定位，第五、六位为特征标志位。

"设备类型"：用户编码输入区"-"符号后的两位数字为设备类型代码，参照表 5-2 注解。

表 5-1 设备编码地址表

序号	设备型号	设备名称	编码
1	GST-LD-8301	单输入/输出模块 1#	07
2	GST-LD-8301	单输入/输出模块 2#	08
3	GST-LD-8301	单输入/输出模块 3#	09
4	HX-100B	火灾声光警报器	10
5	J-SAM-GST9123	消火栓按钮	11
6	J-SAM-GST9122	手动报警按钮	12
7	JTW-ZCD-G3N	感温火灾探测器	13
8	JTY-GD-G3	感烟火灾探测器	14
9	JTW-ZCD-G3N	感温火灾探测器	15
10	JTY-GD-G3	感烟火灾探测器	16
11	JTW-ZCD-G3N	感温火灾探测器	17
12	JTY-GD-G3	感烟火灾探测器	18

"设备状态":一些具有可变配置的设备,可以通过更改此设置改变配置。一般探测器选择默认值不做修改,需要持续供电的设备"1"代表脉冲,"2"代表持续,如表 5-2 所示。

以表 5-1 中 12 个设备为例,设定该设备安装于一栋 3 层建筑,10～14 号安装于 1 楼,7～8、15～16 安装于 2 楼,9、17～18 安装于 3 楼。

表 5-2 设备类型及状态表

序号	原码	键值	二次码	设备类型	设备状态	设备注释(区位码)
1	7	1	20007	16	1	水泵房
2	8	2	20008	19	1	风机房
3	9	3	20007	27	1	1#卷帘门
4	10	4	200010	13	1	过道声光
5	11	0	200011	15	0	过道消火栓
6	12	0	200012	11	0	过道手动报警按钮
7	13	0	200013	2	0	房间 1
8	14	0	200014	3	1	房间 1
9	15	0	200015	2	0	房间 2
10	16	0	200016	3	1	房间 2
11	17	0	200017	2	1	房间 3
12	18	0	200018	2	1	房间 3

注:由多线控制继电器模拟消火栓泵。

定义步骤如图 5-22 所示。

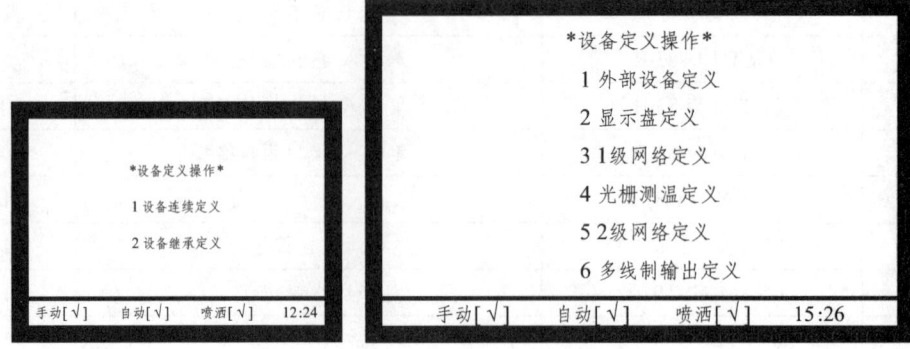

图 5-22 设备定义步骤

选择 6 进行多线盘定义，操作步骤基本同于外部设备定义。

② 联动编程。

联动公式是用来定义系统中报警信息与被控设备间联动关系的逻辑表达式。当系统中的探测设备报警或被控设备的状态发生变化时，控制器可按照这些逻辑表达式自动地对被控设备执行"立即启动""延时启动"或"立即停动"操作。本系统联动公式由等号分成前后两部分，前面为条件，由用户编码、设备类型及关系运算符组成；后面为被联动的设备，由用户编码、设备类型及延时启动时间组成。

例如：01001103+02001103=01001213000100131910

表示：当 010011 号光电感烟探测器或 020011 号光电感烟探测器报警时，010012 号讯响器立即启动，010013 号排烟机延时 10 秒启动。

例如：01001103+02001103=×0120552100

表示：当 010011 号光电感烟探测器或 020011 号光电感烟探测器报警时，012055 号新风机立即停动。

注意：

联动公式中的等号有四种表达方式，分别为"=""==""=×"和"==×"。联动条件满足时，表达式为"=""=×"时，被联动的设备只有在"全部自动"的状态下才可进行联动操作；表达式为"==""==×"时，被联动的设备在"部分自动"及"全部自动"状态下均可进行联动操作；"=×""==×"代表停动操作，"=""=="代表启动操作。等号前后的设备都要求由用户编码和设备类型构成，类型不能缺省。关系符号有"与""或"两种，其中"+"代表"或"，"×"代表"与"。等号后面的联动设备的延时时间为 0~99 s，不可缺省，若无延时需输入"00"来表示，联动停动操作的延时时间无效，默认为 00。

联动公式中允许有通配符，用"*"表示，可代替 0~9 之间的任何数字。通配符既可出现在公式的条件部分，也可出现在联动部分。通配符的运用可合理简化联动公式。当其出现在条件部分时，这样一系列设备之间隐含"或"关系，例如 0*001315 即代表：01001315+02001315+03001315+04001315+05001315+06001315+07001315+08001315+09001315+00001315。而在联动部分，则表示有这样一组设备。在输入设备类型时也可以使用通配符。

编辑联动公式时，要求联动部分的设备类型及延时启动时间之间（包括某一联动设备的设备类型与其延时启动时间及某一联动设备的延时启动时间与另一联动设备的设备类型之间）必须存在空格；在联动公式的尾部允许存在空格；除此之外的位置不允许有空格存在。选择系统设置，进入"联动编程操作"界面，如图 5-23 所示。

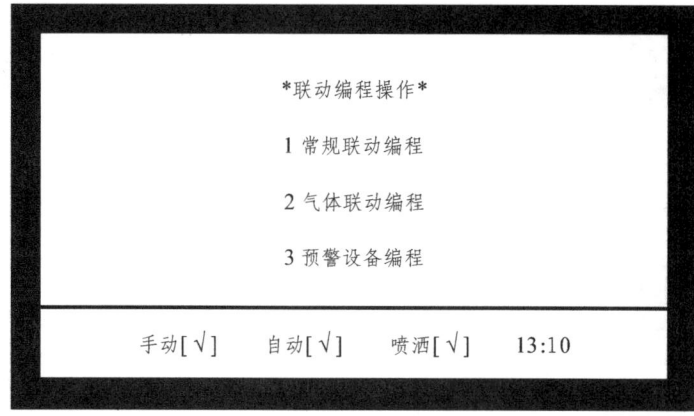

图 5-23 联动编程操作

此时可通过键入"1""2"或"3"来选择需编辑的联动公式的类型。
联动公式的输入方法，如图 5-24 所示的界面。

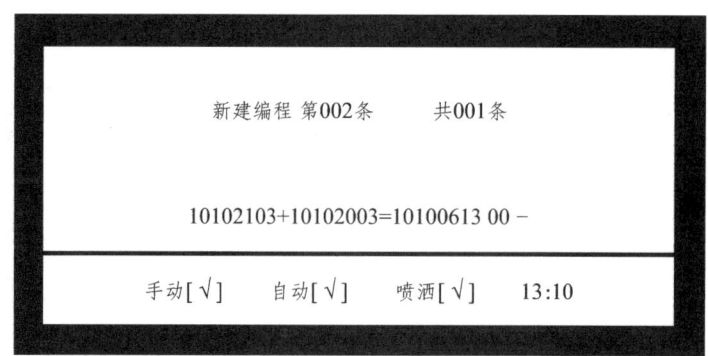

图 5-24 联动公式的输入方法

在联动公式编辑界面，反白显示的为当前输入位置，当输入完 1 个设备的用户编码与设备类型后，光标处于逻辑关系位置，可以按"1"键输入+号，按"2"键输入×号，按"3"键进入条件选择界面，按屏幕提示可以按键选择"＝""==""=×""==×"；公式编辑过程中在需要输入逻辑关系的位置，只有按标有逻辑关系的"1""2""3"按键可有效输入逻辑关系；公式中需要空格的位置，按任意数字键均可插入空格。在编辑联动公式的过程中，可利用向左和向右键改变当前的输入位置，如果下一位置为空，则回到首行。

掌握以上编程规则和消防规范后进行编程，编程内容如下：
01001115=0100011605（消火栓按钮启动消火栓泵）

01001302×01001403+01001302×01001211+01001403×01001211=010010130002000819000200092710020015 02×02001603+02001502×01001211+02001603×01001211=01001013000200081900020009271003001702×03001803+02001702×01001211+03001803×01001211=010010130002000819000200092710

通配符编程（仅适用于本例实验）

******15=******1605******03×******02+******02×******11+******03×******11=******1300******1900******2710

任务实施

（1）认识实训场地中报警主机型号、功能。
（2）根据实训要求对实训场地中的报警主机进行设置，掌握其基本操作方法。

任务小结

（1）小组讨论实训场地中报警主机基本操作方法。
（2）小组讨论实训场地中报警主机操作时存在的问题及解决办法等。

子任务 4 感烟（温）探测器与主机连接实训

任务描述

练习消防报警系统内常见设备的线路连接及现场编码。

学习目标

（1）掌握现场设备编码、线材选用规格、设备接线方式和原理。
（2）动手进行接线、开机运行注册。

【建议学时】2 学时

知识准备

物料准备：光电感烟探测器 3 个，感温火灾探测器 3 个，消火栓按钮 1 个，手动报警按钮 1 个，火灾声光讯响器 1 个，单输入/输出模块 3 个，消防控制箱。
工具准备：万用表、剥线钳、螺丝刀、编码器。
线材准备：ZR-RVS2×1.5 消防总线 20 米，NH-BV1.5 红色/黑色各 20 米（消防电源线）。

1. 设备编码

具体编码地址如表 5-1 所示。
编码步骤：
（1）将电子编码器连接线的一端插在编码器的总线插口内，另一端的两个夹子分别夹在光电感烟探测器的两根总线端子"Z1""Z2"（不分极性）上。
（2）将电子编码器的开关打到"ON"的位置，然后按下编码器上的"清除"键，让编码器回到待机状态，然后用编码器上的数字键输入"13"，再按下"编码"键，此时编码器若显示符号"P"，则表明编码完成。
（3）按下编码器上的"清除"键，让编码器回到待机状态，然后按下编码器的"读码"键，此时液晶屏上将显示探测器的已有地址编码。
（4）其他设备编码同上，用标签纸在设备背面进行标记。

2. 消防控制箱接线介绍

消防控制箱主要由电源、继电器等设备组成，和单输入/输出模块配合使用，完成消防系统模拟机电设备控制，如图 5-25 所示。

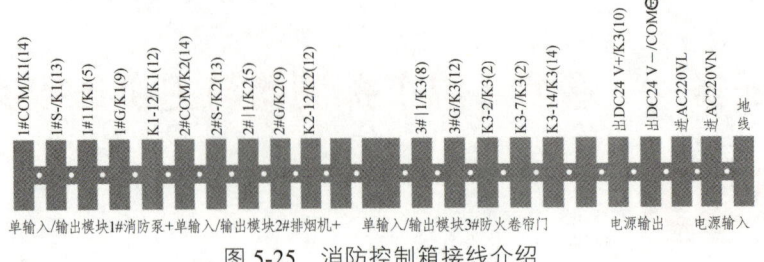

图 5-25 消防控制箱接线介绍

3. 接线说明

进 AC 220VL、进 AC 220VN：AC 220 V 电源输入，来自接总电源控制箱；

出 DC 24 V+、出 DC 24 V-：DC 24 V/2.5 A 电源输出；

COM、S-：DC 24 V 输入端，分别接单输入/输出模块 1#、2#的 COM、S-；

NO、COM：常开触点输出端，接单输入/输出模块 3#的 NO、COM；

I1、G：反馈触点输出端，分别接单输入/输出模块 1#、2#、3#的 I1、G；

K1-12、K2-12：继电器 K1、K2 常开输出端（DC 24 V），接消防泵、排烟机输入正极；

K3-2：继电器 K3 第 2 脚常闭输出端，接停到位器常闭端，防火卷帘门的停止；

K3-7：继电器 K3 第 7 脚常开输出端，接启到位器常闭端，防火卷帘门的运行；

K3-14：继电器 K3 第 14 脚（DC 24 V+），接防火卷帘门动作的控制端。

4. 系统接线

感温（烟）探测器与火灾报警控制器连线如图 5-26 所示。

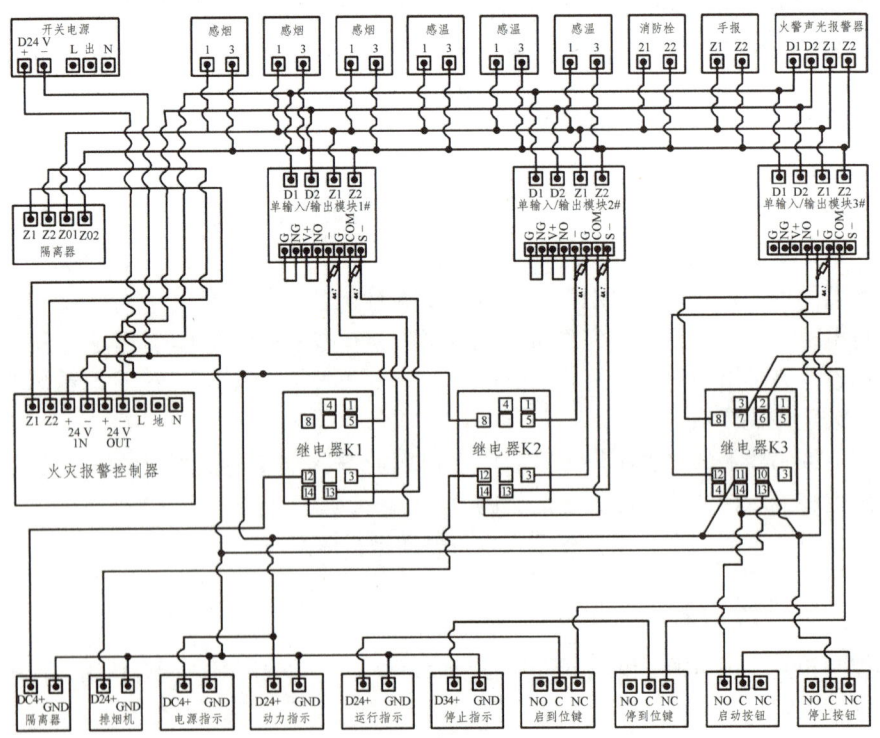

图 5-26 系统接线

5. 设备登陆注册

在系统设置操作状态下，按"6"键进入调试操作状态，如图 5-27 所示。调试状态提供了设备直接注册、数字命令操作、总线设备调试、更改设备特性、恢复出厂设置五种操作。

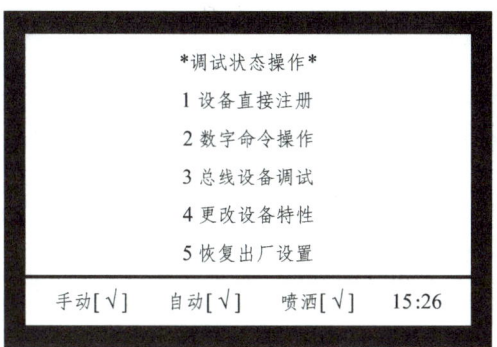

图 5-27　调试状态操作

选择"设备直接注册"，系统可对外部设备、显示盘、手动盘、从机、多线制盘重新进行注册并显示注册信息，而不影响其他信息。选择 1，进行外部设备注册，如图 5-28 所示。

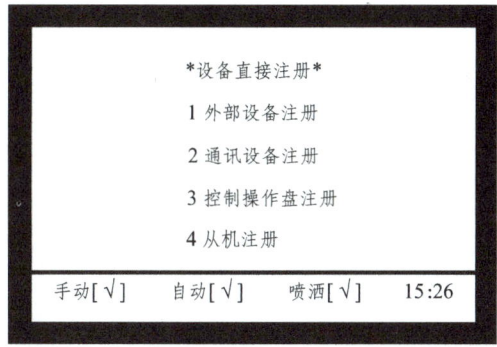

图 5-28　设备直接注册

6. 实现功能

如上设置完毕，即可实现如下功能：
（1）任何消防探测器动作或手动报警按钮按下，立即启动火灾声光警报器；
（2）当工作人员确定现场火灾时，消火栓按钮按下，启动消防泵灭火；
（3）感烟火灾探测器动作，立即启动排烟机，延时 5 秒启动消防泵，延时 10 秒降下防火卷帘门；
（4）感温火灾探测器动作或者消火栓按钮按下，立即启动消防泵，降下防火卷帘门；
（5）感烟火灾探测器动作，并且手动报警按钮按下，立即启动消防泵。

任务实施

（1）认识实训场地中感烟（温）探测器以及报警主机的型号、功能。

（2）根据实训要求将实训场地中的感烟（温）探测器与报警主机进行连接，并进行相应设置。

任务小结

（1）小组讨论实训场地中感烟（温）探测器与报警主机进行连接、设置的基本要求。

（2）小组讨论实训场地中感烟（温）探测器与报警主机进行连接、设置时存在的问题及解决办法等。

子任务 5　直接启动模块、报警器等实训

任务描述

直接启动实验设备中火灾声光警报器、排烟机、消防泵、卷帘门。

手动按下消火栓启动消防泵，按下手动报警按钮或者模拟烟雾触发烟感探测器，联动启动排烟机和卷帘门。

学习目标

（1）掌握现场设备使用方法和工作原理。

（2）掌握火灾自动报警控制器手动、自动状态转换，掌握通过输入二次码和通过按下手动盘启动现场设备。

【建议学时】2 学时

知识准备

1. 准备工作

联动控制器设备注册完成。

2. 直接启动

设备定义及总线盘设置：参照子任务 3 主机设置步骤对可以手动启动设备进行定义，见表 5-3。

表 5-3　设备状态参考表

序号	源码	键值	二次码	类型	设备状态	设备注释（区位码）
1	7	1	020007	16	1	水泵房
2	8	2	020008	19	1	风机房
3	9	3	030009	27	1	1#卷帘门
4	10	4	010010	13	1	过道声光

主机外部结构如图 5-29 所示。

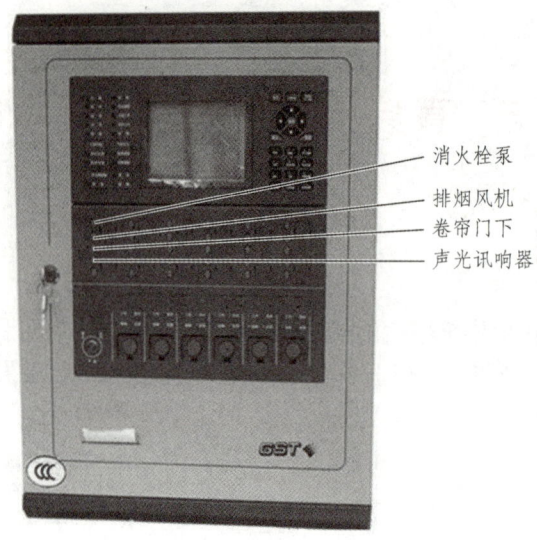

图 5-29 主机设置

首先把火灾自动报警控制器设置为手动允许,然后直接按图 5-29 所示对应按键即可实现直接启动。

3. 联动启动

首先把火灾自动报警控制器设置为自动允许,然后按下手动报警按钮或者模拟烟感报警、温感报警即可实现自动联动启动。

任务实施

(1)认识实训场地中直接启动模块的型号、功能。
(2)根据实训要求将实训场地中的直接启动模块与报警主机、报警器连接,并进行相应设置。

任务小结

(1)小组讨论实训场地中直接启动模块与报警主机、报警器进行连接的操作方法。
(2)小组讨论实训场地中直接启动模块与报警主机、报警器进行连接时存在的问题及解决办法等。

子任务 6　探测器触发后报警器报警实训

任务描述

通过对前端探测器进行模拟测试，将探测器报警信息传回报警主机、联动声光报警等设备，对现场情况进行分析，做出应急措施。

学习目标

（1）掌握测试设备使用方法和探测器、报警器的工作原理。
（2）掌握火灾自动报警控制器的工作模式。
（3）熟悉主机的功能及实操。

【建议学时】2 学时

知识准备

（1）把火灾自动报警控制器设置为自动允许，通过测试探测器报警或手动报警按钮将信号反馈回主机。常见的烟感探头如图 5-31 所示。

（2）任取 3~4 个烟感探头，用烟感测试仪模拟失火状态，令其报警（探头红灯亮），消防控制柜显示火警具体地点机编号。

（3）由测试人员现场按下手动报警按钮，常见的手动报警按钮如图 5-32 所示。使手动报警按钮红灯亮，消防控制柜显示地点及编号，同时，显报警、显示编号，确认正常后，将按钮复位。

图 5-30　烟感探头

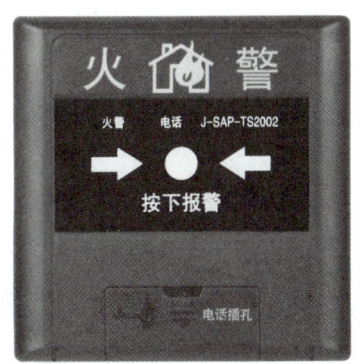

图 5-31　手动报警按钮

任务实施

（1）认识实训场地中的各种探测器及手动按钮的型号、功能。

（2）根据实训要求将实训场地中的探测器或手动按钮模拟报警，使报警器发出报警，并进行相应设置。

任务小结

（1）小组讨论实训场地中探测器或手动按钮模拟报警的连接、设置方法。

（2）小组讨论实训场地中探测器或手动按钮模拟报警时存在的问题及解决办法等。

子任务 7 报警主机的预警功能实现

任务描述

根据消防控制主机的报警信息进行操作。

学习目标

（1）掌握火灾自动报警系统的设备组成。
（2）掌握对报警反馈信息的判断。

【建议学时】2 学时

知识准备

消防就是要以防为主，尽力将火灾控制在萌芽状态。火灾发生时，消防队能在第一时间到达现场，详细了解起火点火势大小、具体位置、人员情况等问题，只有这样才能在最短的时间内把灾害降低到最低限度，完成人员的疏散和灭火，保证人民生命财产安全。

目前我国的消防仍然引用传统的消防体系，即各个建筑和单位都按照国家要求建立消防系统，以集散控制形式为主要的安装形式，能够实现小区域内的消防自动报警，及当现场有高温或者浓雾时，将灾害消除在萌芽状态。但从安全生产管理角度出发，难以实现对消防隐患点的监控管理，灾情发生后难以分析总结火灾发生的原因。

随着互联网、计算机技术的高度发展，建立一套完善的，以计算机技术、互联网通信手段相结合的消防预警信息平台变成了必然趋势。

预警网络是通过感应器、全球定位系统、激光扫描器等信息传感设备，按约定的协议，把任何物品与互联网相连接，进行信息交换和通信，以实现对物品的智能化识别、定位、跟踪、监控和管理的一种网络，如图 5-32 所示。

管理端手机 App 的优势在于设备可以随身携带，随时管理。通过与物联网结合的方式，将监管信息等第一时间推送到管理员手中，实现线上线下联动管理。

无线传感器网络 WSN 由部署在检测区域内大量的传感器结点组成，是一种能够根据环境自主完成指定任务的"智能"自治测控网络系统，是一种与实际环境交互的网络，能够通过安装在微小节点上的各种传感器从真实环境中获取相关数据，然后通过自组织的无线网络将数据传送到计算能力更强的通用计算机上进行处理。

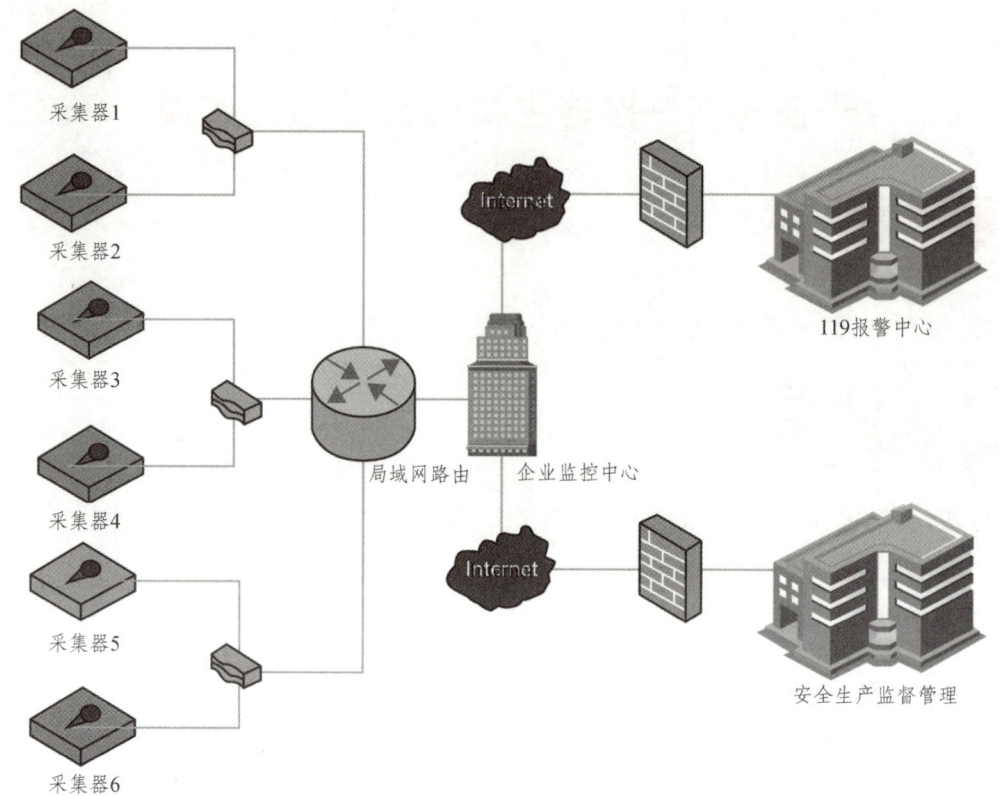

图 5-32 预警网络示意图

消防预警信息平台建设分为软件平台、网络平台、硬件传感器等组成部分。

其中软件平台含报警受理、信息查询、用户管理、异常信息分析预警等功能；网络平台含建筑物局域网和广域网互补组成有效的物理链路网络；

硬件传感器含火焰传感器模块、烟雾气敏传感器、人体红外感应传感器、温湿度传感器、光敏传感器等组成。

任务实施

（1）认识实训场地中的报警主机的型号、功能。
（2）根据实训要求设置实训场地中的报警主机的预报警功能。

任务小结

（1）小组讨论实训场地中报警主机预报警功能的设置方法。
（2）小组讨论实训场地中报警主机预报警功能设置时存在的问题及解决办法等。

子任务 8　固定电话与电话主机通话实训

任务描述

用于消防监控室和重要设备间及巡逻人员通信的消防电话系统是火灾自动报警系统内重要的组成部分。消防固定电话主要安装于消防水泵房、排烟机房、正压送风机房、配电房、电梯机房等处。本节主要任务为完成固定电话与电话主机之间的连线及功能测试，了解消防电话系统在火灾自动报警系统内的作用。

学习目标

（1）掌握消防电话系统内组成部分及之间的线路连接。
（2）使用消防电话系统完成通话操作。

【建议学时】2 学时

知识准备

消防电话系统是一种消防专用的通信系统，通过这个系统可迅速实现对火灾的人工确认，并可及时掌握火灾现场情况及进行其他必要的通信联系，便于指挥灭火及现场恢复工作。消防电话系统由消防电话总机、火灾报警控制器（联动型）、消防电话接口、固定消防电话分机、消防电话插孔、手提消防电话分机等设备构成，如图 5-33 所示。

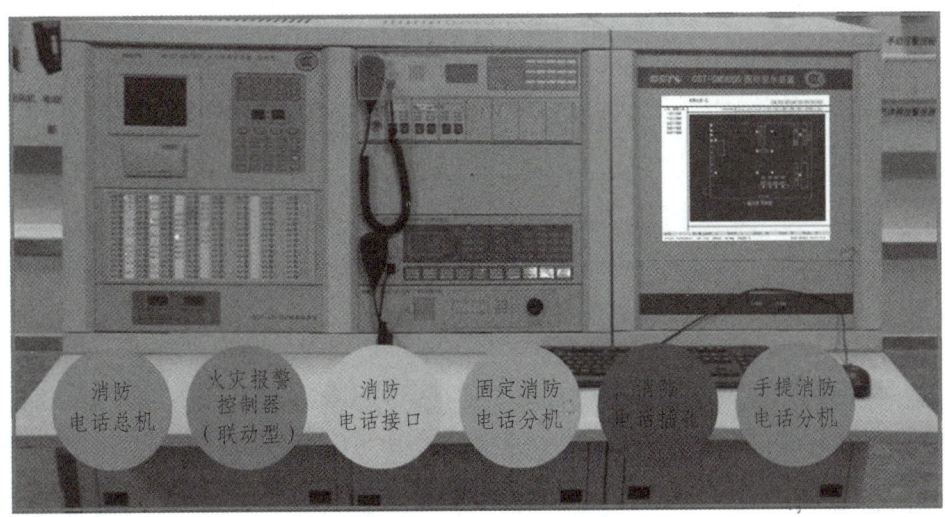

图 5-33　消防电话系统控制台

1. 面板介绍

常见消防控制台的面板如图 5-34 所示，按键及指示灯说明：

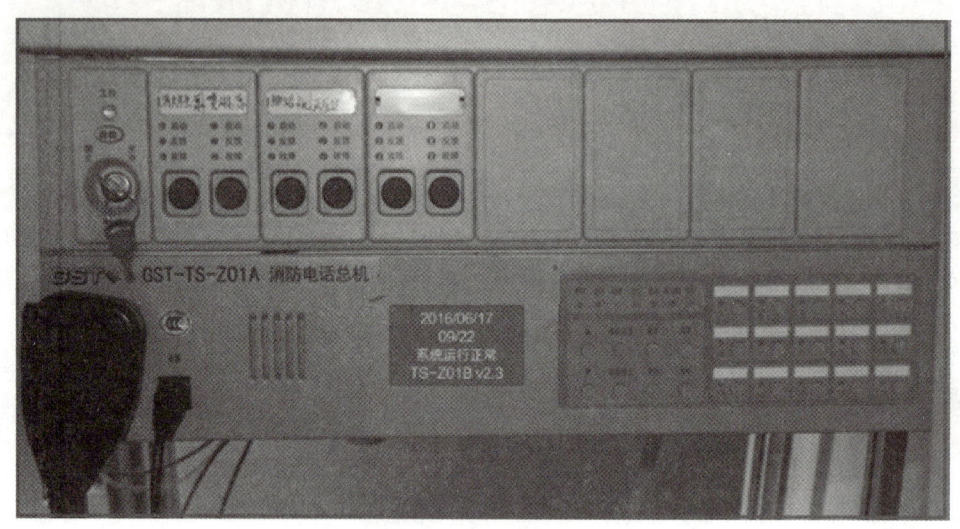

图 5-34 面板介绍

呼叫：红色，当有分机呼入时，灯闪亮；其他情况灯灭。

通话：红色，当总机和分机处于通话状态时，常亮；其他情况灯灭。

故障：黄色，当检测到 485 联机故障或分机故障等情况，快速闪亮；其他情况灯灭。

工作：绿色，设备正常工作，常亮。

录音：绿色，当录音启动时，常亮；其他情况灯灭。

录音满：黄色，当录音存储空间剩下不足 2 min 时，快速闪亮；已经录满时，常亮。执行删除命令后，录音存储空间恢复，此灯灭。

消音：绿色，在"呼入"或发生故障时，按下【消音】键，报警声音消除，此指示灯常亮；其他情况灯灭。

【▲】上键或【▼】下键：选择前一条、后一条菜单或记录，移动光标等。

【确认/放音】键：确定所进行的操作或进入所选菜单。在查询历史记录时，如果在非放音状态，则进入放音状态。

【退出/停止】键：撤销已进行的操作或退出所选菜单。在查询历史记录时，如果在放音状态，则进入非放音状态。

【复位】键：发生故障时，按此键使设备恢复正常状态。

【消音】键：消除正在鸣响的呼叫声或报警声。

【接通】键：有呼入时，按此键可接通呼入分机。

【挂断】键：挂断正在呼入、通话的分机，或取消当前呼出显示的分机。

【0】~【15】号按键：用于呼叫、接通 1~15 号分机或作为数字输入键。

面板上设有电话手柄，正常状态需将手柄挂上，当需要呼出或接听时，请拿起手柄进行操作。

2. 正常监视状态

（1）正常监视状态：打开位于消防电话总机机箱背面的"电源"开关，如无呼入、呼出、故障等信号，则处于正常监视状态，如图 5-35 所示。

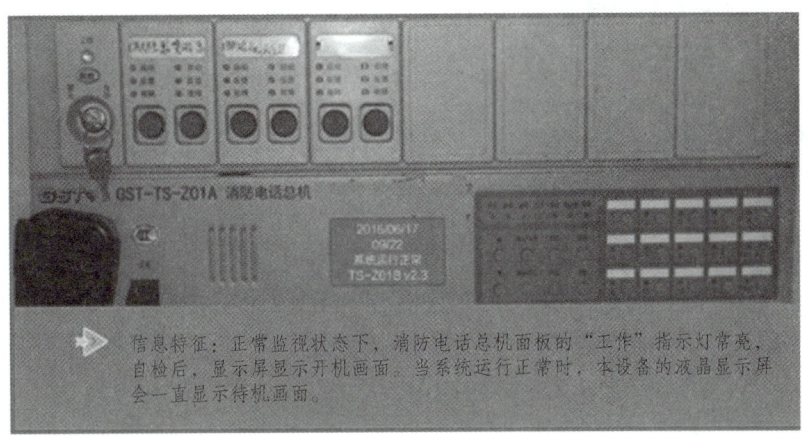

图 5-35　正常监视状态

（2）信息特征：正常监视状态下，消防电话总机面板的"工作"指示灯常亮，自检后，显示屏显示开机画面。当系统运行正常时，本设备的液晶显示屏会一直显示待机画面。

3. 分机呼叫及应答

（1）操作目的：与消防电话主机进行通话。

（2）操作方法：

① 呼叫：固定式消防电话分机摘机后或非固定式消防电话分机插入电话插孔后，即可自动呼叫消防电话总机，同时消防电话分机中有提示音。

② 应答：要应答呼入的分机，按【接通】键接通分机；若总机摘机前只有一个呼入，则摘机也可应答分机的呼入。若按【挂断】键，这时分机中发出忙音，表明总机不允许其呼入；若存在多个分机呼入，可根据显示屏上当前显示的分机号来选择要拒接的分机号。

（3）操作信息显示：消防电话总机接收到消防电话分机摘机信息后，消防电话总机屏幕显示通话呼叫界面，扬声器发呼叫声，呼叫灯及该路指示灯均快闪，按【消音】键可消除呼叫声，如图 5-36 所示。

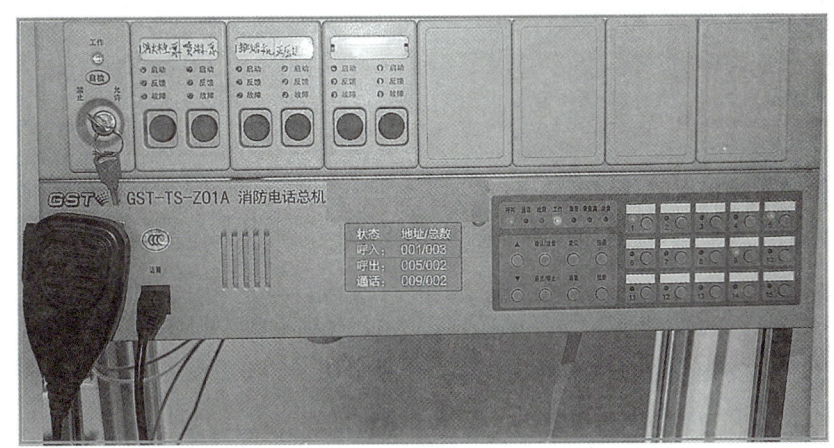

图 5-36　操作信息显示

图中表示共有 3 个分机呼入,当前显示为第 1 号分机;共有 2 个分机呼出,当前显示为第 5 号分机;共有 2 个分机正在通话,当前显示为第 9 号分机。

4. 主机呼叫及应答

(1)操作目的:与消防电话分机进行通话。

(2)操作方法:

① 呼叫:拿起消防电话主机手柄,输入四位密码,确认后输入固定分机编号,图标由"×"变为"√",按【确认/放音】键即可呼出。

② 应答:消防电话主机呼叫消防电话分机后,相应的消防电话分机将振铃,此时摘下消防电话分机话筒,便可与消防电话主机通话。要挂断通话的分机,只需按下对应的按键,也可根据显示屏显示的通话分机号,按【挂断】键挂断;还可以通过挂机来挂断。此时,如果有呼入、呼出和通话都将结束,如图 5-37 所示。

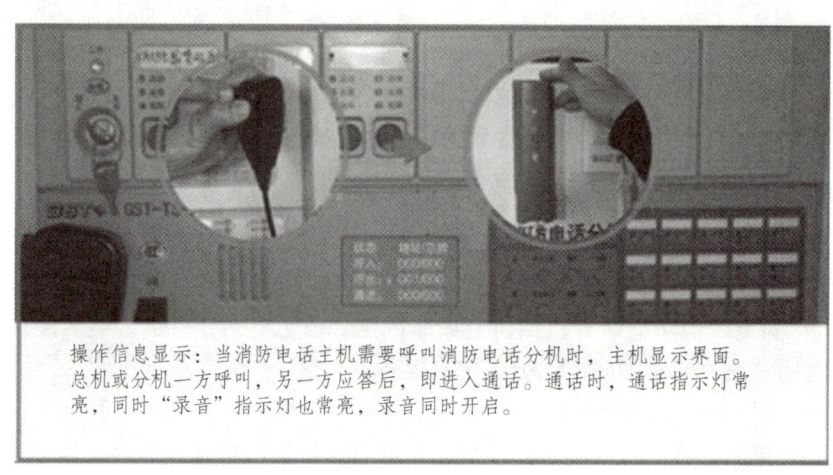

图 5-37 应答

(3)操作信息显示:当消防电话主机需要呼叫消防电话分机时,主机显示图中所示界面。总机或分机一方呼叫,另一方应答后,即进入通话。通话时,通话指示灯常亮,同时"录音"指示灯也常亮,录音同时开启。

任务实施

(1)认识实训场地中的各种电话主机的型号、功能。
(2)根据实训要求将实训场地中的固定电话与电话主机连接,并进行相应设置。

任务小结

(1)小组讨论实训场地中固定电话与电话主机的连接、设置方法。
(2)小组讨论实训场地中固定电话与电话主机连接、设置时存在的问题及解决办法等。

子任务 9　消防广播系统功能及操作

任务描述

熟悉消防广播系统运行原理及作用，消防广播系统组成部分。操作消防广播系统实现语音、预制消防疏散提示和消防背景音乐的切换。

消防应急广播系统是火灾逃生疏散和灭火指挥的重要设备，在整个消防控制管理系统中起着极其重要的作用。在火灾发生时，应急广播信号通过音源设备发出，经过功率放大后，由编码输出控制模块切换到广播指定区域的音箱实现应急广播。

学习目标

（1）掌握消防广播系统内组成部分及之间的线路连接。
（2）使用广播系统进行操作。

【建议学时】2 学时

知识准备

1. 功能

（1）当有火警或紧急情况时，可与消防联动控制设备联动控制，实现消防自动广播。
（2）具有自动控制和手动控制二种启动方式。
（3）具有受控自检功能。
（4）在使用话筒播音时，监听能够自动静音，以彻底消除音频回授。
（5）当接收应急广播控制信号时，能自动调整音频输出至预定位置，不受音量电位器的控制，消除人为操作对音频输出的影响。
（6）具有主备电自动切换功能，主电优先。
（7）当本机故障或外部线路出现异常致使本机处于故障不可恢复状态时，将本机状态发送到其他设备。

2. 操作方法

（1）自动控制。
消防联动控制设备可通过遥控线（联动控制）自动启动本设备，进行消防自动广播，设备自动进入应急广播后，音频输出不受音量电位器的控制，音频输出能自动调整到一个适当的预定位置。

(2)手动控制。

当没有应急广播控制信号输入时,本机可以通过电源开关控制本机的启停,在手动控制模式下,调整音量电位器,可以控制音频输出幅度的大小,如图5-38所示。

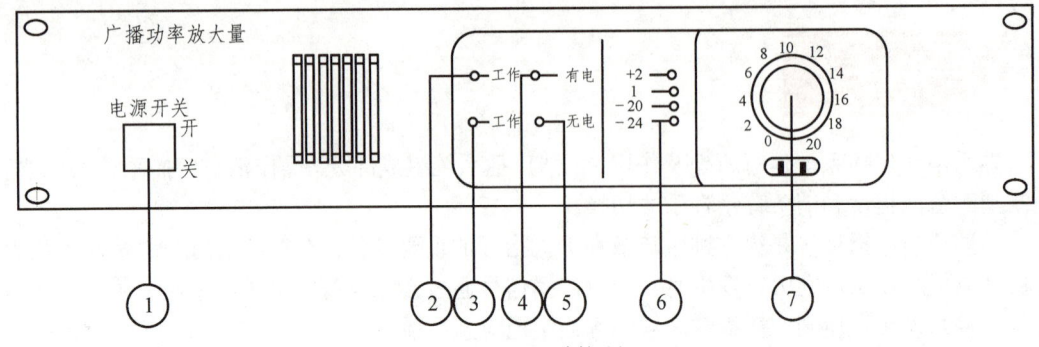

图5-38 手动控制

按键及指示灯说明。

电源开关:控制本机的电源开关,在有应急信号输入时,本机的电源开启不受此开关控制。

工作指示灯:绿灯亮表示本机工作正常。

故障指示灯:故障指示灯视故障状态而不同。故障灯常亮表示本机工作异常或音频输出线处于短路,本机已经处于保护状态。如果音频输出线短路故障排除,需将电源关闭,然后再重新启动电源,才能解除指示灯常亮状态。

任务实施

(1)认识实训场地中消防广播的型号、功能。
(2)根据实训要求将实训场地中的消防广播进行设置并模拟广播。

任务小结

(1)小组讨论实训场地中消防广播的设置并模拟广播。
(2)小组讨论实训场地中消防广播设置并模拟广播时存在的问题及解决办法等。

子任务 10　设备发生故障的屏蔽及故障处理

任务描述

根据主机提示的报警信息对所属设备进行判断。

学习目标

（1）掌握前端探测器故障的处理方法。
（2）掌握主机的功能作用。

【建议学时】2 学时

知识准备

故障一般分为两类，一类为控制器内部部件故障，如主备电故障、总线故障等；另一类是现场设备故障，如探测器故障、模块故障等。

当主机提示报警信息时，可按"消音"键终止故障警报声。

当外部设备（探测器、模块等）发生故障时，可将它屏蔽，待维修或更换后，再取消屏蔽功能将设备恢复。

1. 设备的屏蔽与取消屏蔽

（1）设备屏蔽。

按下"屏蔽"键（若控制器处于锁键状态，需输入用户密码解锁，若无密码，直接按确认键即可）；

假设需要屏蔽设备的编码为 010001 的点型感烟探测器，输入编码 010001；

按"确认"键存储，如该设备未被屏蔽，屏蔽信息中将增加该设备，否则显示屏上会提示错误。

（2）设备取消屏蔽。

按下"取消屏蔽"键（若控制器处于锁键状态，需输入用户密码解锁，若无密码，直接按确认键即可）；

假设需要释放的设备编码为 010001 的点型感烟探测器，输入编码 010001；

按"确认"键存储，如该设备已被屏蔽，屏蔽信息中将移除该设备，否则在显示屏上提示错误。

2. 复位功能

当火警或故障信息处理完毕后,对控制器进行复位操作,操作方法为按下"复位"键,输入用户密码(若主机没有密码,直接按确认键即可)并确认。复位可以实现以下功能:
(1)消除当前的所有火警、故障、反馈信息。
(2)复位所有总线制被控设备和手动消防启动盘、直接控制盘上的状态指示灯。
(3)清除正处于请求和延时请求启动的命令。

3. 消音功能

当发生火警或故障灯警报情况下,控制器的扬声器会发出相应的警报声加以提示。当有多种警报信息时,控制器发出的警报声音也不同。

按"消音"键,消音指示灯点亮,扬声器终止发出警报,如有新的警报发生将再次发出警报声。

任务实施

根据实训要求,模拟实训场地中部分探测器的报警信息,并根据这些报警信息在报警主机中进行相应的故障处理。

任务小结

(1)小组讨论消防报警故障屏蔽及处理方法。
(2)小组讨论消防报警故障处理及屏蔽时存在的问题及解决办法等。

学习任务六

DDC 监控及照明控制系统

任务描述

照明是利用各种光源照亮工作和生活等各种场所的措施，照明控制是为了实现舒适节能的照明环境的具体手段。照明控制系统则是利用多种照明技术手段，相互配合以达到照明控制的系统。

在智能楼宇中，照明用电量占用了很大的比例，照明灯具较多，用户所选择的照明控制方式是否合适直接影响灯具使用效果。传统的照明多以手动控制方式为主，不管是上班时间还是下班时间，由于人为疏忽，会议室、楼道的照明灯具经常长时间处于点亮状态，造成了电力资源的浪费，不利于节约能源。传统照明控制方式简单、有效、直观，控制相对分散且无法有效管理，缺乏实时监控，自动化程度较低，容易造成安全隐患。因此，合理地进行照明设计和加强照明装置的运行维护工作，对各行各业的生产和学生、职工的生活和身心健康具有十分重要的意义。

直接数字控制器（DDC）实现了智能楼宇照明的控制，该系统根据智能大楼里的实际需要分模式、分时间段，使照明灯具在规定的时间段开启和关闭。把不必要的照明设备关掉，在需要时自动开启，并能够通过上位机组态实时监控照明灯具的运行状态。本设计实现了照明控制的自动化，比传统的照明控制更容易管理，降低了电能消耗，节约了人力、物力、财力，具有经济节能的优势。

学习任务

（1）DDC 认识。
（2）照明控制系统认识。
（3）常见设备认识。
（4）DDC 编程。
（5）力控安装及编程。

子任务 1　DDC 认识

任务描述

了解 DDC 的含义，理解 DDC 能做什么，实现什么。

学习目标

认识 DDC 的功能和工作原理。

【建议学时】1 学时

知识准备

一、什么是 DDC

直接数字控制系统（Direct Digital Control，DDC），计算机通过模拟量输入通道（AI）和数字量输入通道（DI）采集实时数据，然后按照一定的规律进行计算，发出控制信号，并通过模拟量输出通道（AO）和数字量输出通道（DO）直接控制生产过程。因此 DDC 系统是一个闭环控制系统，是计算机在工业生产过程中最普遍的一种应用方式。由于 DDC 系统中的计算机直接承担控制任务，所以要求实时性好、可靠性高和适应性强。为了充分发挥计算机的利用率，一台计算机通常要控制几个甚至几十个回路，那就要合理地设计应用软件，使其完成所有功能。

DDC 直接数字化控制，是一项构造简单操作容易的控制设备，它可借由接口转接设备随负荷变化做系统控制，如空调冷水循环系统、空调箱变频自动风量调整及冷却水塔散热风扇的变频操控等，可以让空调系统更有效率地运转。这样不仅为物业管理带来很大的经济效益，而且还可使系统在较佳的工况下运行，从而延长设备的使用寿命、提供舒适的环境以及节能。

可实现高度集中的数字控制，DDC 采用全光电隔离、电源电压监视、瞬间脉冲干扰抑制、数字滤波、看门狗等多种抗干扰措施，可靠性高、性价比高、操作简单，多用于中央空调、新风机组、给排水换热站等机电设备温度、湿度、压力、流量等测量控制。在集散控制系统中，通常用作现场直接控制器，通过通信总线与中央控制站联络。

二、DDC 控制器

DDC 系统的组成通常包括中央控制设备（集中控制电脑、彩色监视器、键盘、打印机、不间断电源、通信接口等）、现场 DDC 控制器、通信网络以及相应的传感器、执行器、调节阀等元器件。

三、DDC 控制器简介

DDC 控制器代替了传统控制组件，如温度开关、接收控制器或其他电子机械组件并优于 PLC，成为各种建筑环境控制的通用模式。DDC 系统是利用微信号处理器来执行各种逻辑控制功能，它主要采用电子驱动，但也可用传感器连接气动机构。DDC 系统的最大特点就是从参数的采集、传输到控制等各个环节均采用数字控制功能来实现。同时一个数字控制器可实现多个常规仪表控制器的功能，可有多个不同对象的控制环路。

四、DDC 工作原理

所有的控制逻辑均由微信号处理器，并以各控制器为基础完成。这些控制器接收传感器、常用触点或其他仪器传送来的输入信号，并使用软件程序处理这些信号，再输出到外部设备。这些信号可用于启动或关闭机器，打开或关闭阀门或风门，或按程序执行复杂的动作。这些控制器可用于操作中央机器系统或终端系统。

总而言之，DDC 控制器是整个控制系统的核心，是系统实现控制功能的关键部件。它的工作过程是控制器通过模拟量输入通道（AI）和数字量输入通道（DI）采集实时数据，并将模拟量信号转变成计算机可接受的数字信号（A/D 转换），然后按照一定的控制规律进行运算，发出控制信号，将数字量信号转变成模拟量信号（D/A 转换），并通过模拟量输出通道（AO）和数字量输出通道（DO）直接控制设备的运行。

任务实施

（1）认识实训场地中的 DDC 控制器的型号、功能。
（2）认识实训场地中的 DDC 编程软件并熟悉其基本操作方法。

任务小结

（1）小组讨论实训场地中 DDC 的功能及编程基本方法。
（2）小组讨论实训场地中 DDC 编程中可能存在的问题及解决办法等。

子任务 2　照明控制系统认识

任务描述

掌握该系统的知识，独立完成照明系统的设计和实施。

学习目标

（1）认知 DDC 照明控制系统的组成。
（2）了解 DDC 照明控制系统的功能。
（3）了解 DDC 照明控制系统的应用。

【建议学时】2 学时

知识准备

DDC 监控及明明控制系统原理图如图 6-1 所示。

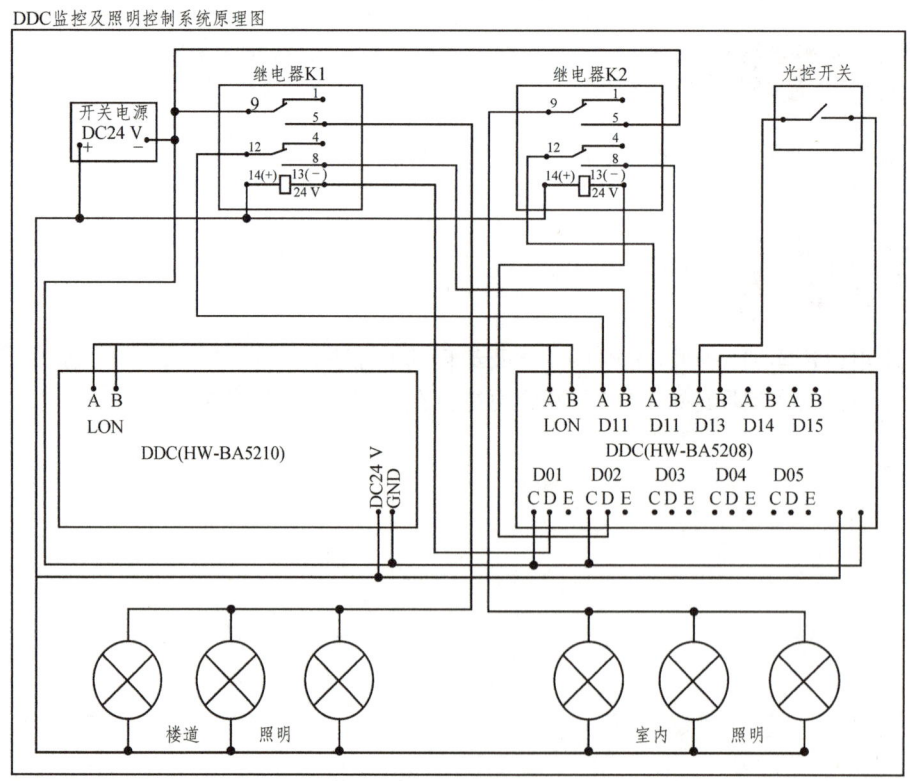

图 6-1　DDC 监控及照明控制系统原理图

1. DDC 照明控制模块

了解 DDC 照明控制模块的基本配置：由 DDC 模块、中间继电器、变压器、探测器、调光控制板、LED 灯、日光灯、节能灯等设备组成，如图 6-2 和图 6-3 所示。

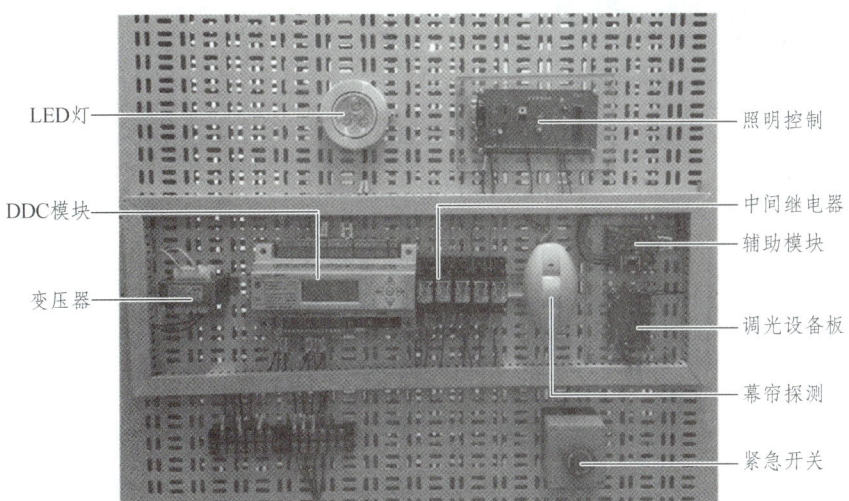

图 6-2　DDC 照明控制模块的基本配置

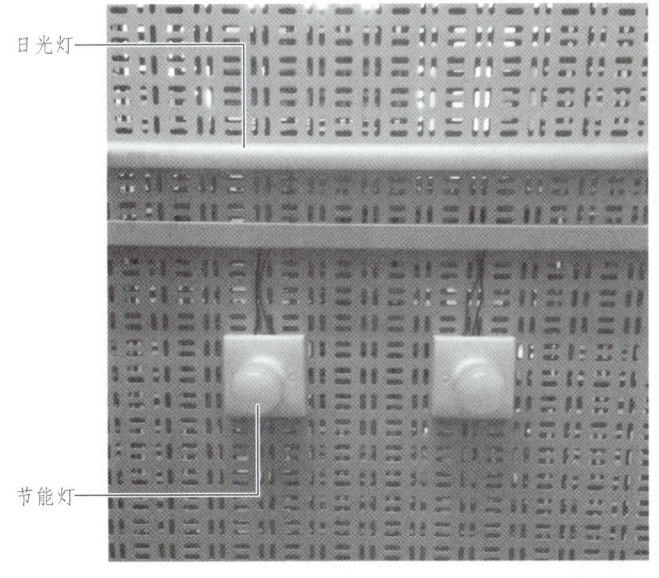

图 6-3　DDC 照明控制模块的基本配置

2. DDC 照明模块的功能

DDC 照明模块的功能为触发探测器，紧急开关，了解通过 DDC 模块控制实现的功能。紧急开关如图 6-4 所示，幕帘型被动红外探测器如图 6-5 所示，DDC 模块如图 6-6 所示。

图 6-4　紧急开关　　　　图 6-5　幕帘型被动红外探测器

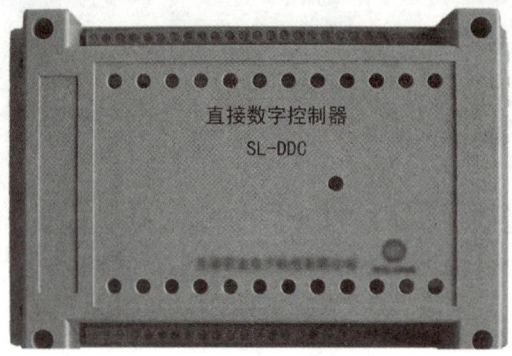

图 6-6　DDC 模块

3. DDC 照明系统图

DDC 照明系统图如图 6-7 所示。

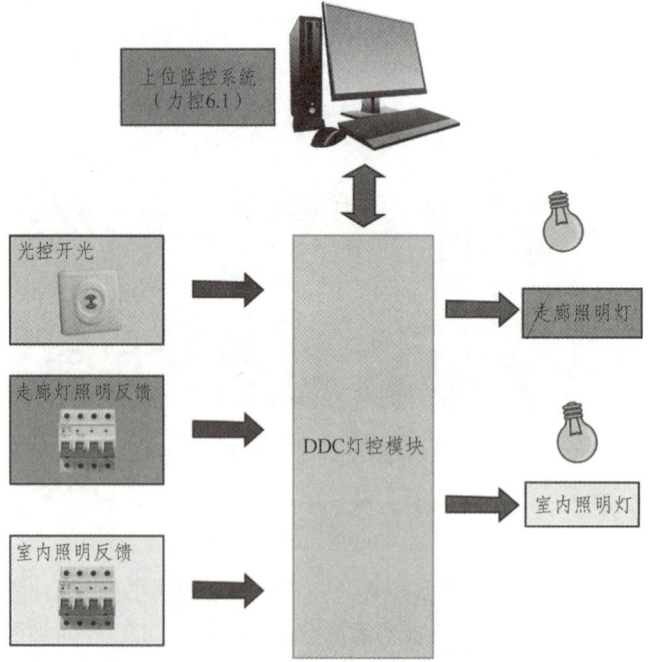

图 6-7　DDC 照明系统图

采用 DDC 照明控制系统后，可使照明系统运行在全自动状态，系统将按预先设置切换若干基本工作状态，通常为"白天""晚上""安全""清洁""周末"和"午饭"等场景，根据预设定的时间自动地在各种工作状态之间转换。

操作指引

实训材料：DDC 模块、中间继电器、变压器、探测器、调光控制板、LED 灯、日光灯、节能灯等设备。

任务实施

（1）设计 DDC 照明控制模块，并确定其安装位置。
（2）按照草图设计安装各类设备。
① DDC 模块的安装：在实训台适当位置安装 DDC 模块，固定在导轨上，导轨的长度要预留中间继电器的长度，如图 6-8 所示。

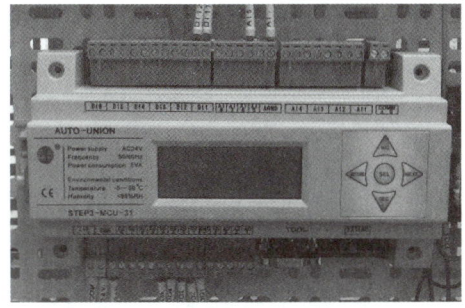

图 6-8　DDC 模块的安装

图 6-9　中间继电器的安装

② 中间继电器的安装：在 DDC 模块的右边安装中间继电器，固定在导轨上，跟 DDC 模块共用一条导轨，如图 6-9 所示。
③ 变压器的安装，安装在 DDC 模块附近，如图 6-10 所示。

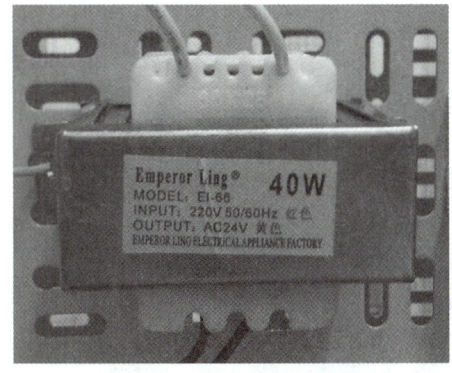

图 6-10　变压器的安装

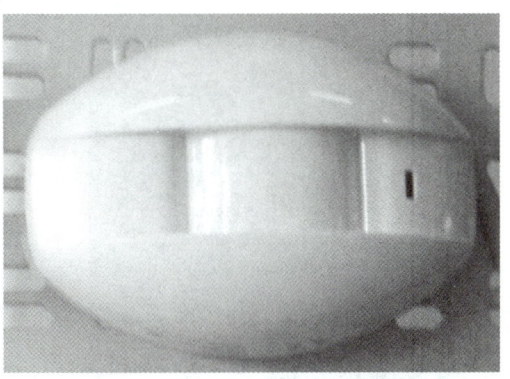

图 6-11　幕帘型被动红外探测器的安装

④ 幕帘型被动红外探测器的安装：在实训台适当位置安装幕帘型被动红外探测器，并根据需要设置其 NO 或 NC，如图 6-11 所示。

⑤ 紧急按钮的安装：在实训台上适当位置安装紧急按钮，如图 6-12 所示。

图 6-12 紧急按钮的安装

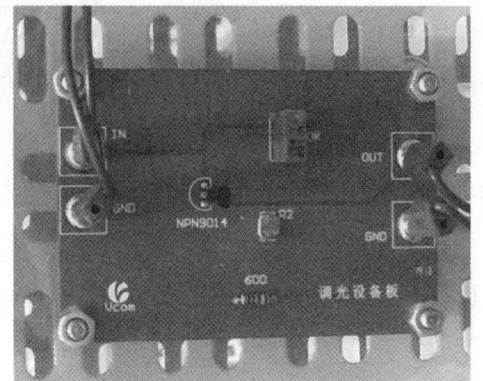
图 6-13 调光设备板的安装

⑥ 调光设备板的安装：在实训台上适当位置安装调光设备板，如图 6-13 所示。

⑦ 调光控制系统的安装：在实训台适当位置安装调光控制系统，如图 6-14 所示。

图 6-14 调光控制系统的安装

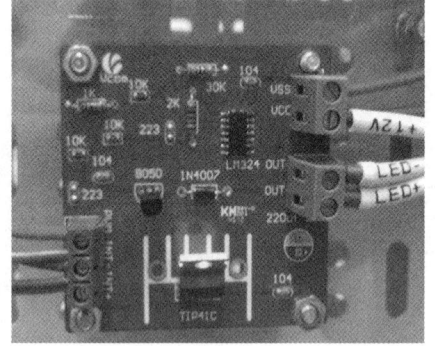
图 6-15 PWM 辅助板的安装

⑧ PWM 辅助板的安装：在实训台适当位置安装 PWM 辅助板，如图 6-15 所示。

⑨ LED 灯的安装：在实训台适当位置安装 LED 灯，如图 6-16 所示。

图 6-16 LED 灯的安装

图 6-17 日光灯和节能灯的安装

⑩ 日光灯和节能灯的安装：在实训台的另一块网板上安装日光灯和节能灯，如图 6-17 所示。

任务小结

（1）小组讨论实训场地中 DDC 照明控制系统的功能及安装等基本方法。
（2）小组讨论实训场地中 DDC 照明控制系统安装中可能存在的问题及解决办法等。

子任务 3　DDC 常见设备认识

任务描述

认识每个设备的用途。

学习目标

认识常见设备的功能和相关参数。

【建议学时】1 学时

知识准备

一、DDC 控制模块（见图 6-18）

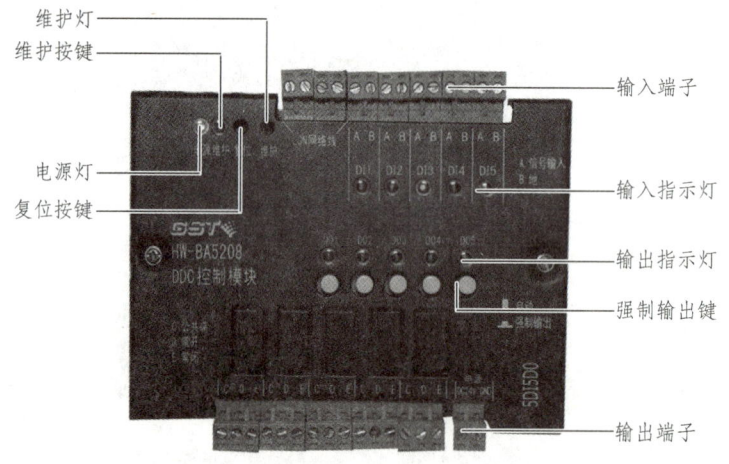

图 6-18　DDC 控制模块

电源灯：当接通电源后，应常亮（红色）。
维护灯：在正常监控下不亮，只有当下载程序时闪亮（黄色）。
输入指示灯：当某输入口有高电平时，此口对应的指示灯点亮（绿色，5 个）。
输出指示灯：当某路继电器吸合时，此路对应的指示灯点亮（绿色，5 个）。
维护按键：需要维护时按此键。
复位按键：需要复位时按此键。
自动/强制输出转换按键：按键按下时相应路为强制输出。

二、DDC 控制箱

DDC 控制箱内部结构示意图,如图 6-19 所示。

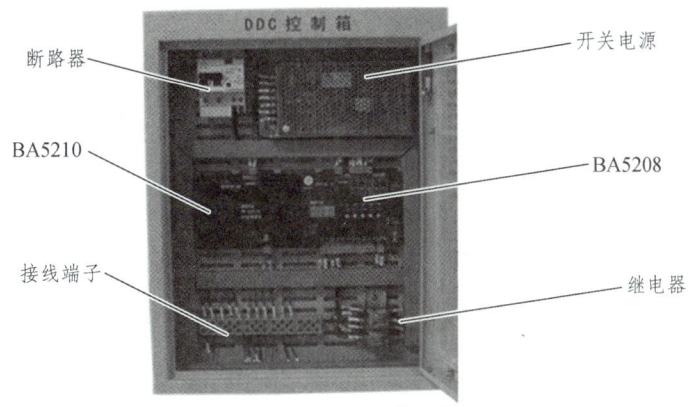

图 6-19　DDC 控制箱

三、DDC 控制箱接线端子

DDC 控制箱接线端子连接如图 6-20 所示。

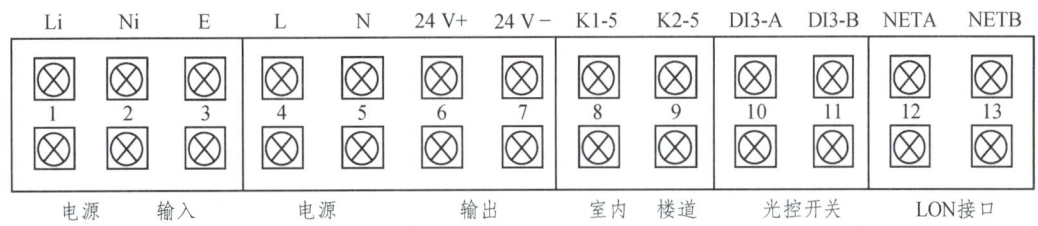

图 6-20　DDC 控制箱接线端子

四、光控开关

光控开关各端子连接如图 6-21 所示。

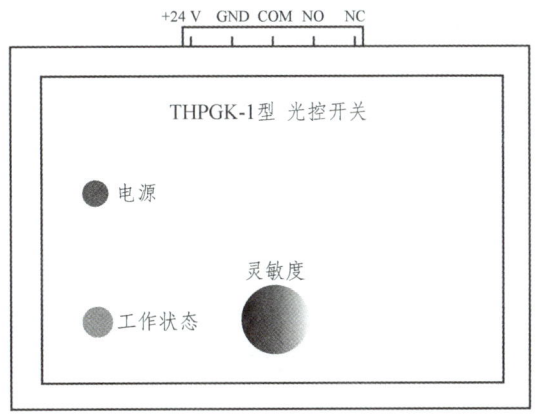

图 6-21　光控开关

任务实施

（1）认识、熟悉实训场地中DDC控制模块及控制箱型号和功能。
（2）认识、熟悉实训场地中DDC控制箱中各接线端子的连接。

任务小结

（1）小组讨论实训场地中DDC控制箱的组成及各接线端子的连接。
（2）小组讨论实训场地中DDC控制箱连接中可能存在的问题及解决办法等。

子任务 4　DDC 编程

任务描述

（1）熟悉编程中用的工具软件。
（2）熟悉编程应用的环境。
（3）掌握各类工具的用途。

学习目标

能熟悉操作 LonMaker 软件。

【建议学时】1 学时

知识准备

编程中的常用软硬件、常用工具如下：

（1）windows 2000 或 windows xp 操作系统安装盘。

操作系统补丁 windows 2000 为 sp4 及以上，windows xp 为 sp1 及以上。推荐使用 windows 2000 操作系统。

（2）office 应用软件安装盘。

（3）Lon 网络管理软件安装程序：HW-BA5040。

包含三个文件夹：Lonmakerforwindows3.1、LNSsp8 补丁及 lonmakersp2 补丁。

（4）IIBS 软件：版本 HW-BA5030（单机版）、HW-BA5031（网络版）。皆包含 IIBS 数采程序安装包。用于楼宇自控的图形界面制作、组态发布、设备模拟等，类似于消防 CRT 软件。单机版只能在一台电脑上运行，网络版支持在局域网上多机分布运行。一般随货发出，由用户购买。

（5）加密狗驱动程序：SoftDog 文件夹，IIBS 软件中附带，配合 USB 口或并口硬件加密狗使用。

（6）网卡驱动程序：Lon 网络管理软件安装程序中附带，随货发出的网卡也附带有驱动程序，因版本或有不同建议使用网卡中自带的驱动程序。

（7）硬件加密狗：分 USB 口或并口加密狗两种。

（8）网卡：PCLTA-20。

（9）常用工具：普通数字万用表、小"一"字螺丝刀、偏口钳或其他可替代工具。

(10)其他：100 或 120 Ω 终端电阻若干，U 盘或移动硬盘。

任务实施

1. 安装 Internet 信息服务（IIS）组件

(1) 点击"开始>设置>控制面板>添加或删除程序>添加/删除 windows 组件"，选中"Internet 信息服务（IIS）"，点击"下一步"，如图 6-22 所示。

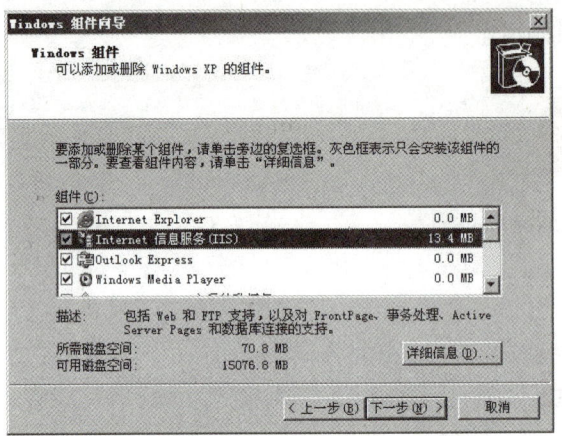

图 6-22　安装组件向导

(2) 弹出"插入磁盘"对话框，如图 6-23 所示。

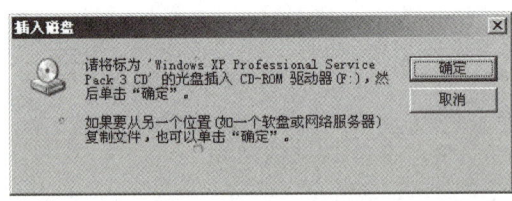

图 6-23　插入磁盘对话框

(3) 将原始版 XP 系统光盘 windows.xp_Service.Pack（SP3）插入 CD-ROM 驱动器，系统自动。

开始安装，安装过程中将弹出"所需文件"对话框，在"文件复制来源"栏处输入 i386 文件夹所在的路径（F 为配套光盘盘符，下同），点击"确定"，如图 6-24 所示。

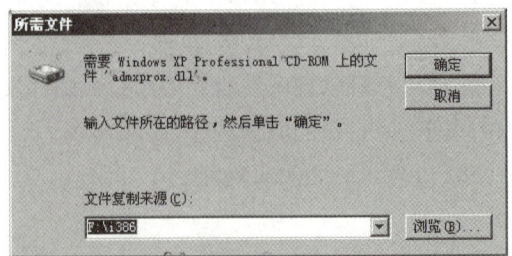

图 6-24　文件复制来源对话框

（4）安装完毕，点击"完成"，如图 6-25 所示。

图 6-25　组件安装完成

2. 安装 LonMaker

（1）运行"F：\LonMaker3.1\LMWSetup"，点击"Install"，如图 6-26 所示。
（2）安装 Visio，点击"Next"，如图 6-27 所示。

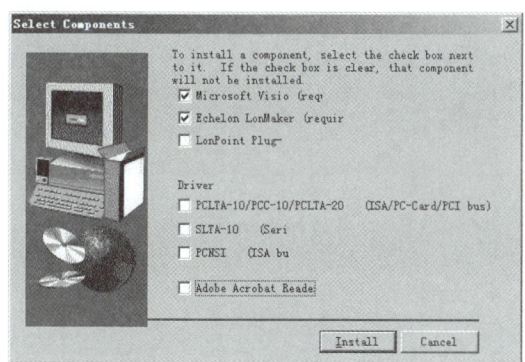 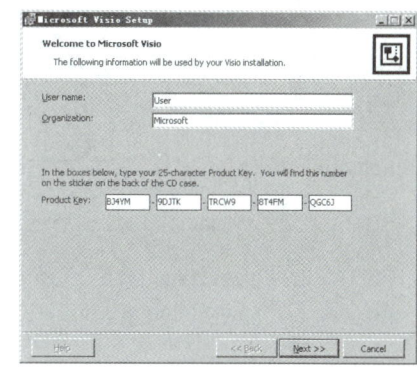

图 6-26　LonMaker 安装选项　　　　　　图 6-27　填写用户信息及注册码

（3）点击"Next"，如图 6-28 所示。
（4）点击"Install Now"，如图 6-29 所示。

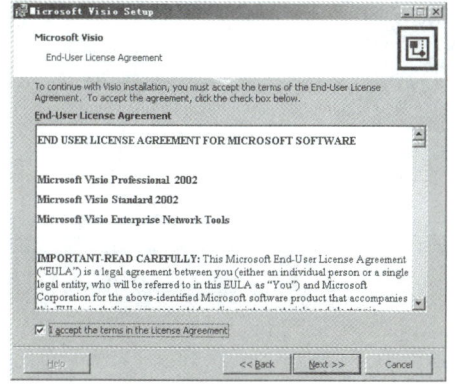 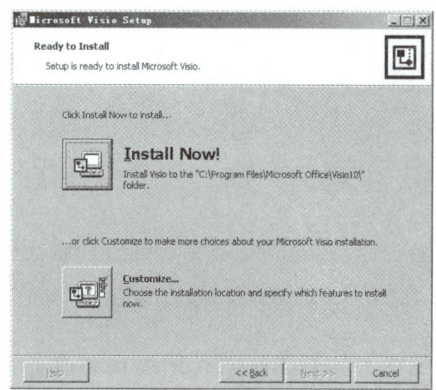

图 6-28　VISIO 安装确认书　　　　　　　图 6-29　安装确认

（5）Visio 安装完毕，点击"确定"，如图 6-30 所示。

图 6-30　VISIO 安装完成

（6）安装 LonMaker 与 LNS，点击"Next"，如图 6-31 所示。
（7）点击"Yes"，如图 6-32 所示。

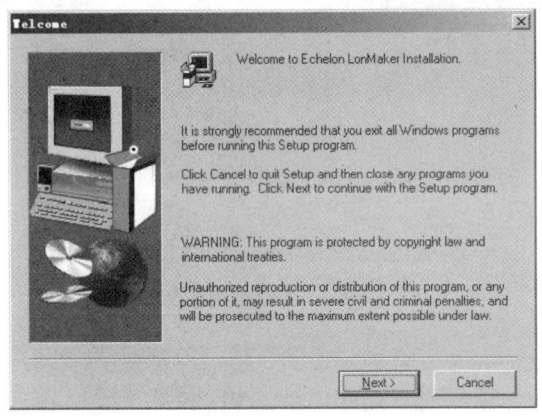

图 6-31　LonMaker 与 LNS 安装提示框　　图 6-32　LonMaker 与 LNS 安装确认书

（8）点击"Next"，如图 6-33 所示。
（9）点击"Next"，如图 6-34 所示。

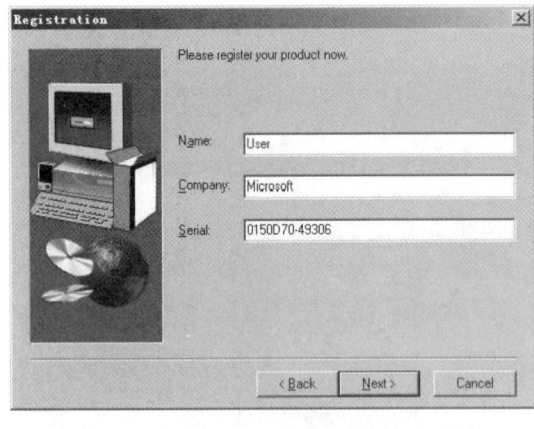
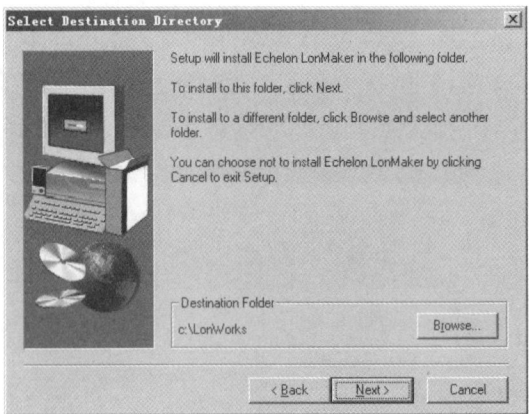

图 6-33　填写用户信息及注册码　　图 6-34　确认安装位置

（10）点击"Next"，如图 6-35 所示。
（11）点击"确定"，如图 6-36 所示。

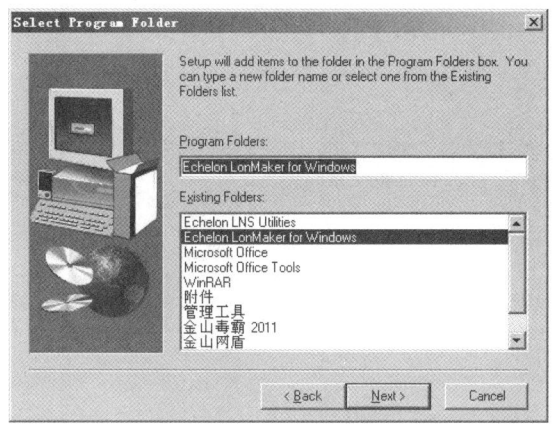

图 6-35 文件（夹）创建

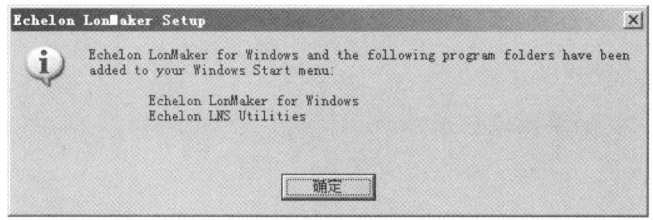

图 6-36 软件安装确认

（12）LonMaker 与 LNS 安装完毕，点击"Finish"，如图 6-37 所示。

（13）点击"Finish"，重启计算机，如图 6-38 所示。

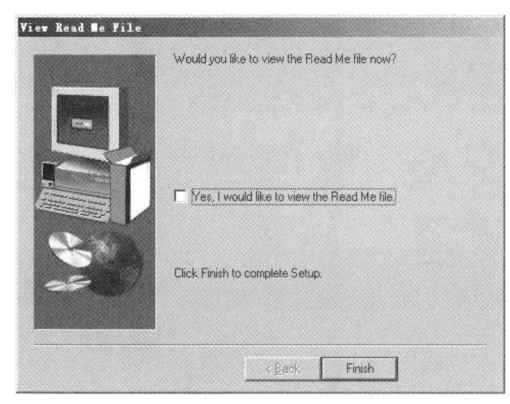

图 6-37 安装完成　　　　　　　　　图 6-38 重启计算机选项

（14）升级 LonMaker，运行安装盘中的"\LonMaker3.1ServicePack2\lmw312"，点击"确定"，如图 6-39 所示。

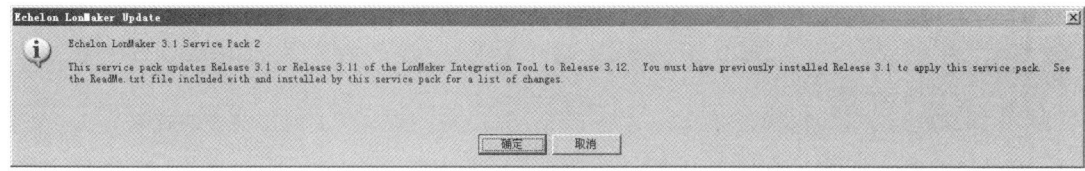

图 6-39 升级 LonMaker

(15)点击"确定",如图6-40所示。
(16)选择LONWORKS文件夹,点击"打开",如图6-41所示。

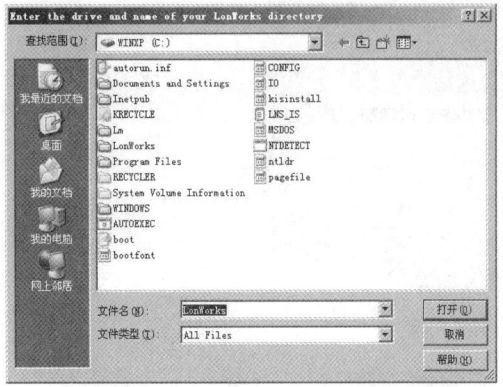
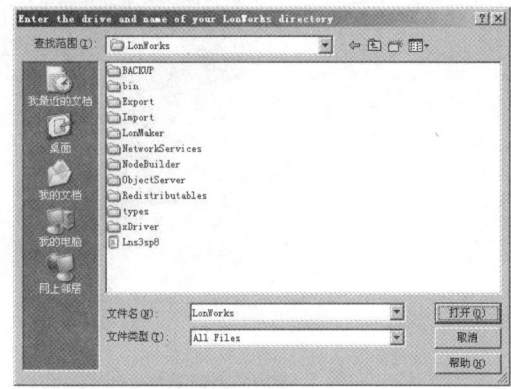

图6-40　查找LONWORKS安装文件　　　　　图6-41　选择安装文件

(17)点击"Yes",如图6-42所示。
(18)升级安装完毕,点击"确定",如图6-43所示。

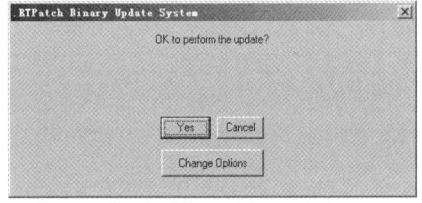
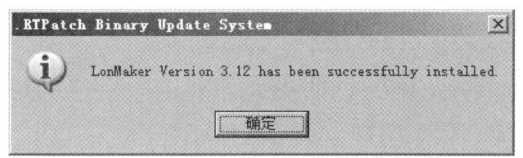

图6-42　确认升级　　　　　　　　　　图6-43　完成升级确认

(19)升级LNS,运行"F:\LNS3SP8\LNS3SP8",点击"Next",如图6-44所示。
(20)点击"Yes",如图6-45所示。

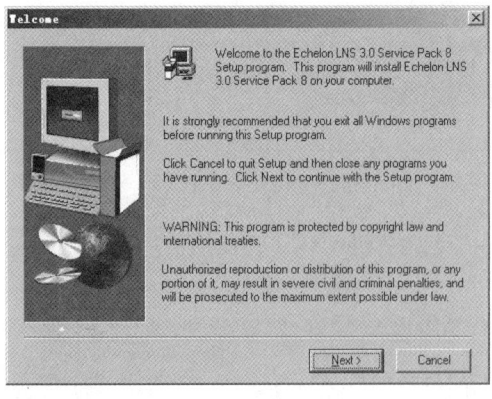
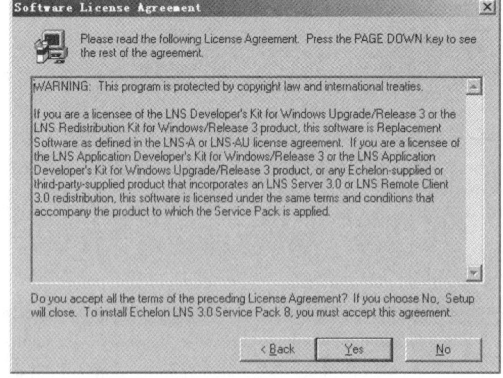

图6-44　升级LNS选项　　　　　　　　图6-45　LNS软件升级说明

(21)点击"Next",如图6-46所示。
(22)点击"Next",如图6-47所示。

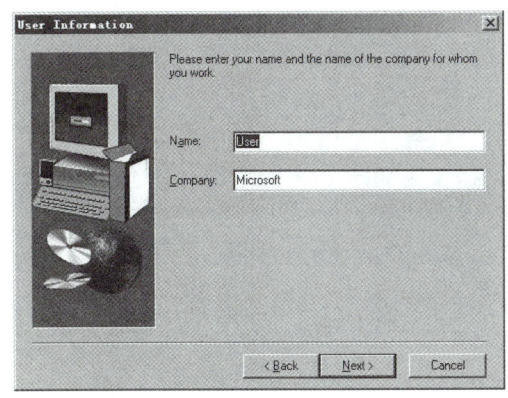 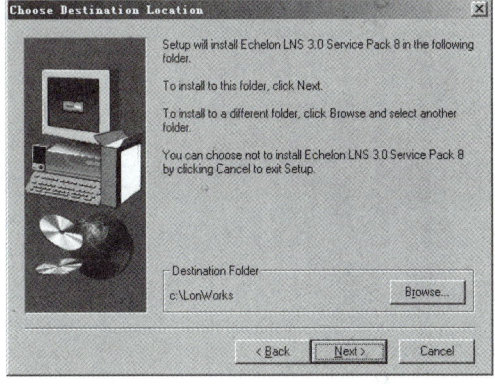

图 6-46 填写用户信息　　　　　　图 6-47 选择安装位置

（23）升级安装完毕，点击"确定"，如图 6-48 所示。

图 6-48 LNS 升级完成

（24）点击"Finish"，重启计算机，如图 6-49 所示。

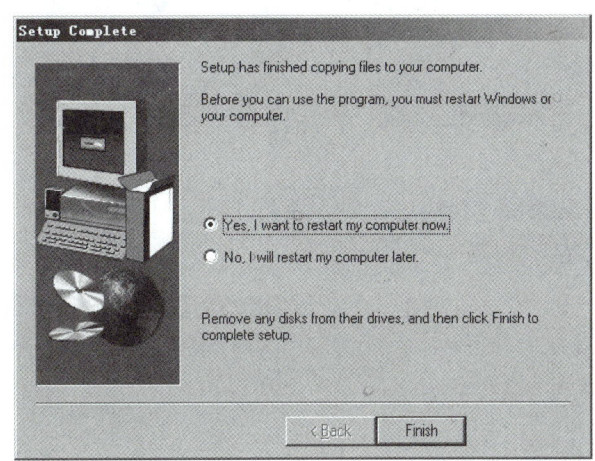

图 6-49 重启计算机

3. 安装 VB

说明：安装 VB 并不是为了使用其实际软件功能，而是为了确保能够正确注册 EventScheduler 功能模块，否则将导致在配置端口属性时发生应用错误。如果设备本身不包含或不使用该功能模块，可以不安装 VB。

（1）运行"\VB6.0\SETUP"，点击"下一步"，如图 6-50 所示。
（2）点击"下一步"，如图 6-51 所示。

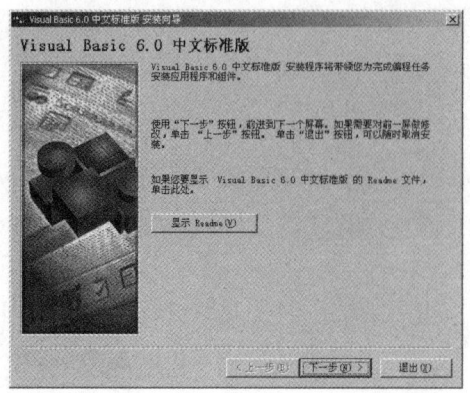
图 6-50 VB 安装向导

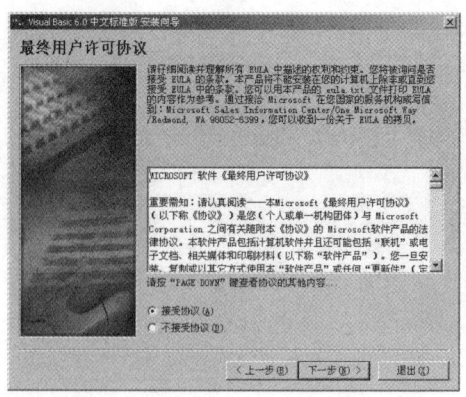
图 6-51 软件安装协议

(3) 点击"下一步",如图 6-52 所示。
(4) 点击"继续",如图 6-53 所示。

图 6-52 填写用户信息及注册码

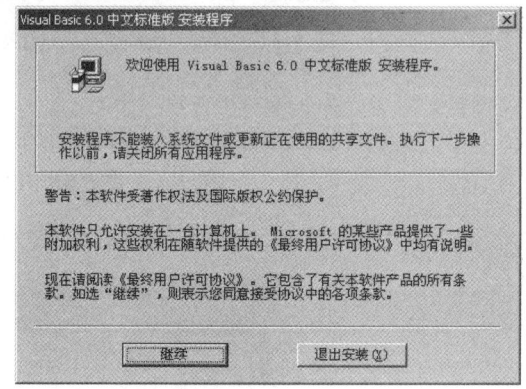
图 6-53 安装确认

(5) 点击"确定",如图 6-54 所示。
(6) 点击"典型安装",如图 6-55 所示。

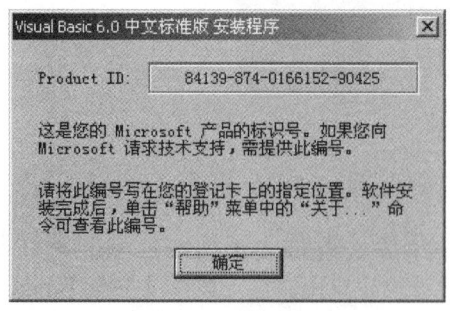
图 6-54 确认产品标识号

图 6-55 选择安装方式

(7) 点击"确定",如图 6-56 所示。
(8) 点击"下一步",如图 6-57 所示。

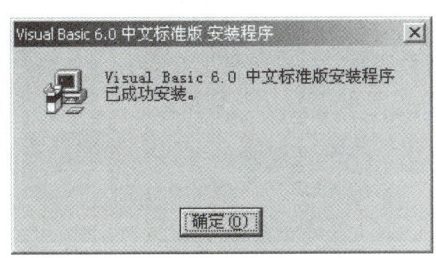

图 6-56 安装完成

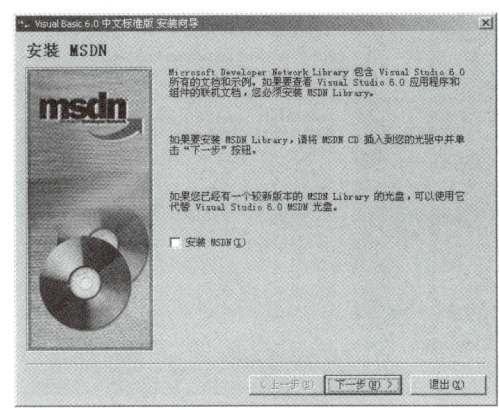

图 6-57 安装 MSDN 选项

(9) 点击"是",如图 6-58 所示。

图 6-58 安装确认

(10) 安装完毕,点击"完成",如图 6-59 所示。

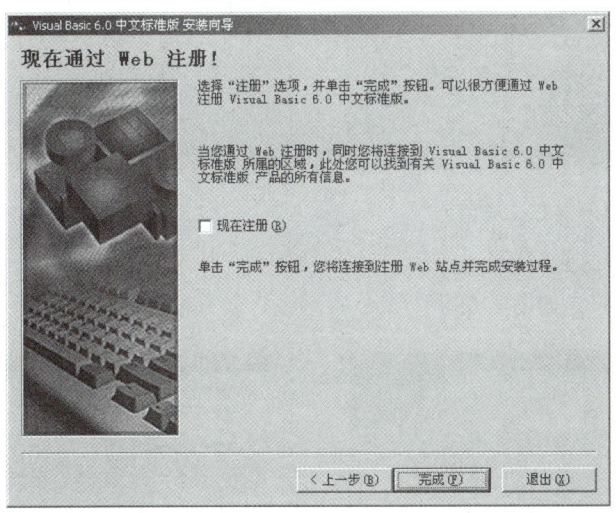

图 6-59 安装完成

4. 安装 NodeBuilder

说明:安装 NodeBuilder 并不是为了使用其实际软件功能,而是为了确保在资源文件浏览器(LonMark Device Resource File Catalog Browser)中能够导入正确数量的资源文件,否则将导致在配置端口属性时发生应用错误。

(1) 运行"\NodeBuilder3.1\setup",点击"Next",如图 6-60 所示。

(2) 点击"Next",如图 6-61 所示。

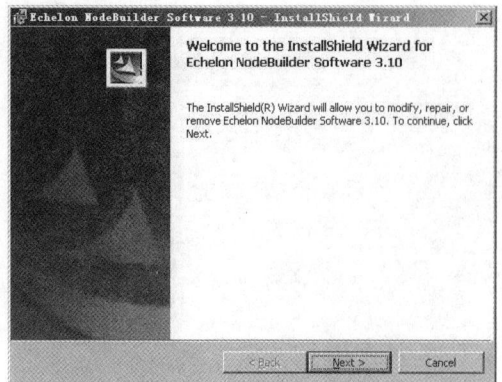
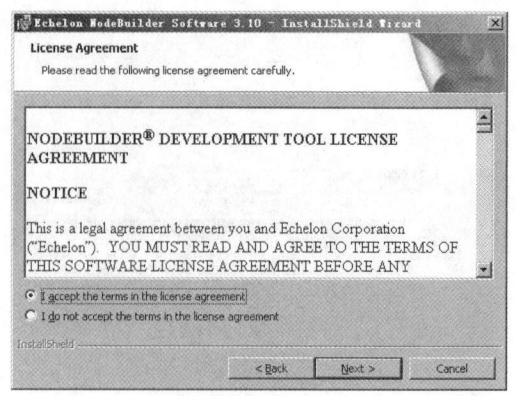

图 6-60　安装向导　　　　　　　　图 6-61　安装协议

（3）点击"Next"，如图 6-62 所示。
（4）点击"Next"，如图 6-63 所示。

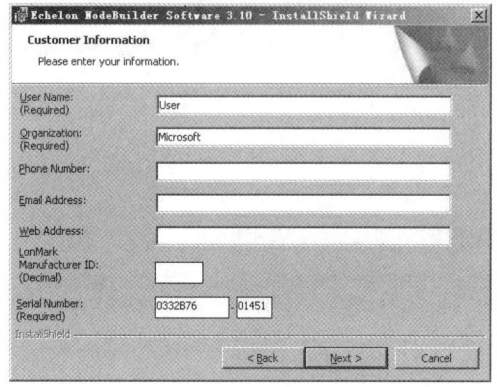
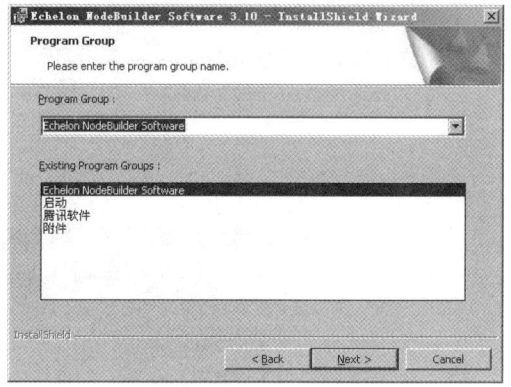

图 6-62　填写用户信息及注册码　　图 6-63　文件（夹）创建

（5）点击"Next"，如图 6-64 所示。
（6）点击"Install"，如图 6-65 所示。

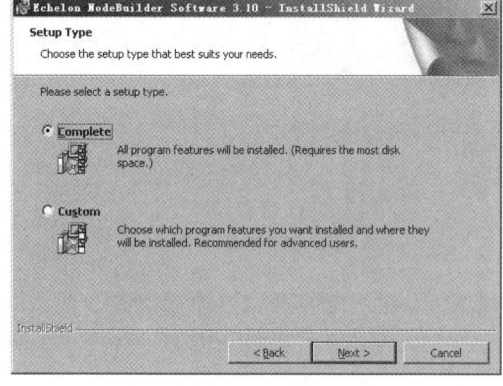
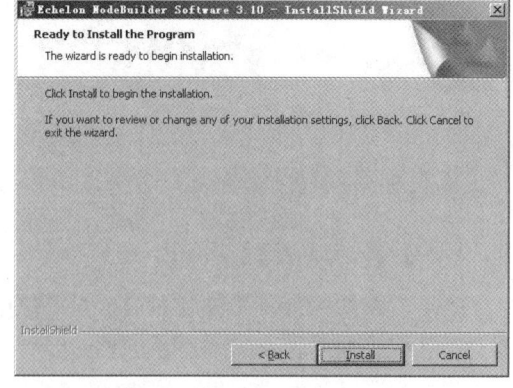

图 6-64　安装模式选择　　　　　　图 6-65　安装确认

（7）安装完毕，点击"Finish"，如图 6-66 所示。

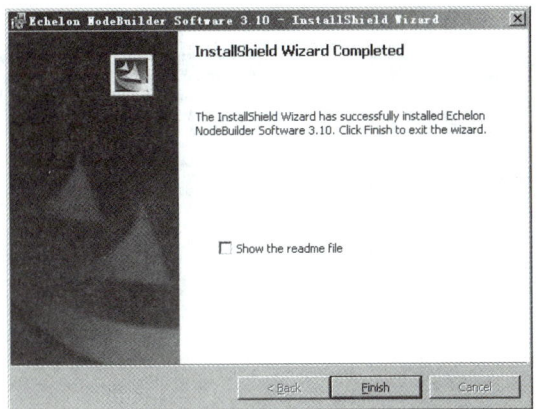

图 6-66　安装完成

5. 导入资源文件说明

不同的设备或相同的设备不同版本的节点程序均对应着不同版本的资源文件，由设备制造商定义并提供，下面以海湾公司生产的 HW-BA5208 型 DDC 控制模块（选用的节点程序版本："HW-BA5208 通用控制程序1"等）为例进行说明。

（1）在"C：\LonWorks\types"目录下新建"User"文件夹，如图 6-67 所示。

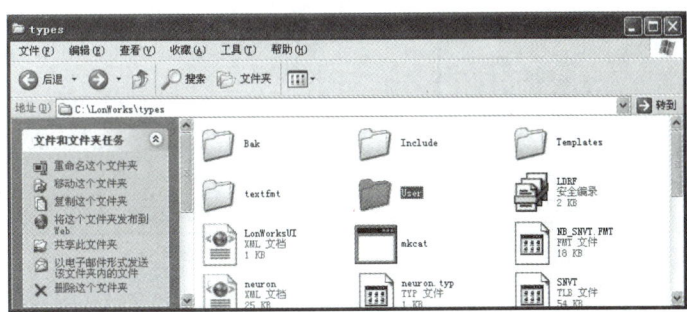

图 6-67　创建"USER"文件夹

（2）复制"F：\资源文件 HW02\Guest、hiwellv1"文件夹至"C：\LonWorks\types\User"目录下，如图 6-68 所示。

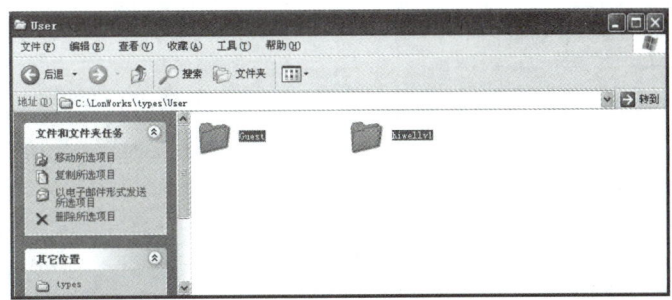

图 6-68　文件复制

（3）点击"开始>程序>EchelonLNSUtilities>LNSResourceFileCatalogUtility"，运行资源文件浏览器，点击"OK"，如图 6-69 所示。

（4）点击"OK"，如图 6-70 所示。

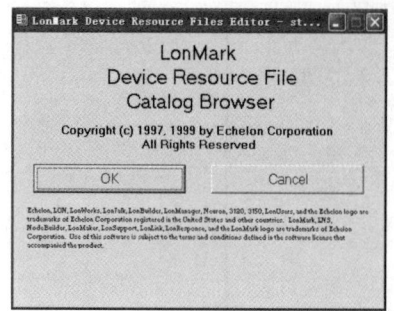

图 6-69　运行资源文件器

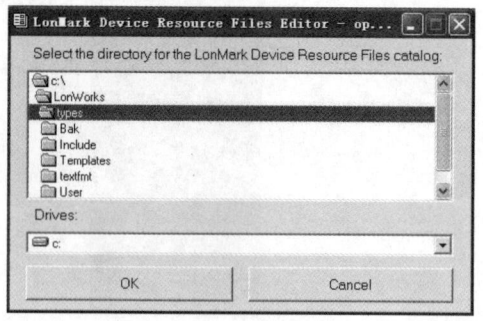

图 6-70　选择资源文件

（5）确认 Directories 数量为 2，Files 数量为 9，点击"Add A New Directory"，如图 6-71 所示。

（6）双击"User"，选中"Guest"点击"OK"，如图 6-72 所示。

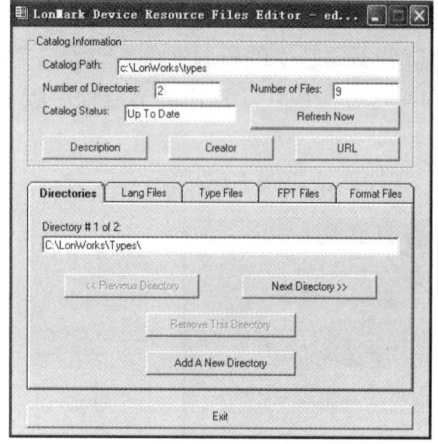

图 6-71　填写文件参数

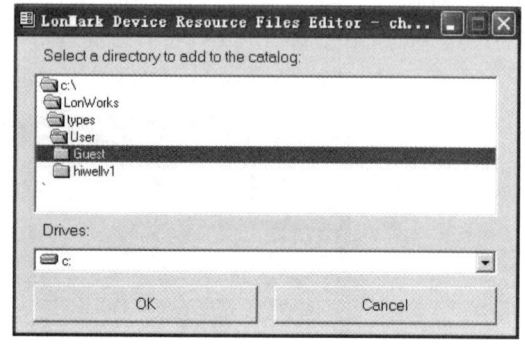

图 6-72　用户确认

（7）确认 Directories 数量为 3，Files 数量为 9，点击"Refresh Now"，如图 6-73 所示。

（8）确认 Directories 数量为 3，Files 数量为 14，再点击"Add A New Directory"，如图 6-74 所示。

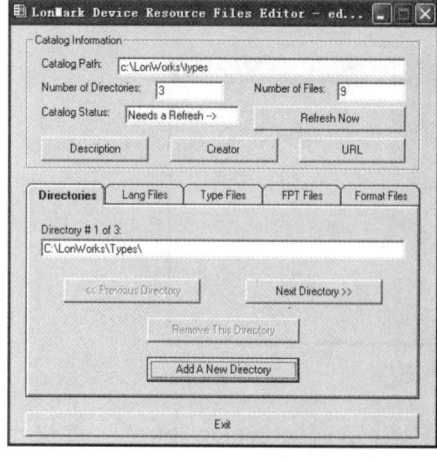

图 6-73　文件更新

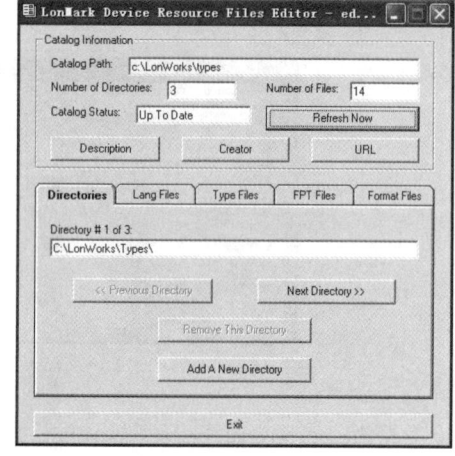

图 6-74　添加资源

（9）双击"User"，选中"hiwellv1"点击"OK"，如图6-75所示。

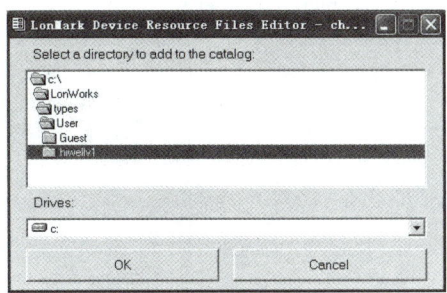

图 6-75　选择添加目录

（10）确认Directories数量为4，Files数量为14，点击"Refresh Now"，如图6-76所示。

（11）确认Directories数量为4，Files数量为19，资源文件导入完毕，点击"Exit"，如图6-74所示。

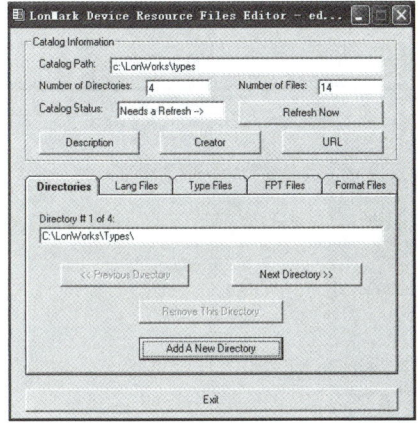
图 6-76　文件更新

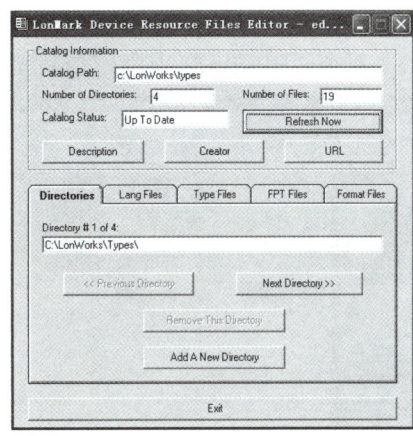
图 6-77　资源添加完成

6. 复制节点程序及注册 Plug-in

（1）打开\\HW-BA5200系列DDC通用控制模块程序\程序，选中"5204""5208"和"5210"这三个程序，如图6-78所示。

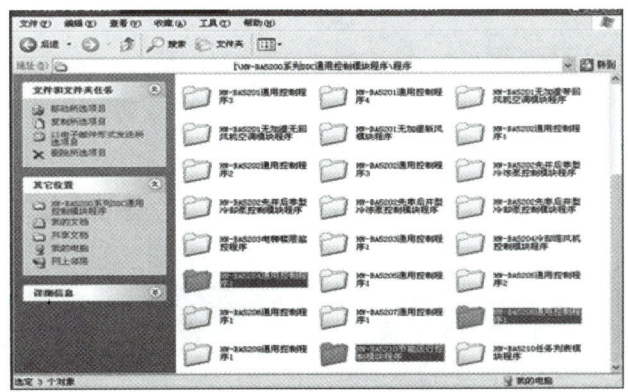

图 6-78　选择复制文件夹

（2）双击"HW-BA5204 通用控制程序 1"，如图 6-79 所示。
（3）双击"下载程序"，并选中这两个程序复制，如图 6-80 所示。

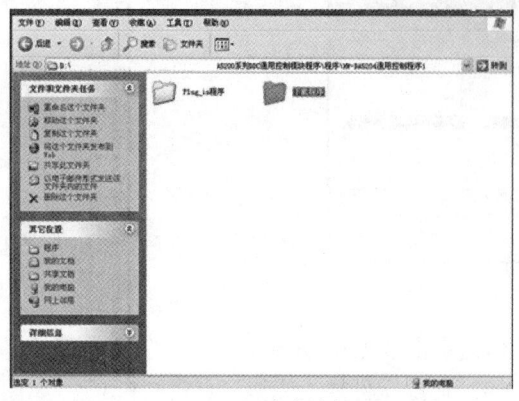

图 6-79　文件夹选择

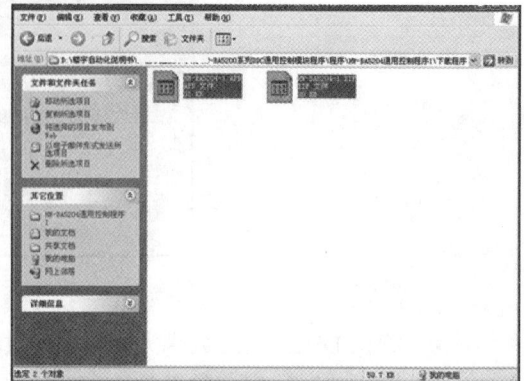

图 6-80　文件复制

（4）然后粘贴到 C：\LonWorks\Import 文件下，如图 6-81 所示。
（5）双击"HW-BA5208 通用控制程序 1"，如图 6-82 所示。

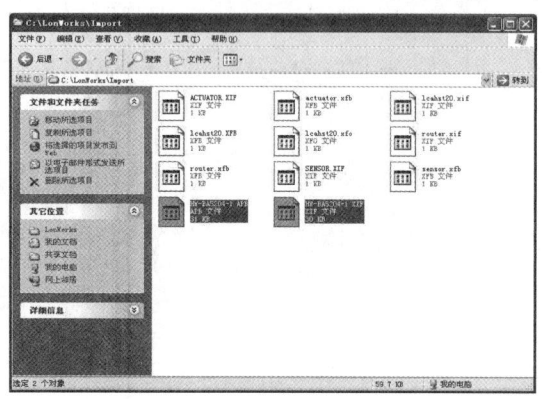

图 6-81　文件粘贴

图 6-82　文件选择

（6）双击"下载程序"，并选中这两个程序，复制，如图 6-83 所示。
（7）然后粘贴到 C：\LonWorks\Import 文件下，如图 6-84 所示。

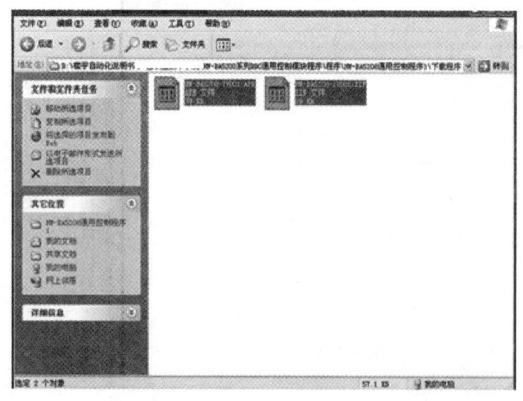

图 6-83　文件选择

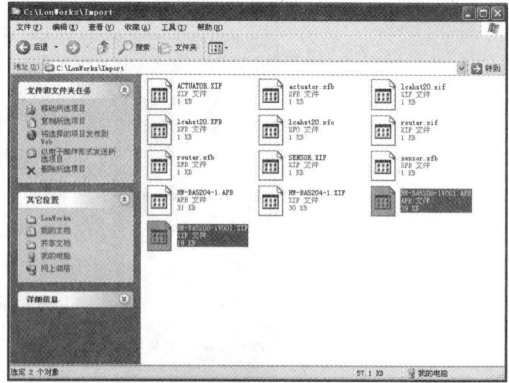

图 6-84　文件粘贴

（8）回到\\HW-BA5200 系列 DDC 通用控制模块程序\程序\HW-BA5208 通用控制程序

1\Plug_in 程序，如图 6-85 所示。

（9）双击"Plug_in 程序"，如图 6-86 所示。

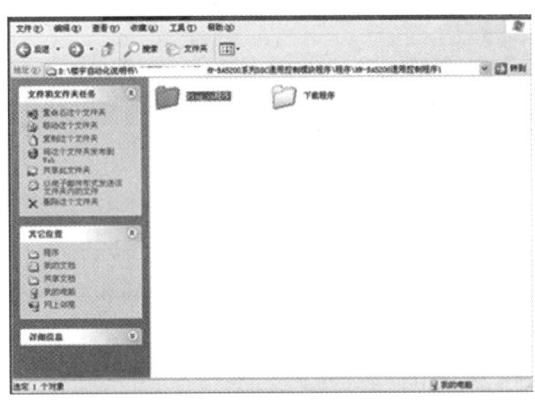 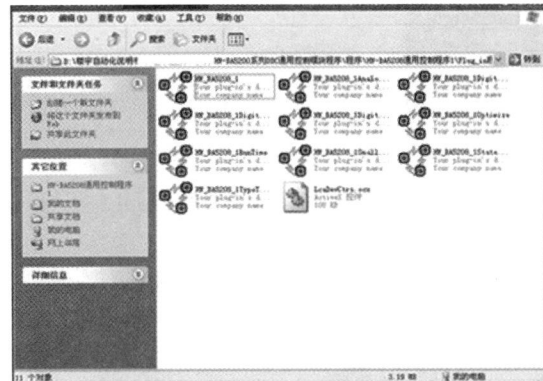

图 6-85　文件选择　　　　　　　　　　　图 6-86　打开文件夹

（10）选中"HW_BA5208_1DigitalInput"，如图 6-87 所示。

（11）注册输入点"HW_BA5208_1DigitalInput"，双击，如图 6-88 所示。

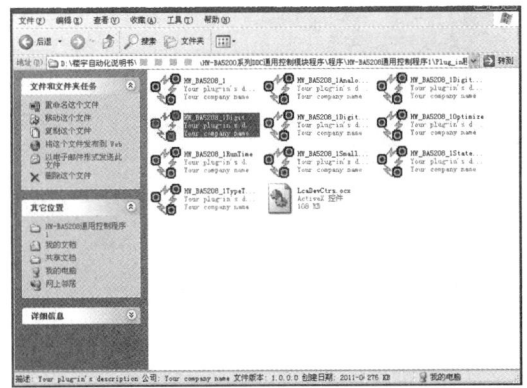 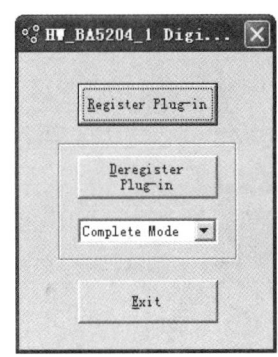

图 6-87　选择文件　　　　　　　　　　　图 6-88　文件注册

（12）点击"RegisterPlug-in"，如图 6-89 所示。

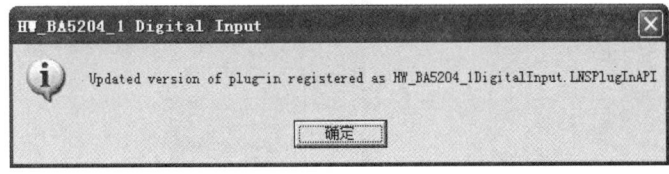

图 6-89　注册完成

（13）点击"确定"保存，退出。

（14）再把输出点"HW_BA5208_1DigitalOutput"，小状态机"HW_BA5208_1SmallStateMachi"，大状态机"HW_BA5208_1StateMachine"分别注册了，方法同上。

注意：其他的不需要用到，所以不用注册。

（15）双击"HW-BA5210 节能运行控制模块程序"，如图 6-90 所示。

（16）双击"下载程序"，并选中这两个程序复制，如图 6-91 所示。

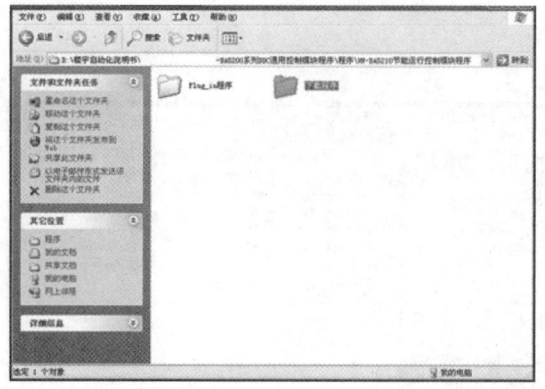

图 6-90　打开文件夹　　　　　　　　图 6-91　复制文件

（17）然后粘贴到 C：\LonWorks\Import 文件下，如图 6-92 所示。

（18）回到\\HW-BA5200 系列 DDC 通用控制模块程序\程序\HW-BA5210 节能运行控制模块程序\Plug_in 程序，如图 6-93 所示。

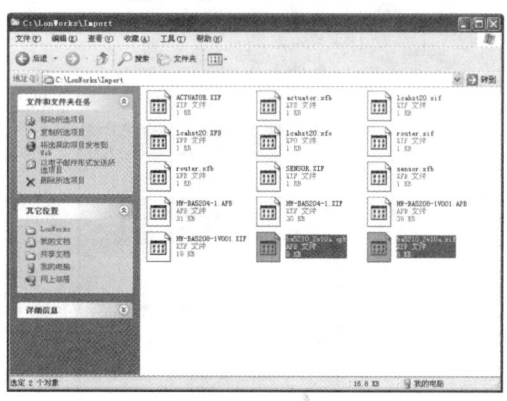

图 6-92　粘贴文件　　　　　　　　图 6-93　文件选择

（19）双击"Plug_in 程序"，如图 6-94 所示。
（20）选中"ba52102v10a"，如图 6-95 所示。

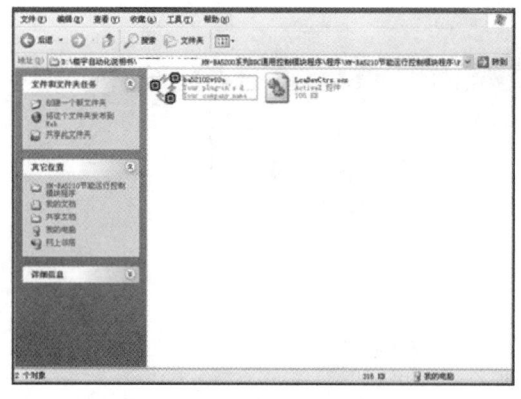

图 6-94　打开文件夹　　　　　　　　图 6-95　文件选择

（21）注册"ba52102v10a"，双击，如图 6-96 所示。
（22）点击"RegisterPlug-in"，如图 6-97 所示。

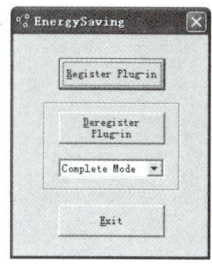

图 6-96　文件注册

图 6-97　注册完成

（23）点击"确定"保存，退出。

7. 安装接口卡驱动程序

下面以"USB 接口卡"为例进行说明。

（1）运行"\OpenLDV2.1\OpenLDV210"，点击"Next"，如图 6-87 所示。

（2）点击"Next"，如图 6-99 所示。

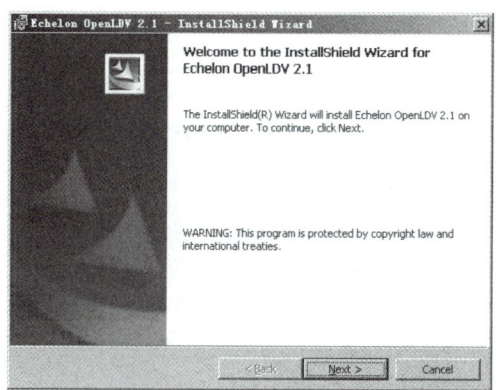

图 6-98　安装向导

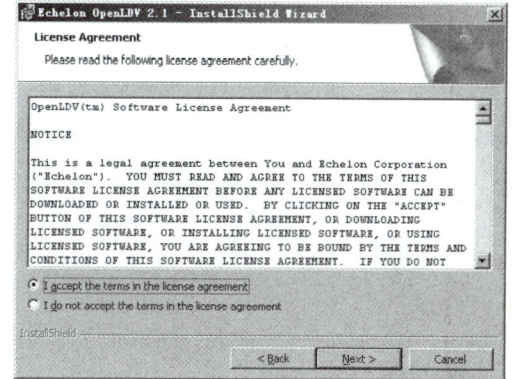

图 6-99　安装协议

（3）安装完毕，点击"Finish"，如图 6-100 所示。

（4）测试接口卡，将"U10USB 接口卡"插入计算机 USB 端口，点击"开始>设置>控制面板>LonWorksInterfaces"，点击"USB"，可看出网络接口 LON1 已经准备好，测试完毕，点击"关闭"，如图 6-101 所示。

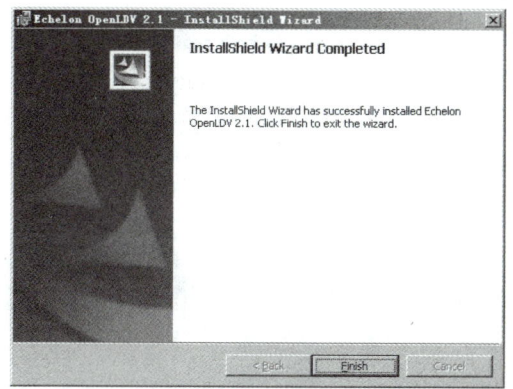

图 6-100　安装完成

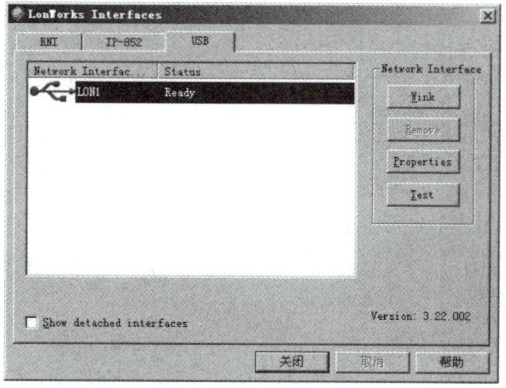

图 6-101　测试接口卡

8. LonMaker 编程

（1）新建编程画面。

① 打开"开始"菜单，如图 6-102 所示。

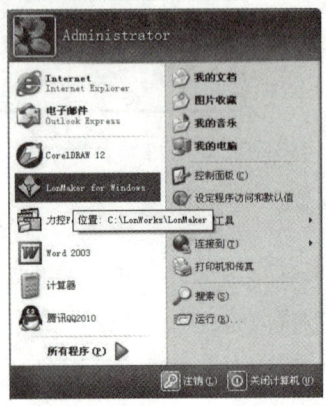

扫码观看 DDC 控制
模块 5208 操作步骤

图 6-102 打开"开始"窗口

② 双击打开 LonMaker 编程软件，如图 6-103 所示。

③ 点击"New Network"新建，（注意：如果第一次进入软件将会弹出），如图 6-104 所示。

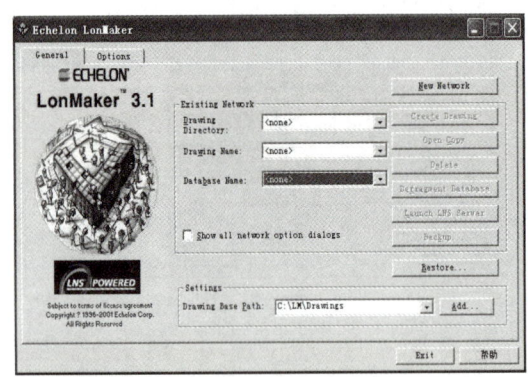

图 6-103 启动界面

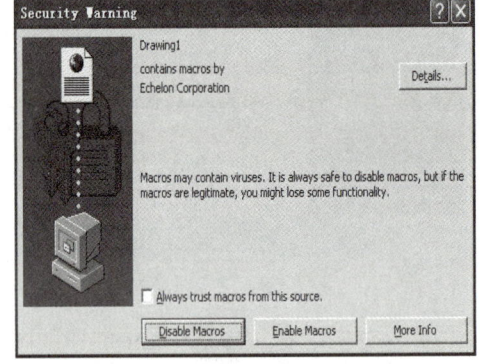

图 6-104 新建 NewNetwork 窗口

④ 按要求选择，如图 6-105 所示。

⑤ 点击"Enable Macros"后，弹出网络名称定义，如图 6-106 所示。

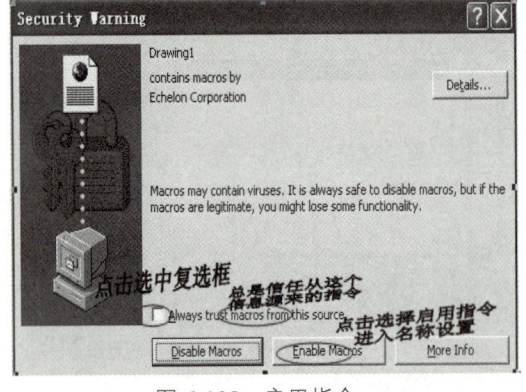

图 6-105 启用指令

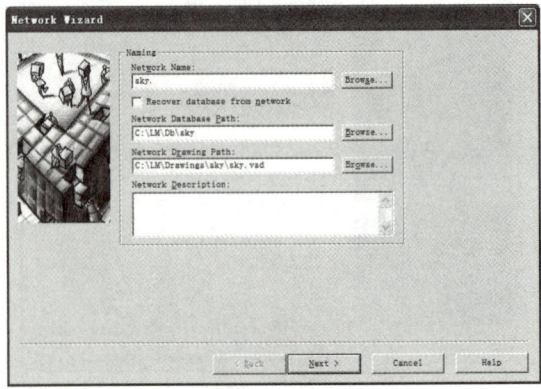

图 6-106 名称定义

- 188 -

⑥ 网络名称可以自定义，这里命名为"sky"，填好后点击"Next"，如图 6-107 所示。

⑦ 勾选"Network Attached"，在 Network Interface Name 里，选择"LON1"，点击"Next"，如图 6-108 所示。

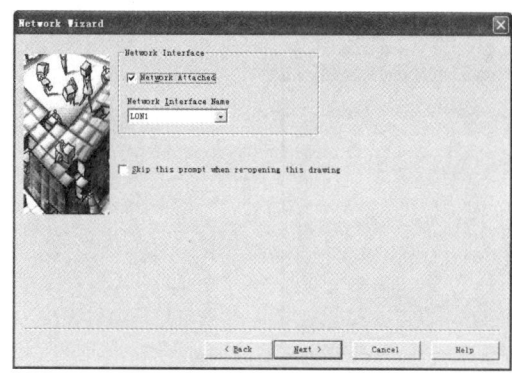

图 6-107　网络连接　　　　　　　　　图 6-108　模式选择

⑧ 选择"Onnet"，点击"Next"，如图 6-109 所示。

⑨ 将复选框中的"√"去掉，如图 6-110 所示。

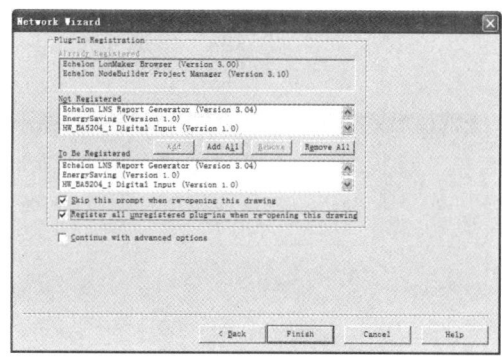 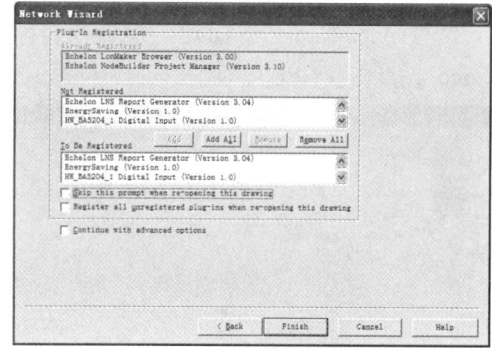

图 6-109　参数设置　　　　　　　　　图 6-110　参数设置

⑩ 点击"Remove All"，删除"To Be Registered"中的 Plug_in 程序，如图 6-111 所示。

⑪ 双击"Not Registered"中的需要注册的 Plug_in 程序，但以下两个程序一定要选，如图 6-112 所示。

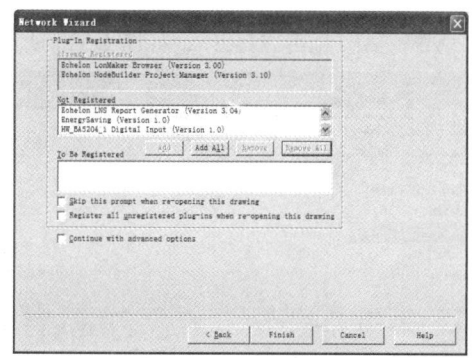 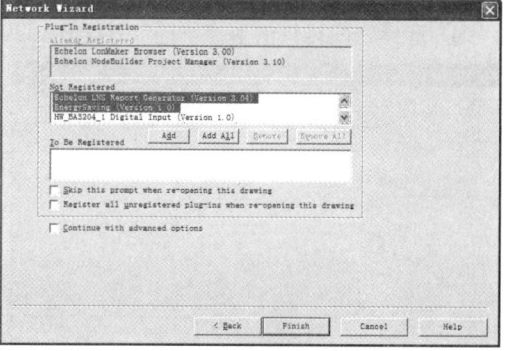

图 6-111　删除程序　　　　　　　　　图 6-112　注册程序

⑫ 再把输入点"HW_BA5204_1DigitalInput"输出点"HW_BA5204_1DigitalOutput"，小

状态机"HW_BA5208_1SmallStateMachi",大状态机"HW_BA5208_1StateMachine"注册,方法是双击这些Plug_in程序将会出现在"To Be Registered"中,点击"Finish",稍等几分钟再注册所选择的程序,完成后出现如图6-113所示界面。

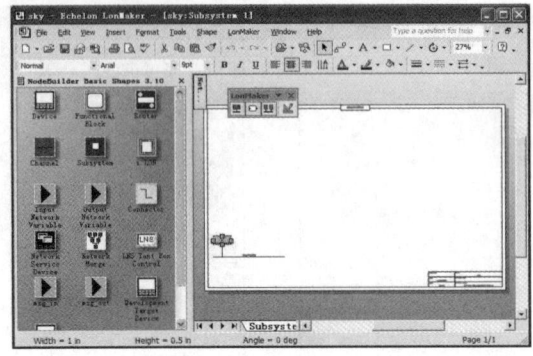

图6-113　软件操作界面

(2)新建设备(DDC控制模块5208)。

① 在编辑界面左侧图标中,点击选择"Device",按住不放,拖动到右侧的编辑界面空白处释放,将弹出如图6-114所示界面。

②"Device Name"是DDC控制器的名称,可自定义,在这里命名为"5208",勾选"Commission Device",点击"Next",如图6-115所示。

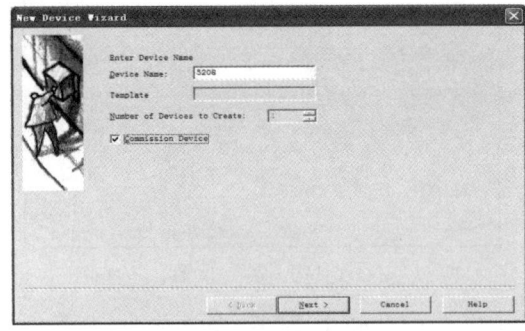　　　　　　　　　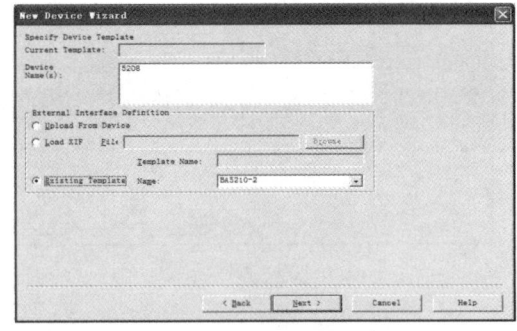

图6-114　新建设备　　　　　　　　　图6-115　设置设备参数

③ 对以上界面设置数据,把"BA5210-2"改成"HW-BA5208(00)",选择"LoadXIF",然后点击"Browes...",如图6-116所示。

④ 选择之前拷贝的节点程序"HW-BA5208-1V001.XIF"后,点击"打开",如图6-117所示。

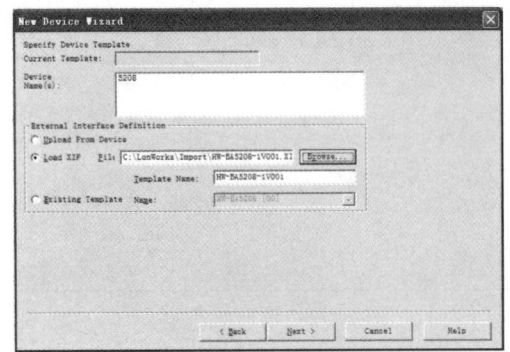　　　　　　　　　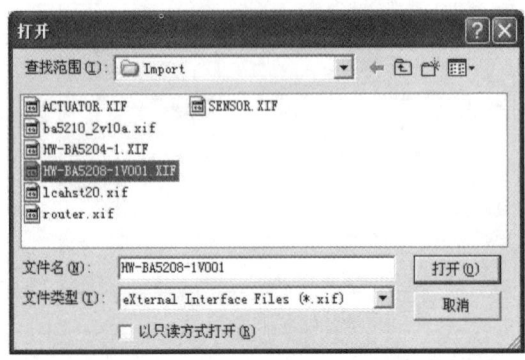

图6-116　导入文件　　　　　　　　　图6-117　查找文件

⑤ 点击"Next",如图 6-118 所示。
⑥ 点击"Next",如图 6-119 所示。

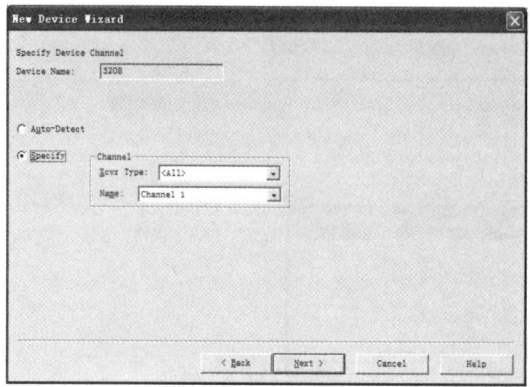

图 6-118　参数设置

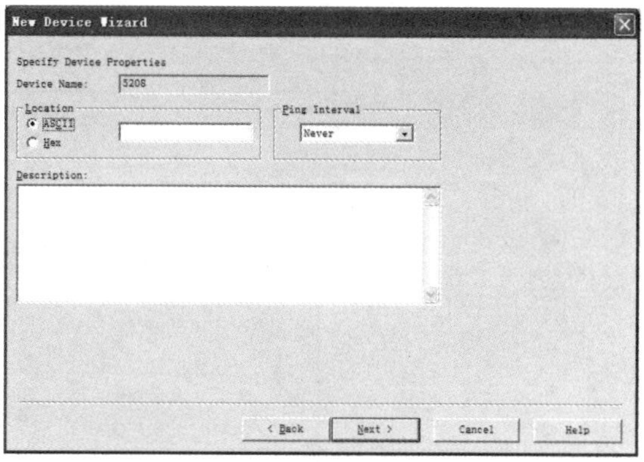

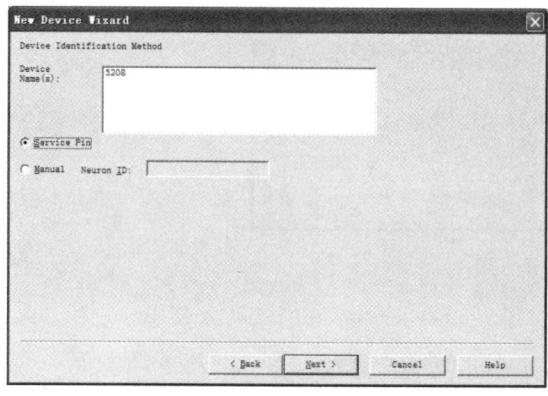

图 6-119　参数设置

⑦ 点击 Next,如图 6-120 所示。
⑧ 点击"Next",如图 6-121 所示。

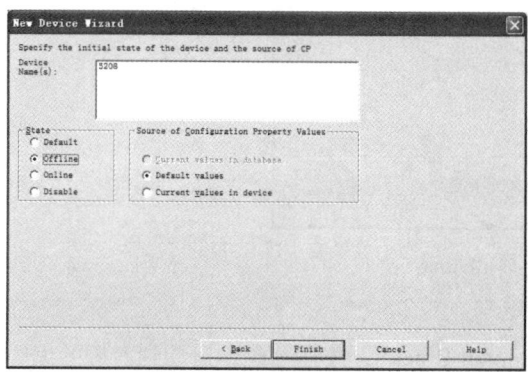

图 6-120　参数设置

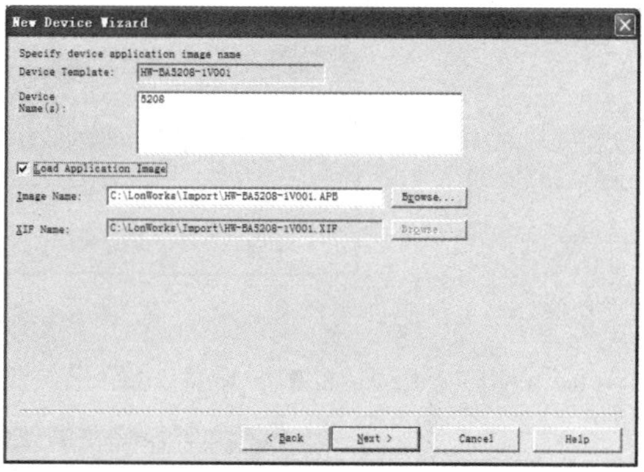

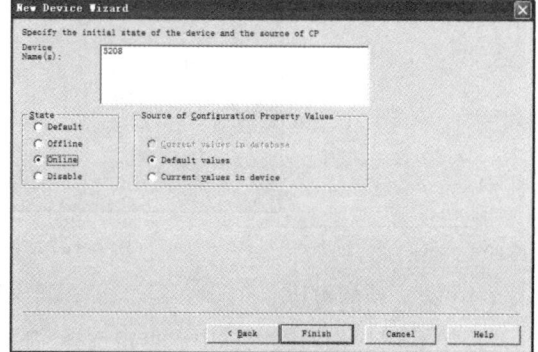

图 6-121　文件导入

⑨ 选中"Load Application Image",点击"Next",如图 6-122 所示。
⑩ 把"Offline"改为"Online",如图 6-123 所示。

图 6-122　导入完成

图 6-123　状态选择

⑪ 点击"Finish"后，将出现如图 6-124 所示的对话框。

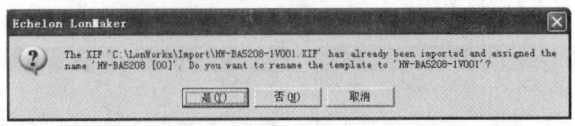

图 6-124　设备确认

⑫ 点击"是"，如图 6-125 所示。

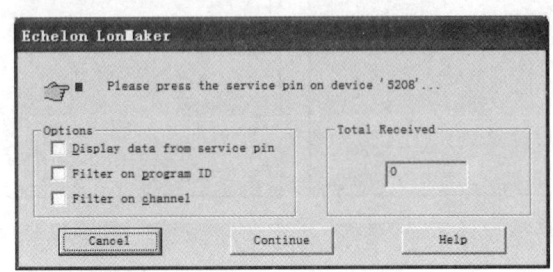

图 6-125　参数设置

⑬ 按一下 HW-BA5208 模块上的"维护"键，若多次进入时可能会出现如图 6-126 所示界面。

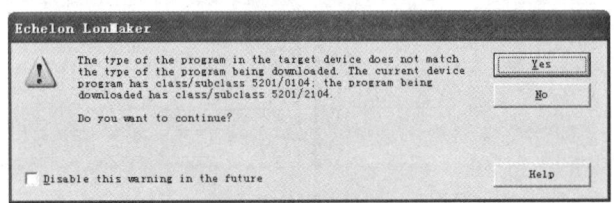

图 6-126　导入提示

⑭ 点击"YES"，此时，设备 DDC 已经添加到 LonMaker 中，如图 6-127 所示。

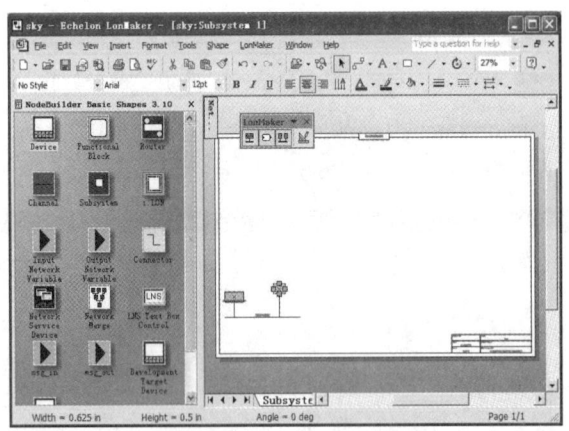

图 6-127　设备添加完成

（3）输入功能模块。

① 在编辑界面左侧图标中，点击选择"Functional Block"，按住不放，拖动到右侧的编辑界面空白处释放，将弹出如图 6-128 所示。

② 在 Name 的下拉菜单中选择"Digital Input[2]"，如图 6-129 所示。

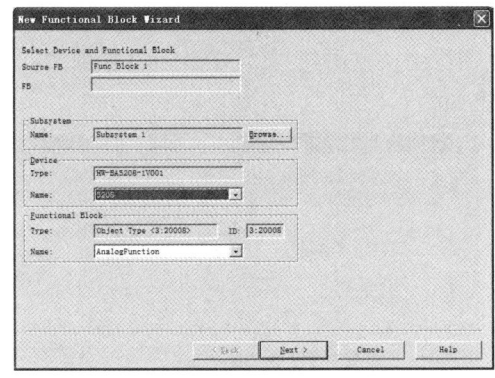
图 6-128 输入功能模块界面

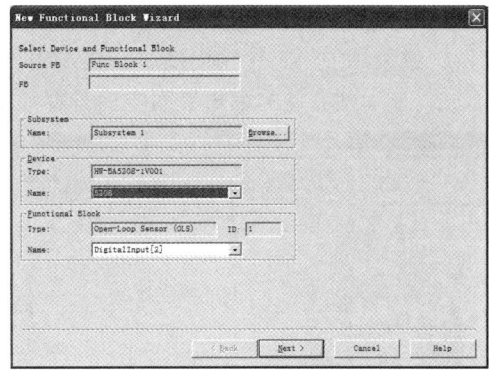
图 6-129 名称选择

③ 点击"Next",如图 6-130 所示。

④ "FBName"可自定义,在这里命名为"DI3",选中"Create…",点击"Finish"完成,此时,编辑界面空白处将出现 DI3 功能模块,如图 6-131 所示。

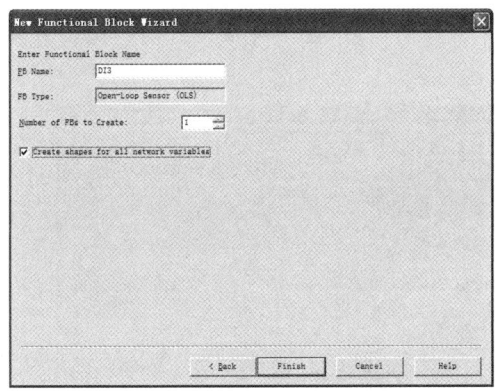
图 6-130 参数设置

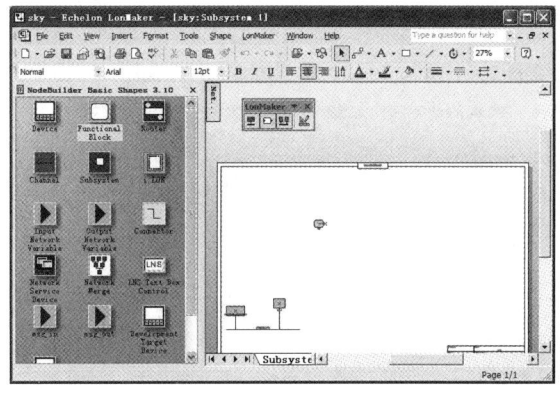
图 6-131 设置完成

(4) 输出功能模块。

① 在编辑界面左侧图标中,点击选择"Functional Block",按住不放,拖动到右侧的编辑界面空白处释放,将弹出如图 6-132 所示。

② 在 Name 的下拉菜单中选择"Digital Output[0]"后,点击"Next",如图 6-133 所示。

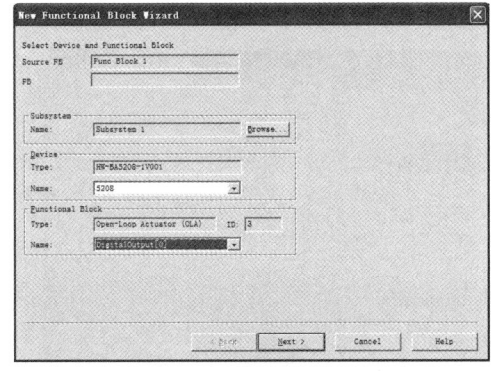
图 6-132 输出功能模块界面

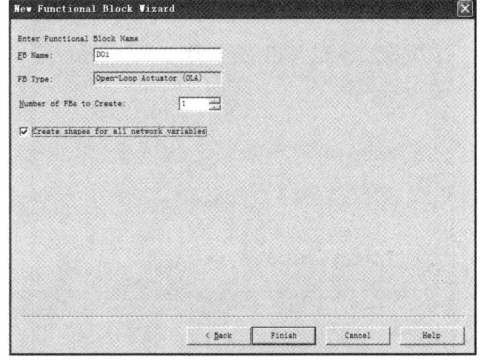
图 6-133 参数设置

③ "FBName"命名为"DO1",选中"Create…",点击"Finish"完成,此时,编辑界面

空白处又出现一个 DO1 功能模块，如图 6-134 所示。

④ 继续添加第二个输出模块，在编辑界面左侧图标中，点击选择"Functional Block"，按住不放，拖动到右侧的编辑界面空白处释放，将弹出如图 6-135 所示界面。

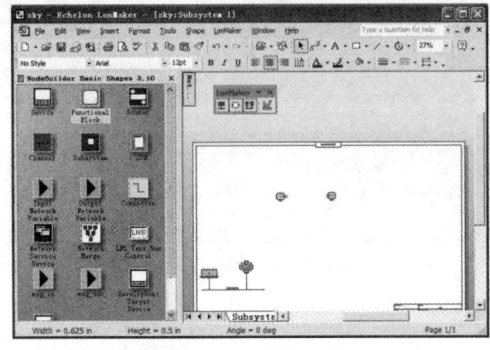

图 6-134　设置完成

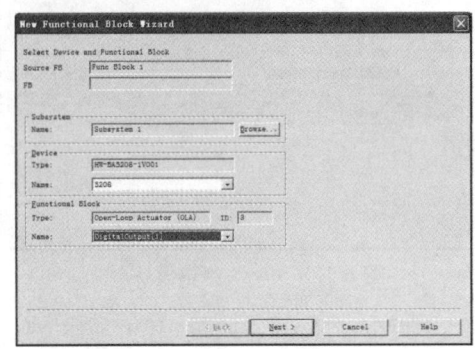

图 6-135　输出功能模块界面

⑤ 在 Name 的下拉菜单中选择"Digital Output[1]"后，点击"Next"，如图 6-136 所示。

⑥ "FBName"命名为"DO2"，选中"Create…"，点击"Finish"完成，此时，编辑界面空白处又出现一个 DO2 功能模块，如图 6-137 所示。

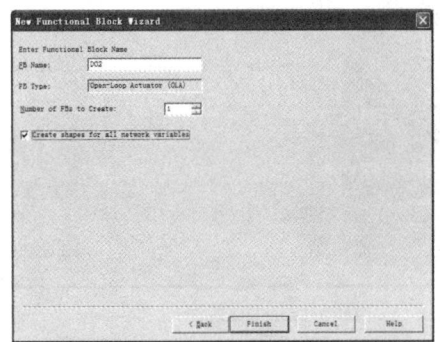

图 6-136　参数设置

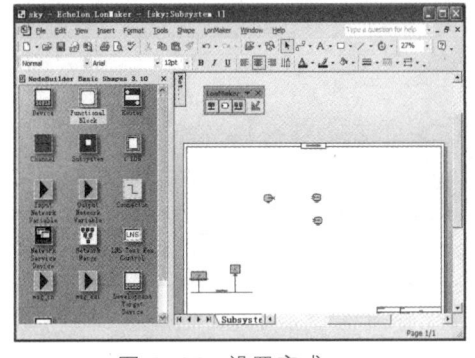

图 6-137　设置完成

（5）小状态机功能模块。

① 在编辑界面左侧图标中，点击选择"Functional Block"，按住不放，拖动到右侧的编辑界面空白处释放，将弹出如图 6-138 所示界面。

② 在 Name 的下拉菜单中选择"smallST[0]"后，点击"Next"，如图 6-139 所示。

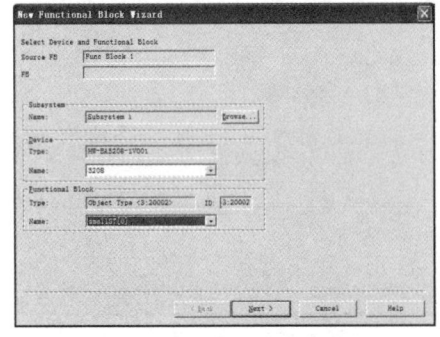

图 6-138　模块添加界面

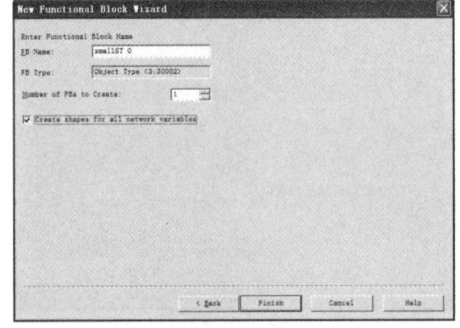

图 6-139　参数设置

③ "FBName"命名为"smallST[0]"，选中"Create…"，点击"Finish"完成，此时，编辑

界面空白处将出现 smallST[0]功能模块，如图 6-140 所示。

④ 现在要将小状态机与输出点进行连接使得小状态机能够控制输出，从编辑界面左侧图标中，拖选出"Connector"至 smallST[0]的输出点"nvo_out1"与其连接，如图 6-141 所示。

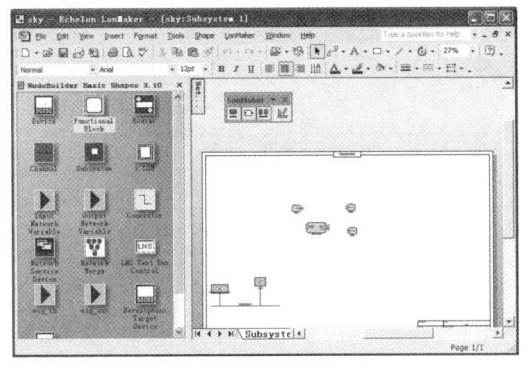 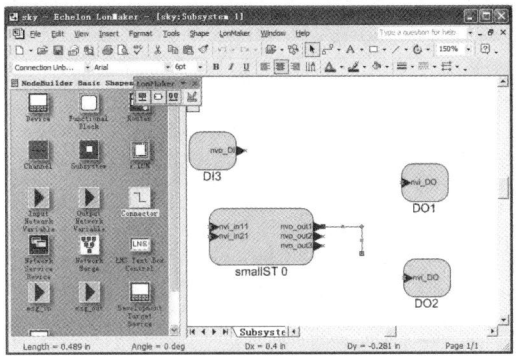

图 6-140　设置完成　　　　　　　　　　图 6-141　模块连接

⑤ 点中连接线的另一端拉至 DO1 的输入口"nvi_DO"，连接正确后软件将自动对其进行配置，如图 6-142 所示。

⑥ 同样的方法，从编辑界面左侧图标中，拖选出"Connector"至 smallST[0]的输出点"nvo_out2"与其连接，如图 6-143 所示。

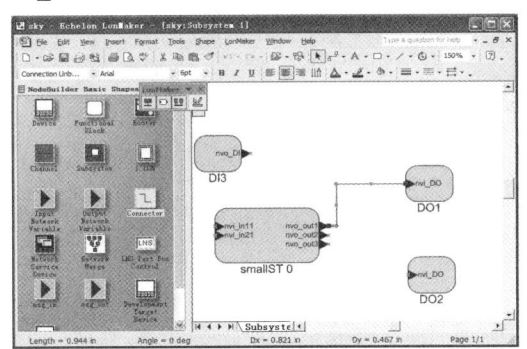 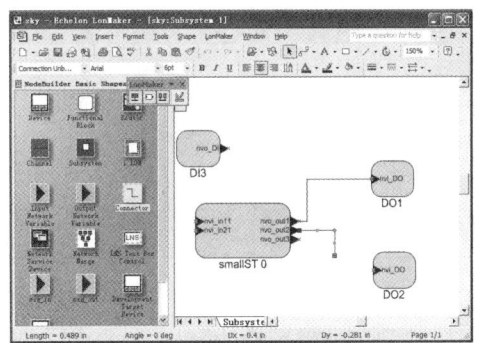

图 6-142　模块连接　　　　　　　　　　图 6-143　模块连接

⑦ 点中连接线的另一端拉至 DO2 的输入口"nvi_DO"，连接正确后软件将自动对其进行配置，如图 6-144 所示。

⑧ 选中"smallST[0]"，右键点击，在弹出的菜单中选择"Configure..."选项，如图 6-145 所示。

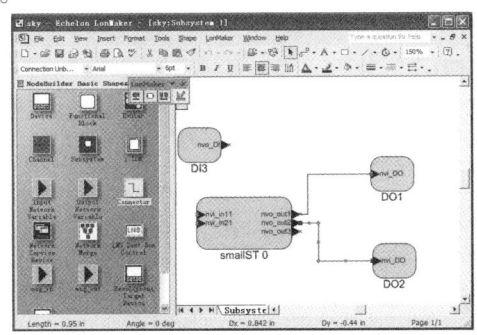 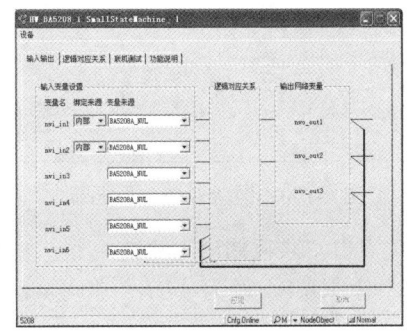

图 6-144　模块连接　　　　　　　　　　图 6-145　参数设置

⑨ 配置，如图 6-146 所示。
⑩ 点击"逻辑对应关系"，依次对其配置，如图 6-147～图 6-151 所示。

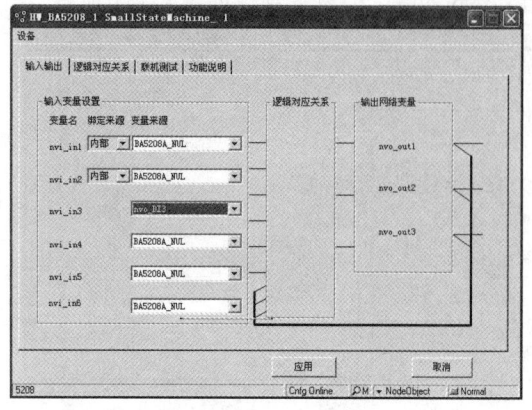

图 6-146　关系配置

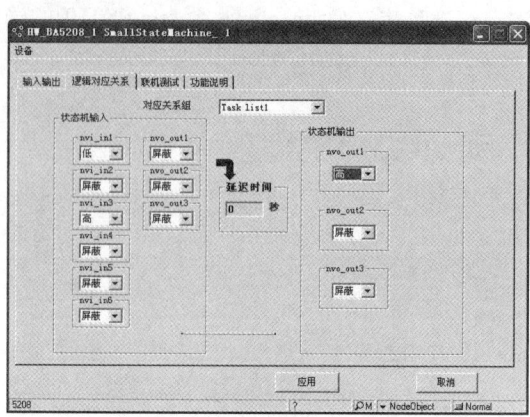

图 6-147　逻辑对应关系配置

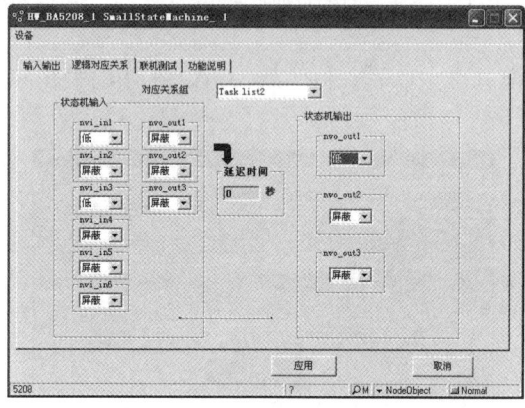

图 6-148　逻辑对应关系配置

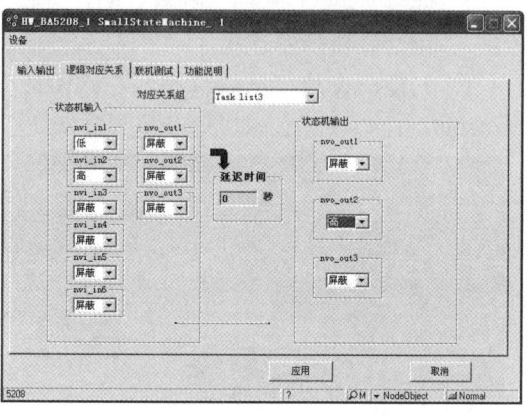

图 6-149　逻辑对应关系配置

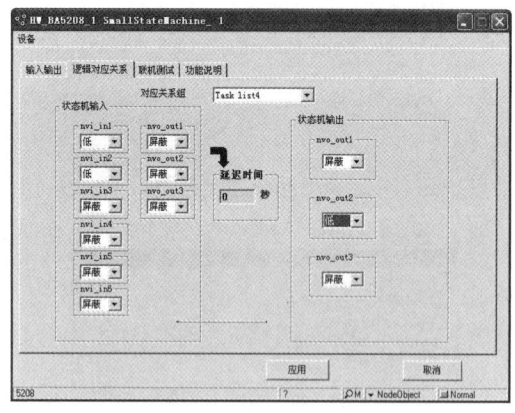

图 6-150　逻辑对应关系配置

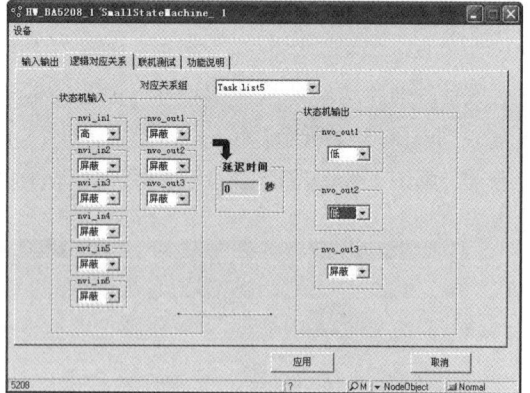

图 6-151　逻辑对应关系配置

⑪ 点击"联机调试"测试一下，如图 6-152 所示。
⑫ 把"OFF"改为"ON"就可实现单方面接通设备，这时第二组接通了，输出网络变量有变化，如图 6-153 所示。

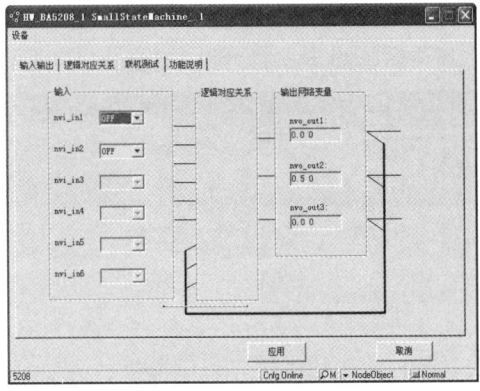
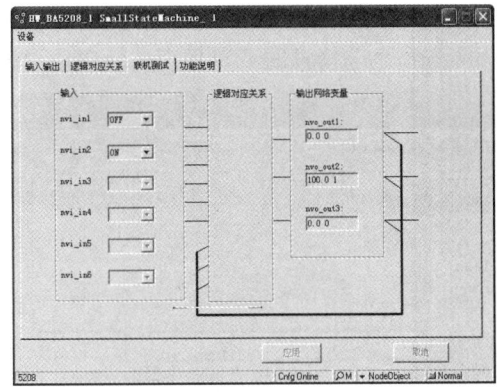

图 6-152 联机调试　　　　　　　　图 6-153 参数调整

(6) 新建设备（DDC 控制模块 5210）。

① 在编辑界面左侧图标中，点击选择"Device"，按住不放，拖动到右侧的编辑界面空白处释放，将弹出如图 6-154 所示。

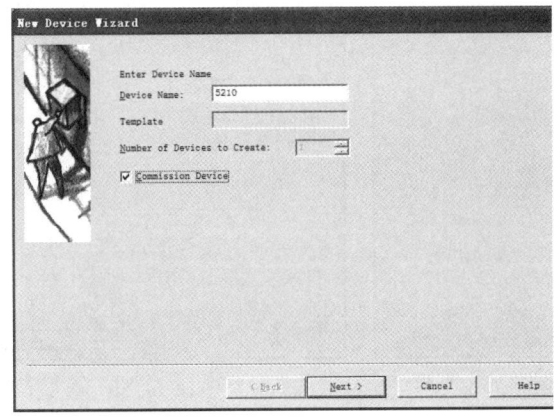

扫码观看 DDC 控制模块 5210 操作步骤

图 6-154 新建设备

② "Device Name"命名为"5210"，勾选"Commission Device"，点击"Next"，如图 6-155 所示。

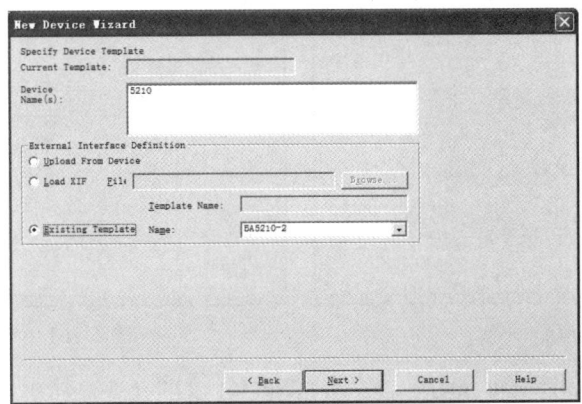

图 6-155 参数设置

③ 选择"Load XIF",然后点击"Browse…",将弹出如图 6-156 所示。
④ 选择之前拷贝的节点程序"ba5210_2V10a.XIF"后,点击"打开",如图 6-157 所示。

图 6-156　查找文件

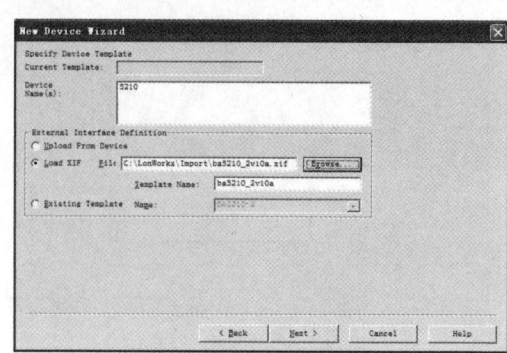

图 6-157　打开文件

⑤ 点击"Next",如图 6-158 所示。
⑥ 点击"Next",如图 6-159 所示。

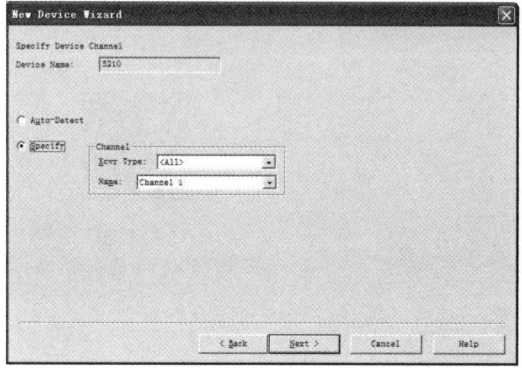

图 6-158　参数设置

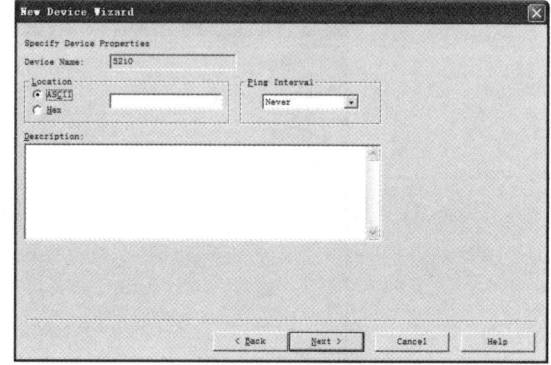

图 6-159　参数设置

⑦ 点击"Next",如图 6-160 所示。
⑧ 点击"Next",如图 6-161 所示。

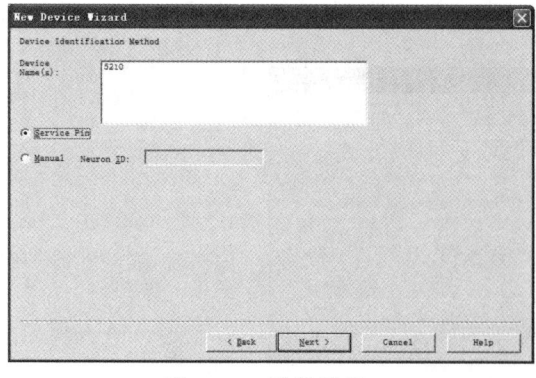

图 6-160　参数设置

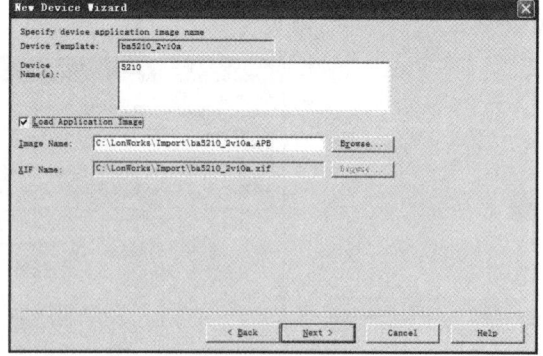

图 6-161　参数设置

⑨ 选中"Load Application Image",点击"Next",如图 6-162 所示。
⑩ 把"Offline"改为"Online",如图 6-163 所示。

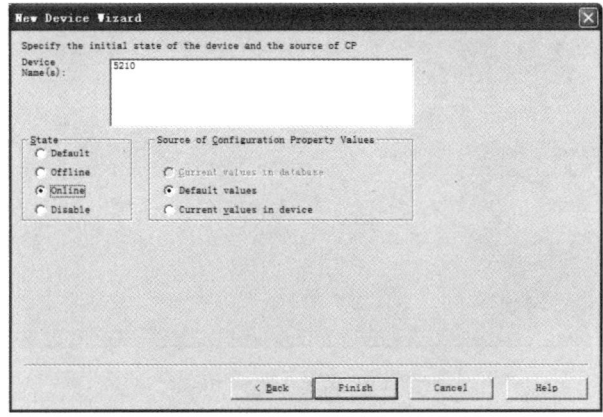

图 6-162 参数设置

图 6-163 模式设置

⑪ 点击"Finish"后,将出现如图 6-164 所示的对话框。

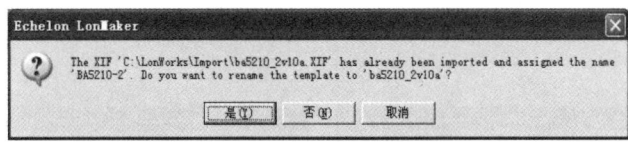

图 6-164 提示窗口

⑫ 点击"是",如图 6-165 所示。

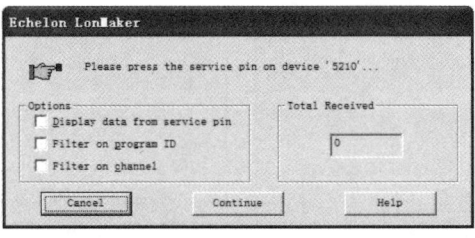

图 6-165 参数设置

⑬ 按一下 HW-BA5210 模块上的"维护"键,若多次进入时可能会出现如图 6-166 所示界面。

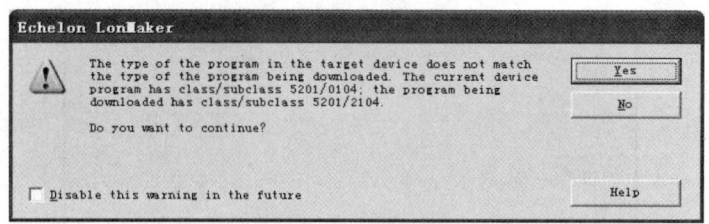

图 6-166　提示窗口

（14）点击"YES"，此时，设备 DDC 已经添加到 LonMaker 中，如图 6-167 所示。

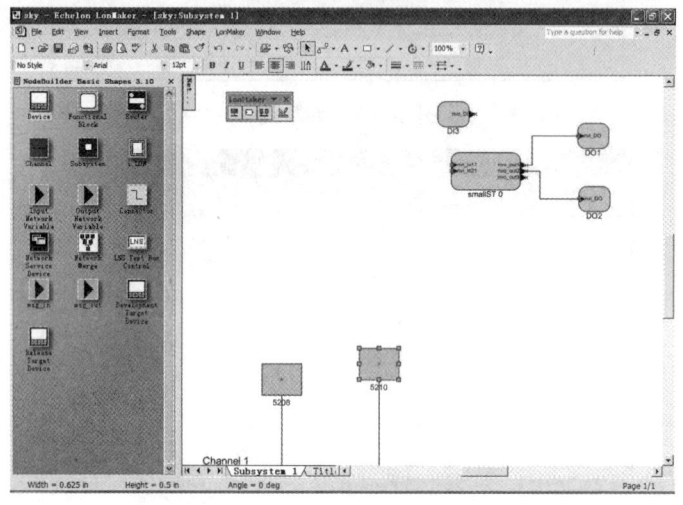

图 6-167　创建完成

（7）任务列表功能模块。

① 在编辑界面左侧图标中，点击选择"Functional Block"，按住不放，拖动到右侧的编辑界面空白处释放，将弹出如图 6-168 所示界面。

② 在 Name 的下拉菜单中选择"Event Scheduler[0]"后，点击"Next"，如图 6-169 所示。

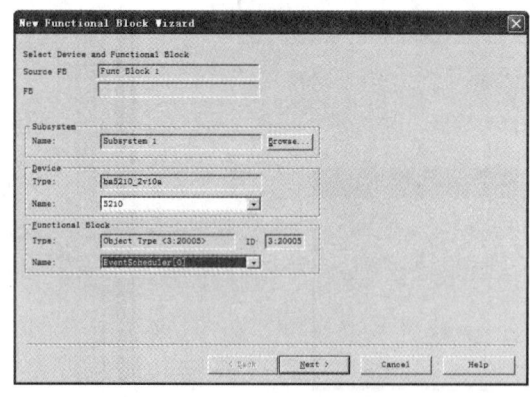

图 6-168　模块添加

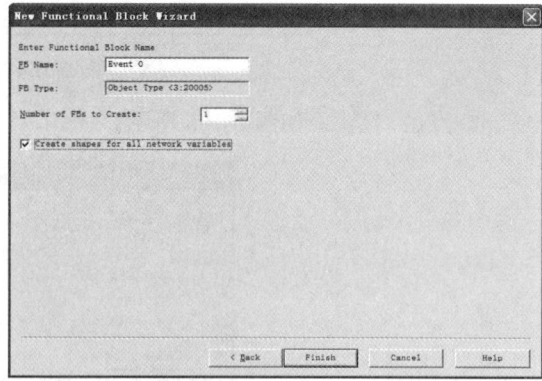

图 6-169　参数设置

③ "FBName"可自定义，在这里命名为"Event0"，选中"Create…"，点击"Finish"完成，此时，编辑界面空白处将出现 Event0 功能模块，如图 6-170 所示。

- 200 -

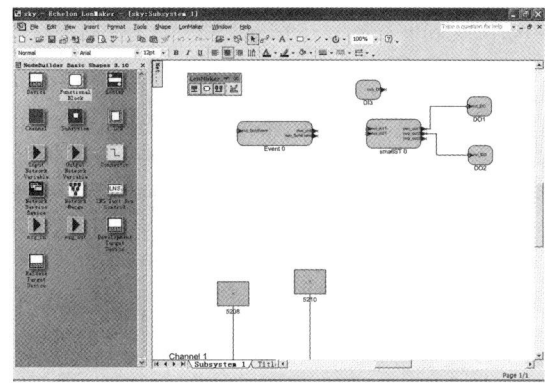

图 6-170　添加完成

（8）时间功能模块。

① 在编辑界面左侧图标中，点击选择"Functional Block"，按住不放，拖动到右侧的编辑界面空白处释放，将弹出如图 6-171 所示。

② 在 Name 的下拉菜单中选择"Real Time"后，点击"Next"，如图 6-172 所示。

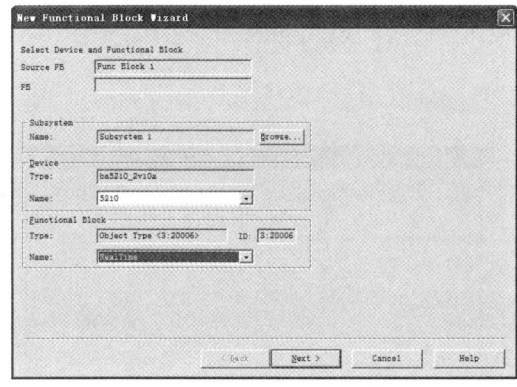

图 6-171　模块添加

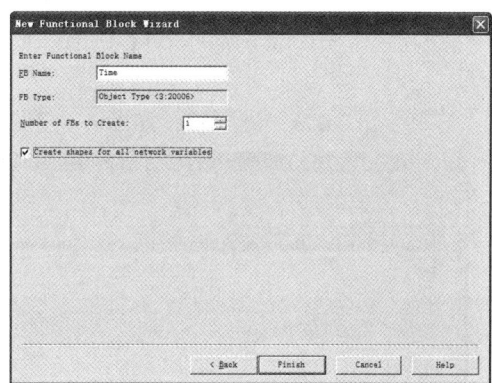

图 6-172　参数设置

③ "FBName"命名为"Time"，选中"Create…"，点击"Finish"完成，此时，编辑界面空白处将出现 Time 功能模块，如图 6-173 所示。

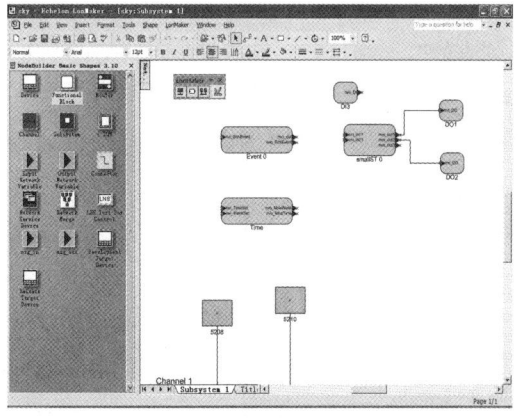

图 6-173　添加完成

④ 现在要将任务列表功能模块与小状态机连接使得任务列表功能模块能够控制输出，从

编辑界面左侧图标中，拖选出"Connector"至 Event Scheduler[0]的输出点"nvo_out"与其连接，如图 6-174 所示。

⑤ 点中连接线的另一端拉至 smallST[0]的输入口"nvi_in21"，连接正确后软件将自动对其进行配置，如图 6-175 所示。

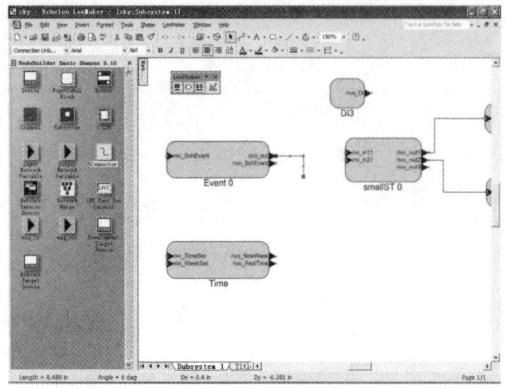 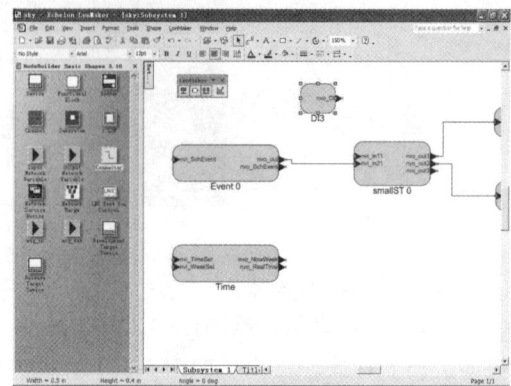

图 6-174 模块连接　　　　　　　　　　　图 6-175 模块连接

⑥ 选中"Event0"后，右键点击，在弹出的菜单中选择"Configure..."选项，如图 6-176 所示。

⑦ 点击"🕶"进配置，如图 6-177 所示。

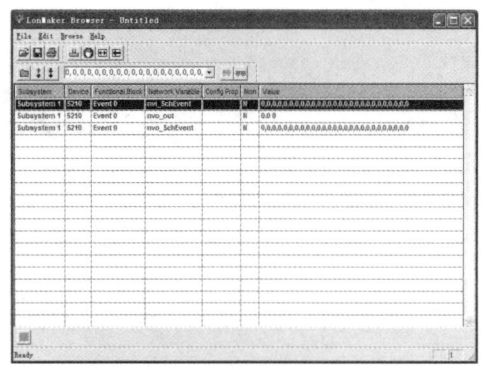 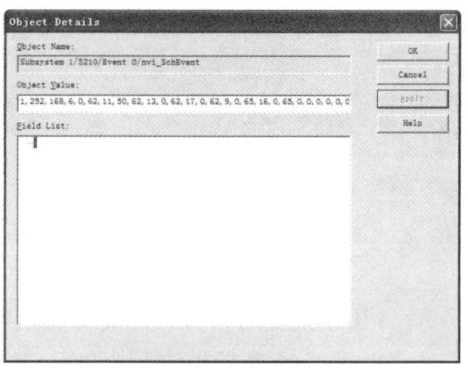

图 6-176 参数配置　　　　　　　　　　　图 6-177 参数配置

⑧ 在上图中填写任务列表的时间和状态，点击"Apply"，再点击"OK"，如图 6-178 所示。

⑨ 选中"nvi_SchEvent"右击，点击"Refresh ALL"，如图 6-179 所示。

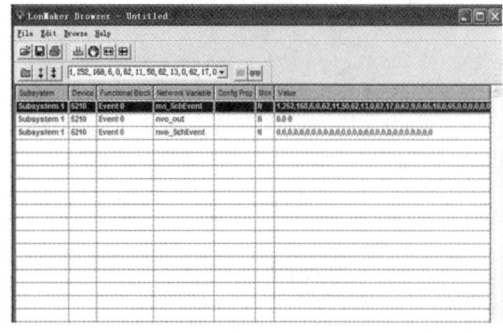 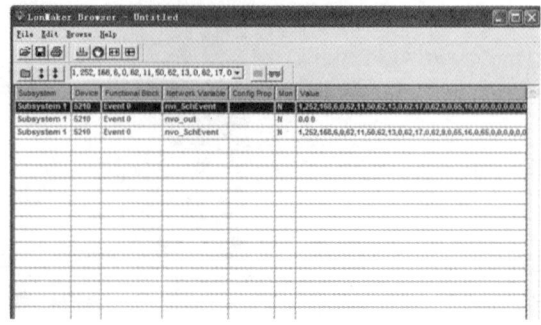

图 6-178 参数设置　　　　　　　　　　　图 6-179 完成配置

⑩ 然后选中"Time"后，右键点击，在弹出的菜单中选择"Configure..."选项，如图 6-180 所示。

⑪ 选中"nvi_TimeSet"，点击"👓"，进行配置，如图 6-181 所示。

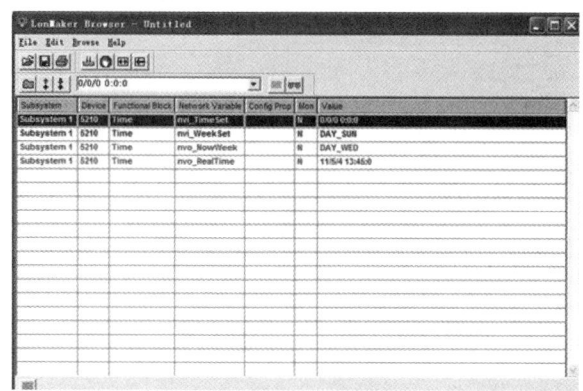 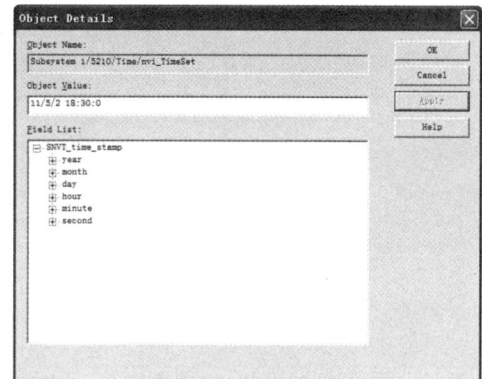

　　图 6-180　参数配置　　　　　　　　　图 6-181　调整参数

⑫ 输入当前系统时间，点击"Apply"，再点击"OK"，如图 6-182 所示。

⑬ 选中"nvi_WeekSet"，点击"👓"，进行配置，如图 6-183 所示。

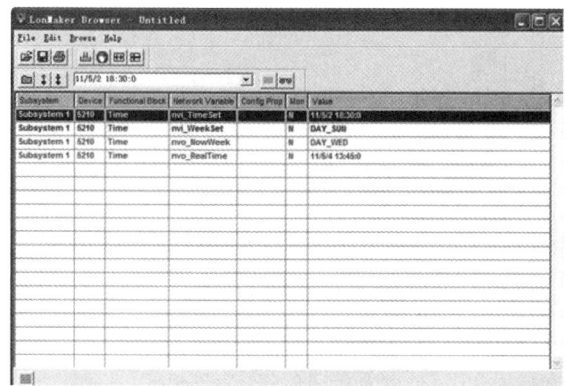

　　图 6-182　状态信息　　　　　　　　　图 6-183　参数配置

⑭ 输入与系统时间相对应的星期，点击"Apply"，再点击"OK"，如图 6-184 所示。

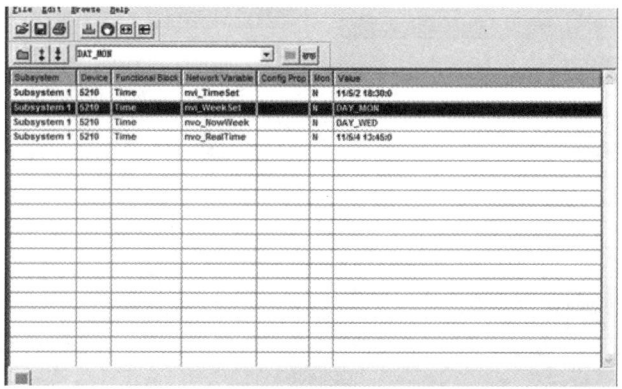

图 6-184　参数配置

⑮ 选中"nvi_WeekSet"右击，点击"Refresh ALL"，如图 6-185 所示。

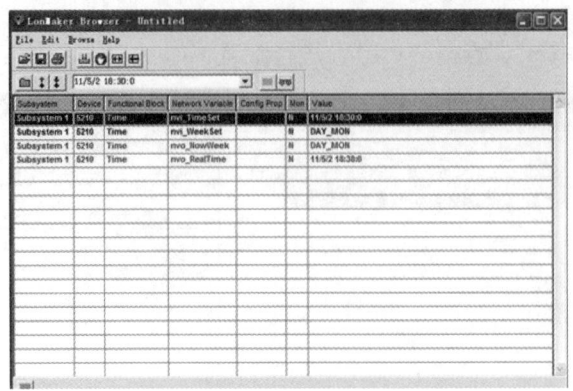

图 6-185　配置完成

⑯ 到现在 DDC 程序已编好，点击"保存"即可。
（9）附加功能。
① 在"Restore"里找到"sky.zip"压缩包，双击打开，如图 6-186 所示。
② 在弹出的界面点击"yes"，如图 6-187 所示。

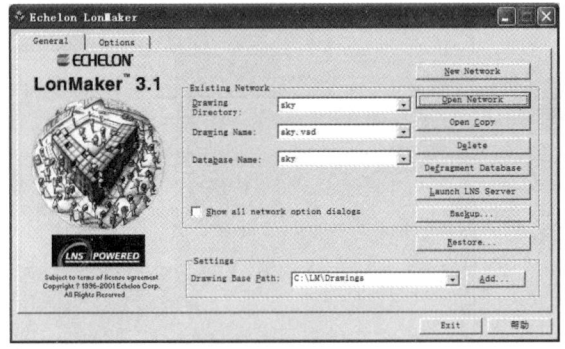 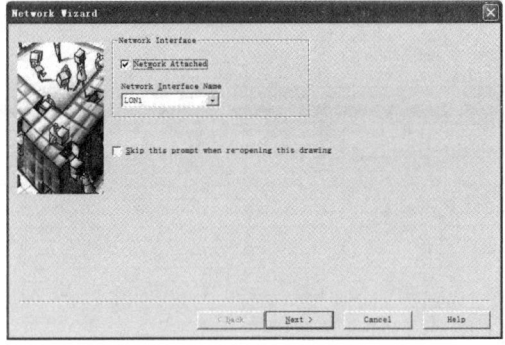

图 6-186　安装界面　　　　　　　　图 6-187　安装确认

③ 选择 LON 网络（这里为"LON1"），然后点击"Next"，如图 6-188 所示。
④ 点击"Next"，如图 6-189 所示。

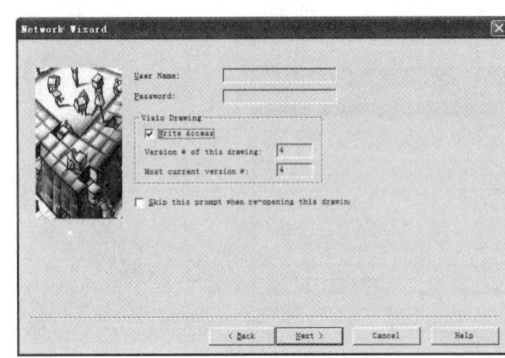 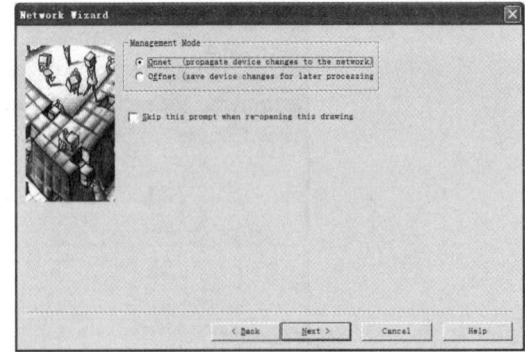

图 6-188　参数设置　　　　　　　　图 6-189　参数设置

⑤ 点击"Next",如图 6-190 所示。

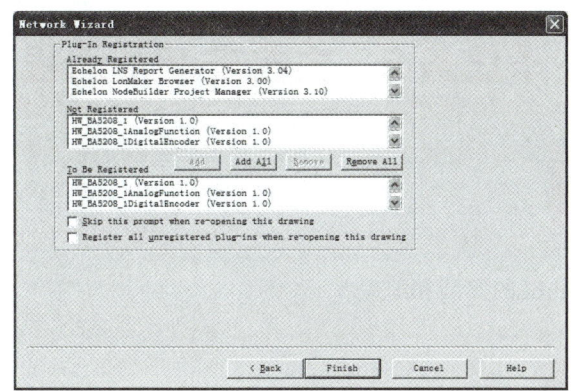

图 6-190 参数设置

(6) 默认,点击"Finish"即可。

注意:在这里不需要添加 Plug_in 程序。

任务小结

(1) 小组讨论 DDC 编程软件应用环境及辅助软件准备中存在的问题及解决办法。
(2) 小组讨论 DDC 编程中存在的问题及解决办法等。

子任务 5　力控安装及编程

任务描述

独立完成 ForceControl 的安装和编程。

学习目标

掌握 ForceControl 安装要领和步骤。

【建议学时】1 学时

知识准备

本部分将分别从 ForceControl6.1 安装、I/O 驱动及数据库安装进行介绍。

1. 安装 ForceControl6.1

（1）找到安装文件，如图 6-191 所示。
（2）双击"Setup"，如图 6-192 所示。

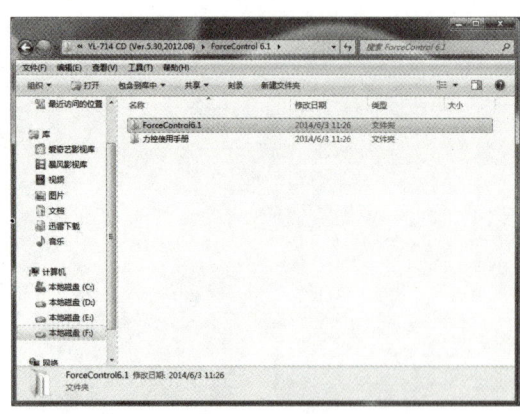

图 6-191　打开安装文件夹

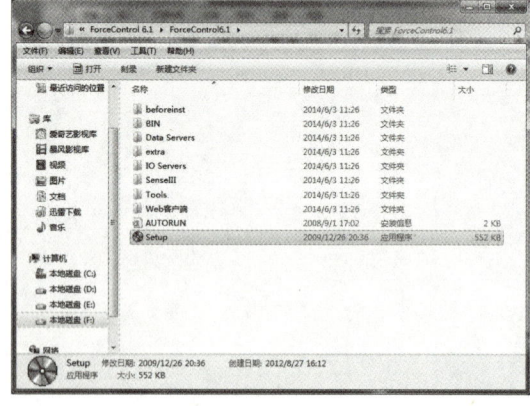

图 6-192　找到安装文件

（3）点击"安装力控 Forcecontrol6.1"，如图 6-193 所示。
（4）点击"下一步"，如图 6-194 所示。

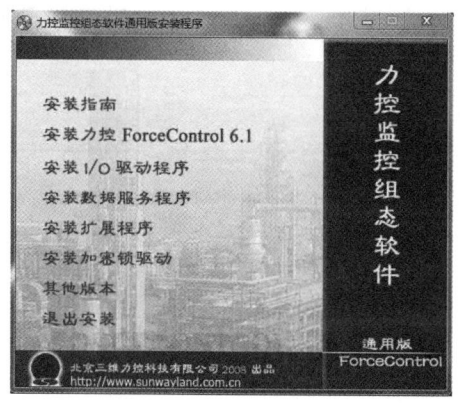

图 6-193　安装选项

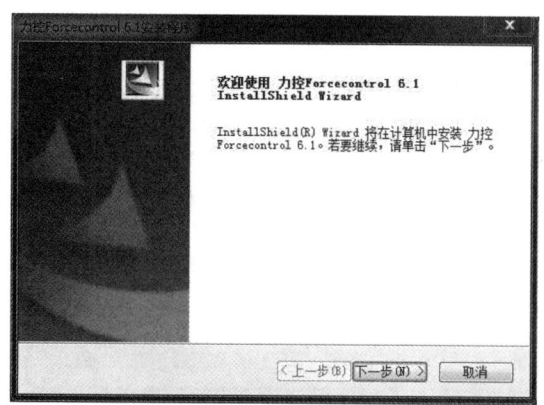

图 6-194　安装向导

(5) 点击"是",如图 6-195 所示。
(6) 点击"下一步",如图 6-196 所示。

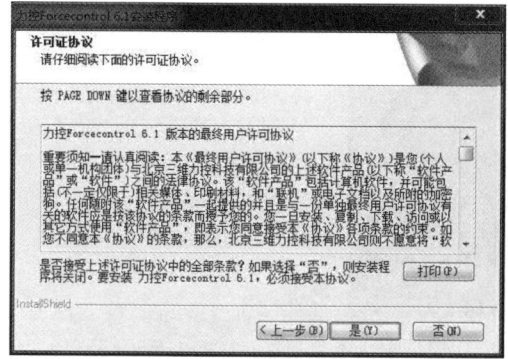

图 6-195　安装协议

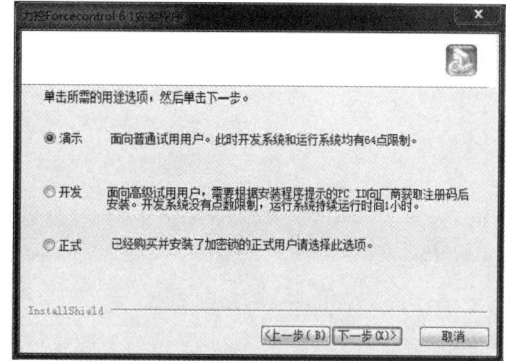

图 6-196　安装选项

(7) 点击"下一步",如图 6-197 所示。
(8) 点击"下一步",如图 6-198 所示。

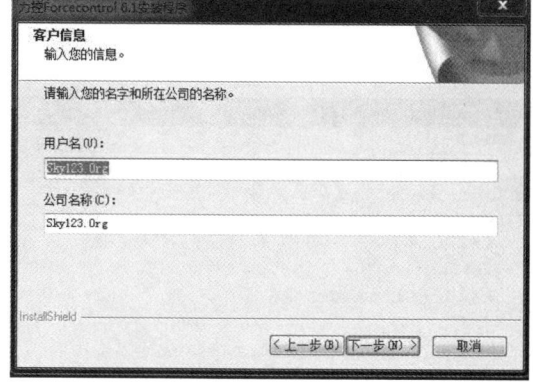

图 6-197　用户信息

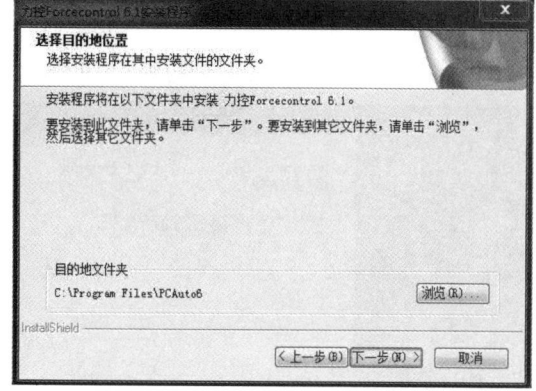

图 6-198　安装位置

(9) 点击"下一步",如图 6-199 所示。
(10) 点击"下一步",如图 6-200 所示。

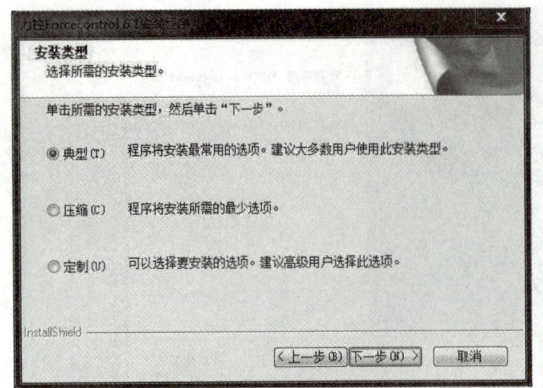
图 6-199 安装类型

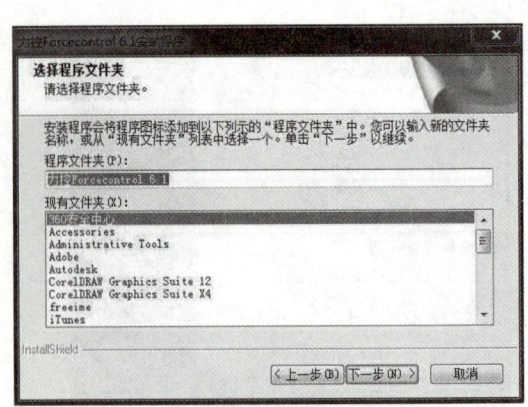
图 6-200 创建文件夹

（11）正在安装，如图 6-201 所示。
（12）重启，完成安装，如图 6-202 所示。

图 6-201 安装进程

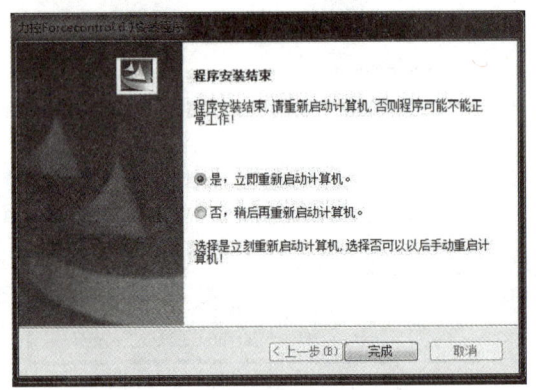
图 6-202 重启计算机

2. 安装 I/O 驱动

（1）点击"安装 I/O 驱动程序"，再点击"下一步"，如图 6-203 所示。
（2）点击"下一步"，如图 6-204 所示。

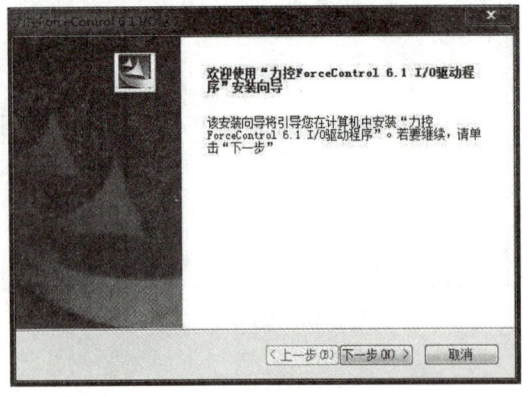
图 6-203 驱动安装向导

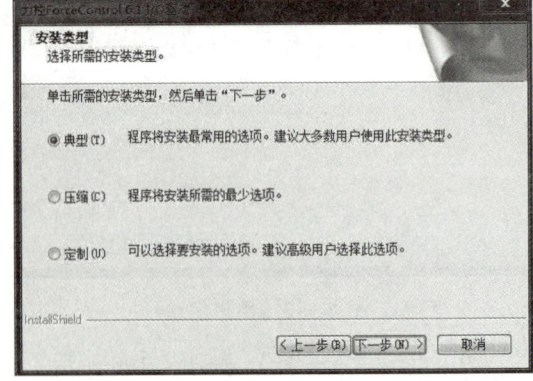
图 6-204 安装类型

(3)正在安装,如图 6-205 所示。

图 6-205　安装进程

(4)重启,完成安装,如图 6-206 所示。

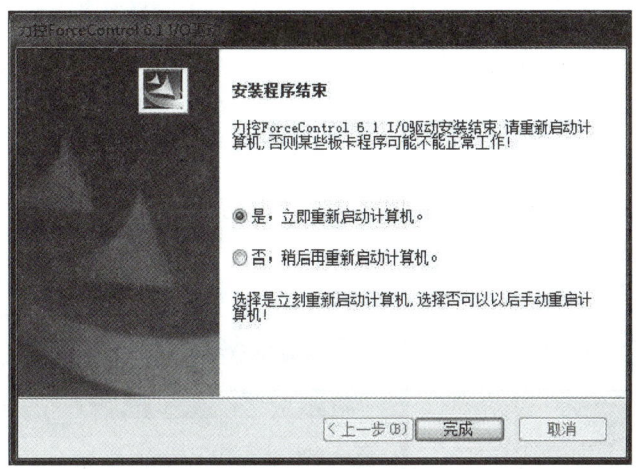

图 6-206　重启计算机

3. 安装数据库

(1)点击"安装数据服务程序",点击"下一步",如图 6-207 所示。

(2)点击"下一步",如图 6-208 所示。

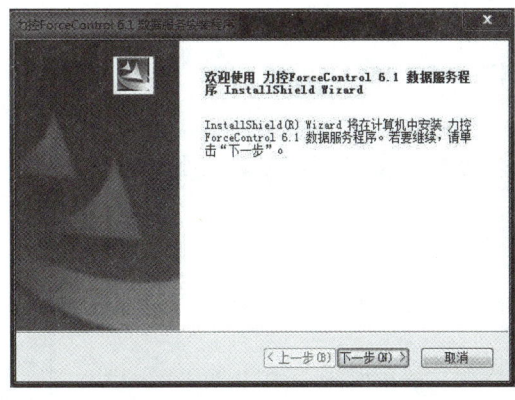

图 6-207　数据库安装向导

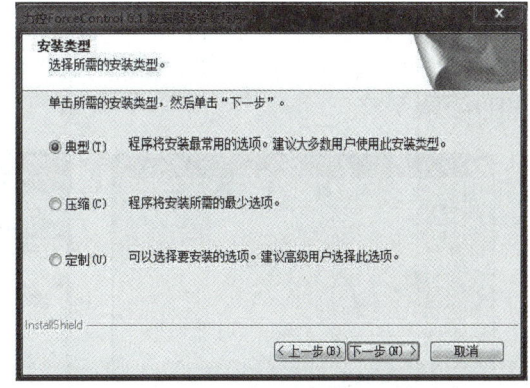

图 6-208　安装类型

(3)点击"下一步",如图 6-209 所示。

(4)重启,完成安装,如图 6-210 所示。

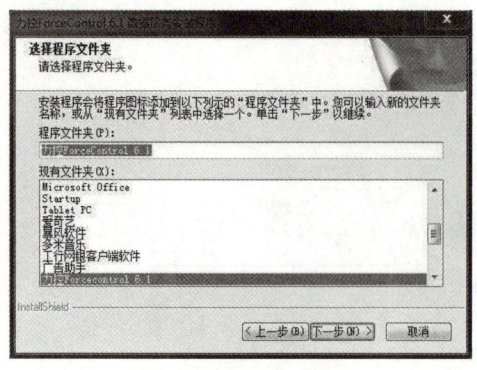
图 6-209 创建文件夹
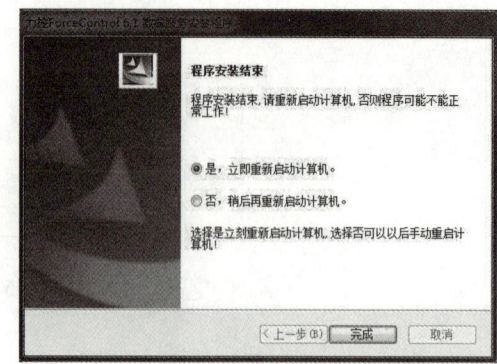
图 6-210 重启计算机

任务实施

1. 建立工程项目

（1）找到力控软件，如图 6-211 所示。
（2）双击打开力控软件，如图 6-212 所示。

图 6-211 打开"开始"菜单
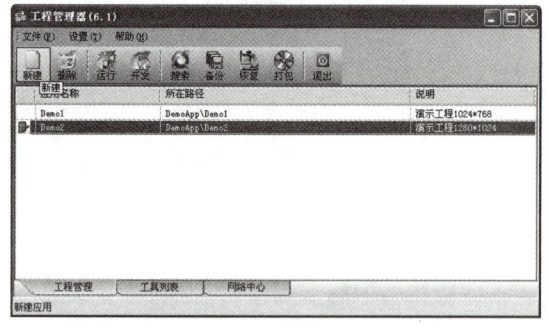
图 6-212 工程管理器

（3）点击"新建工程"，再双击"新建"，如图 6-213 所示。
（4）"项目名称"可自定义，在这里命名为"sky"，"生成路径"为默认即可，点击"确定"，如图 6-214 所示。

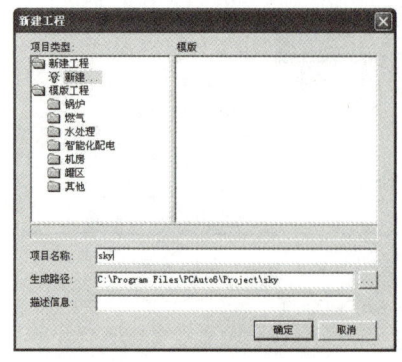
图 6-213 新建工程
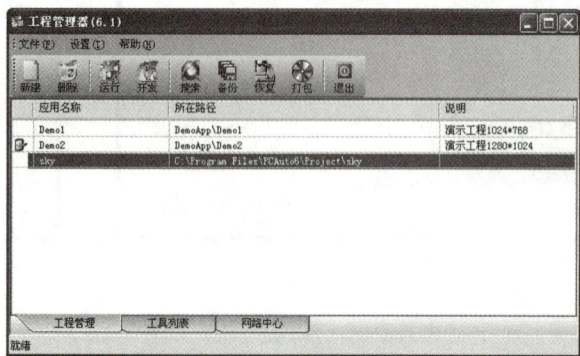
图 6-214 新建完成

(5)点击"开发",如图 6-215 所示。
(6)点击"忽略",如图 6-216 所示。

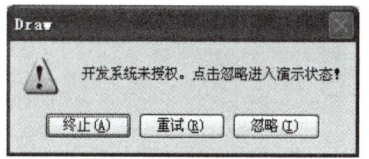

图 6-215 提示框

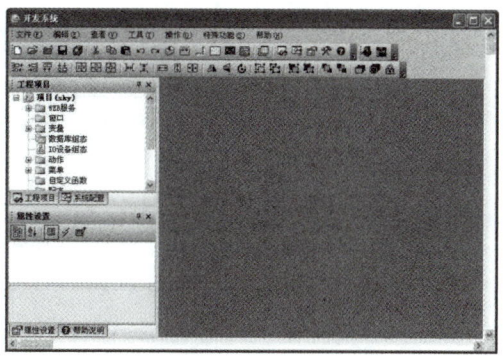

图 6-216 开发系统界面

2. 建立设备通信

(1)在左边工程项目中,点击"变量",双击"IO 设备组态",如图 6-217 所示。
(2)点击"FCS",然后点击"ECHELON",选中"LNS",如图 6-218 所示。

图 6-217 IO 设备组态

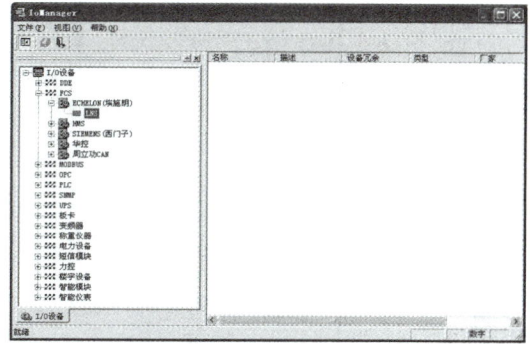

图 6-218 设备选择

(3)双击"LNS",对其配置,如图 6-219 所示。
(4)"设备名称"可自定义,在这里命名为"DDC",其他默认,点击"下一步",如图 6-220 所示。

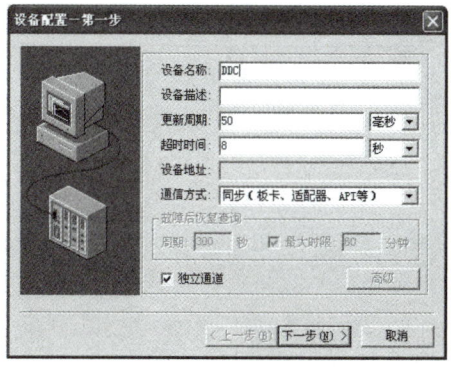

图 6-219 设备配置

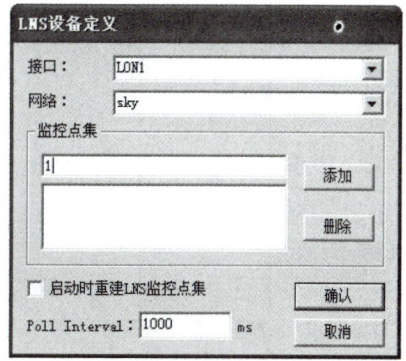

图 6-220 设备定义

(5)"接口"这里选择"LON1","网络"是 DDC 程序文件名的名称"sky","监控点集"可自定义,这里命名为"1",点击"添加",选中"启动时重建 LNS 监控点集",如图 6-221 所示。

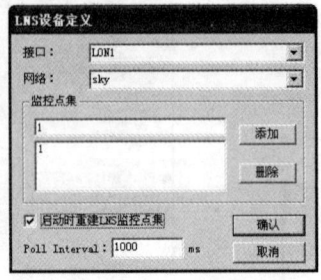

图 6-221 参数设置

(6)点击"确认",如图 6-222 所示。

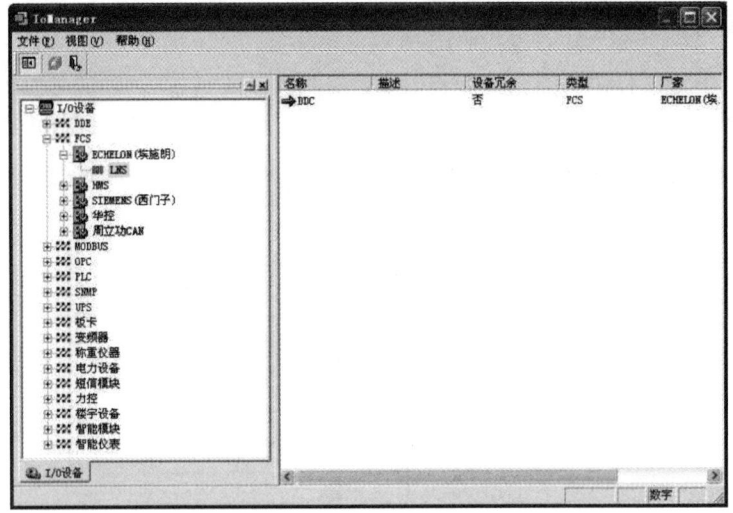

图 6-222

(7)选中右上角"DDC"右击,再选中"测试",如图 6-223 所示。

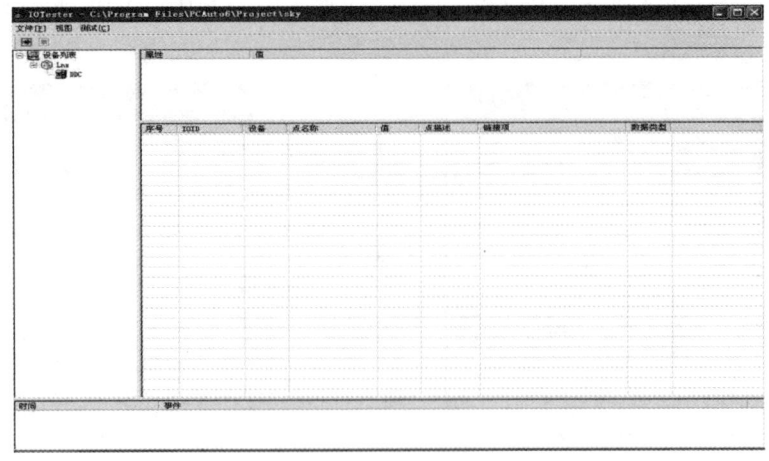

图 6-223 DDC 测试

(8)双击"DDC",再点击测试里的"运行",如图6-224所示。

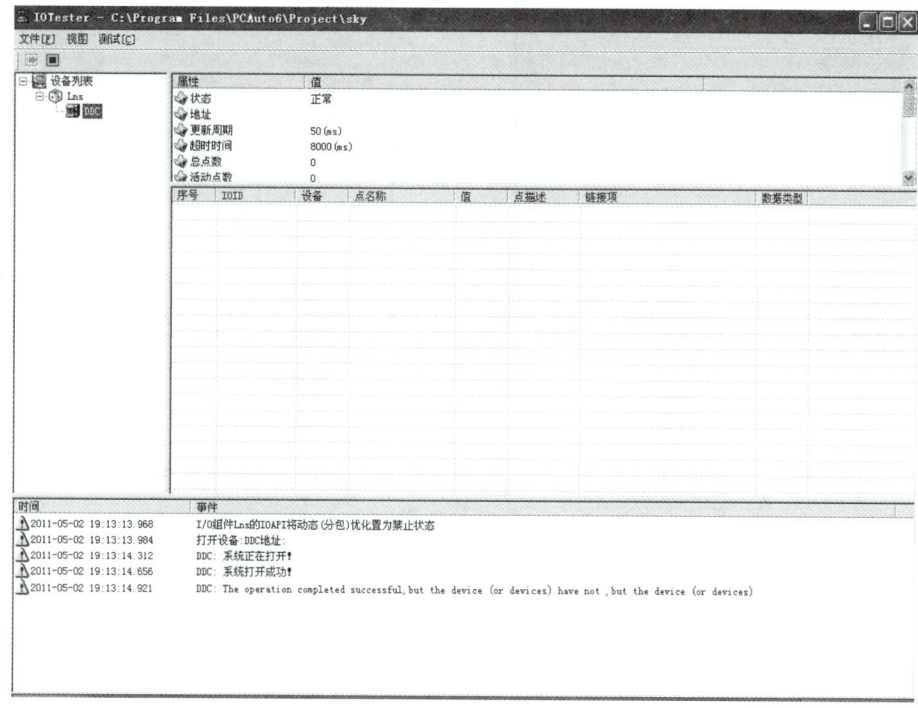

图6-224 测试结果

(9)设备通信正常后,关闭它,回到开发系统。

3. 建立数据库

(1)输入点。

① 在左边工程项目中,点击"变量",选中"数据库组态",如图6-225所示。

② 双击"数据库组态",如图6-226所示。

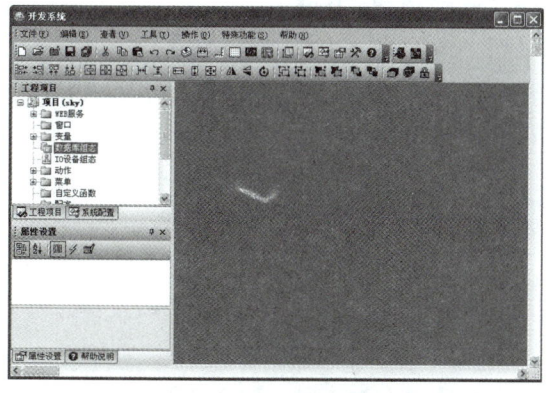

图6-225 选择"数据库组态"　　　　　图6-226 操作窗口

③ 对其进行配置,双击"NAME[点明]",如图6-227所示。

④ 点击"继续","点明(NAME)"可自定义,这里命名为"DI1",如图6-228所示。

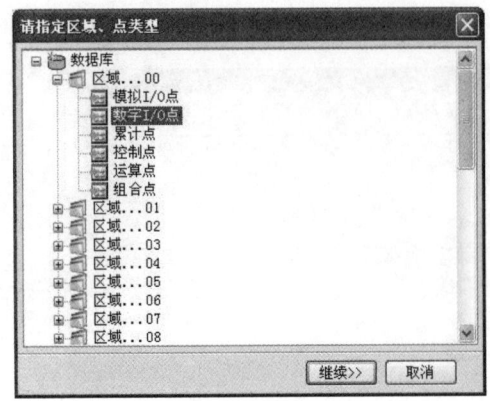 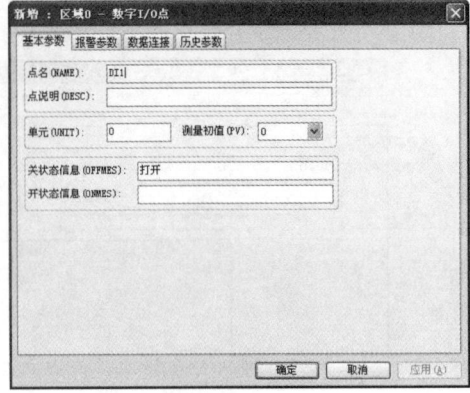

图 6-227 参数设置　　　　　　　　图 6-228 参数设置

⑤ 点击"数据连接"对其配置，选中"DESC"，再点击"增加"，如图 6-229 所示。

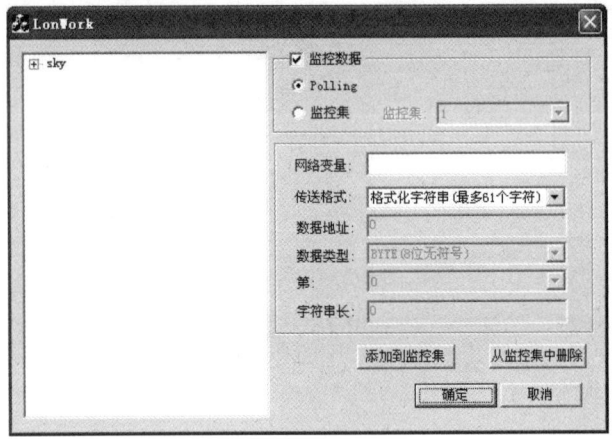

图 6-229 参数设置

⑥ 点击"sky"，然后双击"Subsystem1"，选中"5208"再双击，如图 6-230 所示。

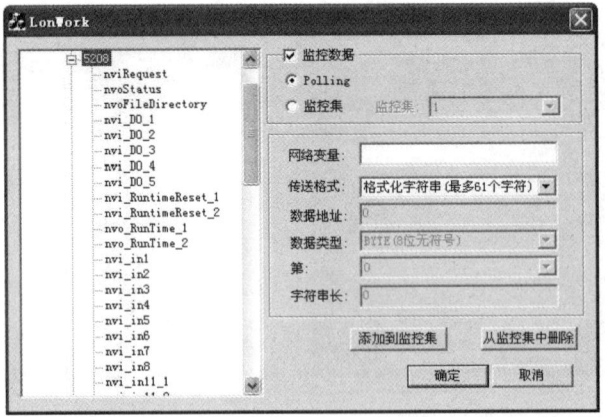

图 6-230 参数设置

⑦ 对其输入点配置，点击"nvo_DI_1"，选中"监控集"，再点击"添加到监控集"，如图 6-231 所示。

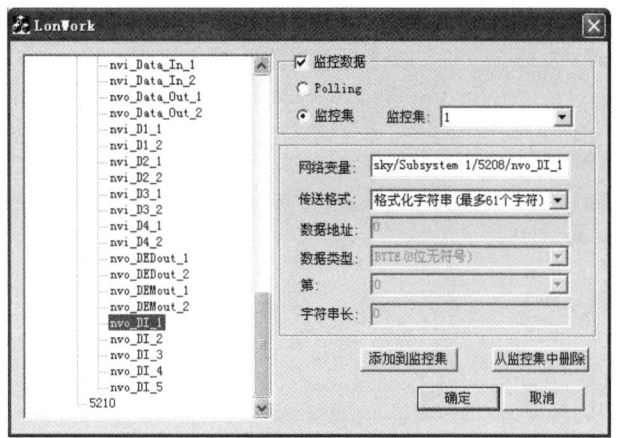

图 6-231 数据添加

⑧ 点击"确定"退出,对"PV"进行配置选中,再点击"增加",如图 6-232 所示。

⑨ 在"传送格式"那里改为"原始字节数据(最多 31 个字节)","数据地址"改为"1",点击"添加到监控集",再点击"确定"退出,如图 6-233 所示。

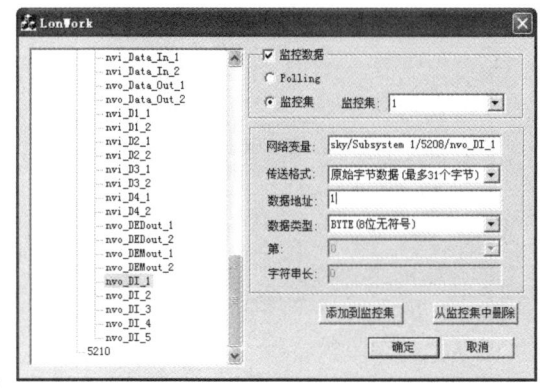

图 6-232 参数设置

图 6-233 参数设置

⑩ 点击"确定"保存,如图 6-234 所示。

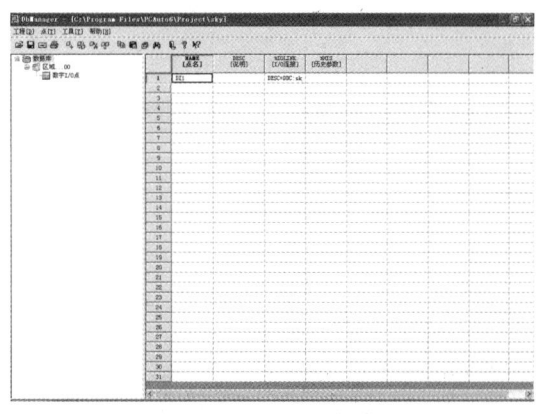

图 6-234 配置完成

⑪ 方法同上,再增加 2 个输入点,如图 6-235 所示。

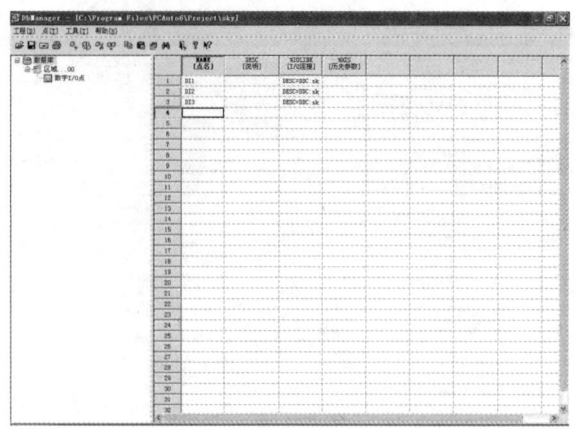

图 6-235 配置结果

（2）输出点。

① 双击"NAME[点明]"，如图 6-236 所示。

② 点击"继续"，"点明（NAME）"可自定义，这里命名为"DO1"，如图 6-237 所示。

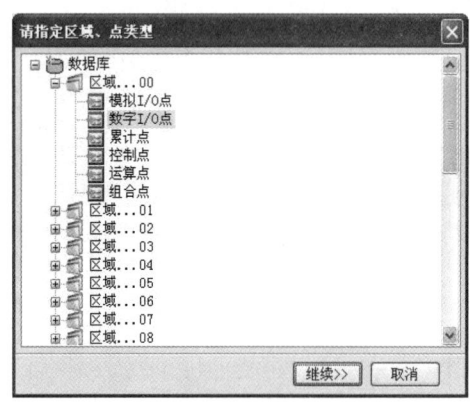

图 6-236 参数设置

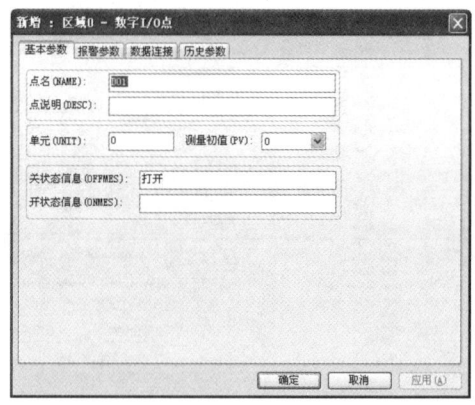

图 6-237 参数设置

③ 点击"数据连接"对其配置，选中"DESC"，再点击"增加"，如图 6-238 所示。

④ 对其输入点配置，点击"nvi_DO_1"，选中"监控集"，再点击"添加到监控集"，如图 6-239 所示。

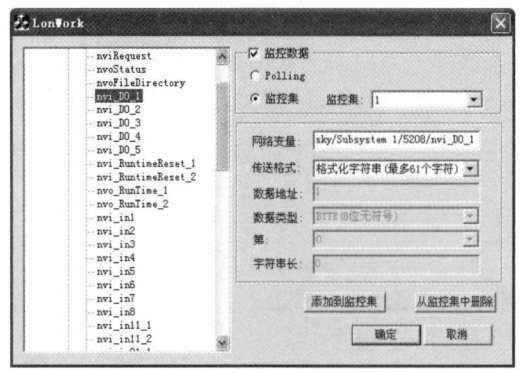

图 6-238 参数设置

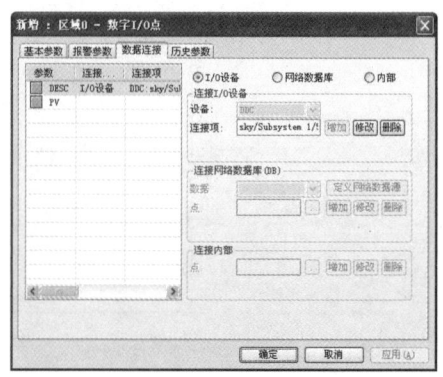

图 6-239 参数设置

⑤ 点击"确定"退出,对"PV"进行配置选中,再点击"增加",如图 6-240 所示。

⑥ 在"传送格式"那里改为"原始字节数据(最多 31 个字节)","数据地址"改为"1",点击"添加到监控集",再点击"确定"退出,如图 6-241 所示。

图 6-240 数据添加

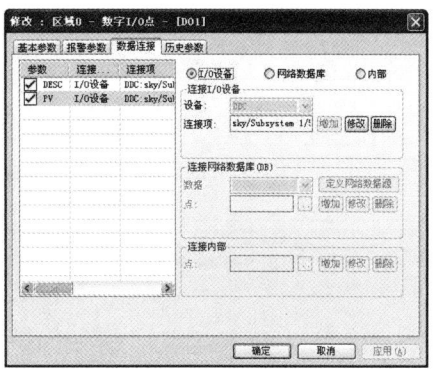

图 6-241 参数设置

⑦ 方法同上,再增加 1 个输出点,如图 6-242 所示。

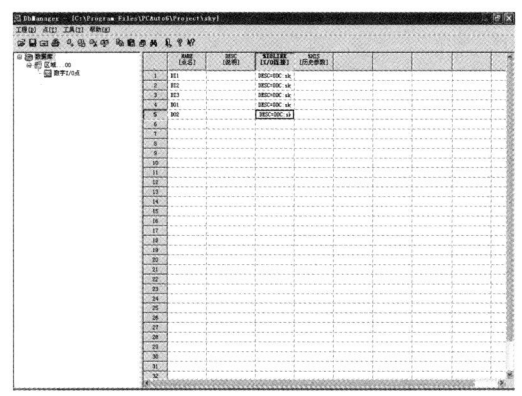

图 6-242 配置完成

(3) 5210 的 timeset、weekset、realtime、nowweek 功能模块设置。

① 双击"NAME[点明]",如图 6-243 所示。

② 点击"继续","点明(NAME)"可自定义,这里命名为"timeset",如图 6-244 所示。

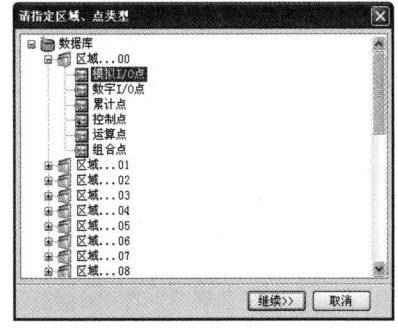

图 6-243 选择界面

图 6-244 参数设置

③ 点击"数据连接"对其配置,选中"DESC",再点击"增加",选中"5210"再双击,

如图 6-245 所示。

④ 对其输入点配置，选中"nvi_TimeSet"，选中"监控集"，点击"添加到监控集"，再点击"确定"退出，对"PV"进行配置选中，点击"增加"，如图 6-246 所示。

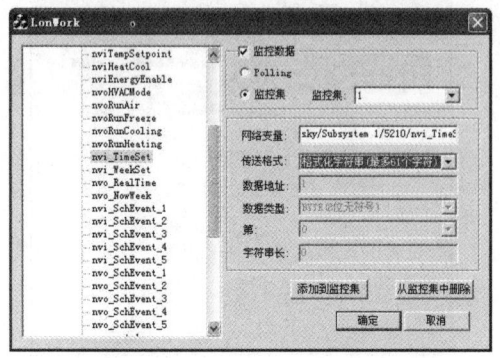

图 6-245　参数设置　　　　　　　　　图 6-246　参数设置

⑤ 在"传送格式"那里改为"原始字节数据（最多 31 个字节）"，"数据地址"改为"1"，点击"添加到监控集"，再点击"确定"退出，如图 6-247 所示。

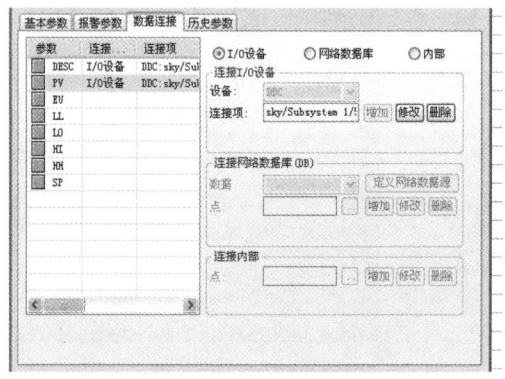

图 6-247　配置完成

⑥ 方法同上，分别对其"nvi_WeekSet""nvo_RealTime""nvo_NowWeek"进行配置，如图 6-248 所示。

⑦ 然后点击"关闭"，如图 6-249 所示。

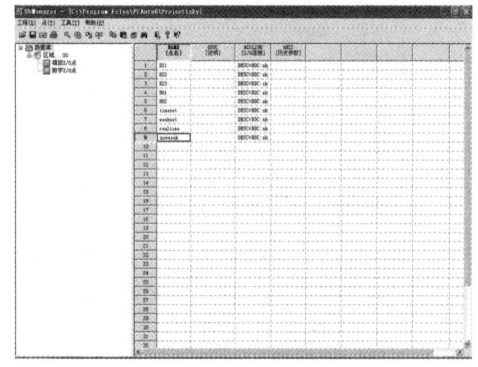
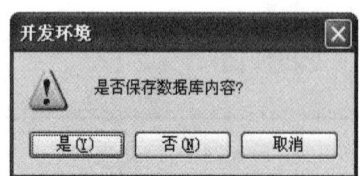

图 6-248　配置结果　　　　　　　　　图 6-249　操作提示框

⑧ 点击"是"保存，回到开发系统。

（4）新建窗口画面。

① 在左边工程项目中，点击"WEB 服务"，选中"窗口"双击，如图 6-250 所示。

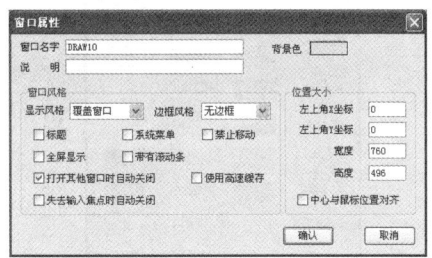

图 6-250 窗口属性

② "窗口名字"可自定义，点击"确认"保存。在左边工程项目中，点击"工具"，选中"图库"双击，然后双击"开关"，再双击想要的开关，如图 6-251 所示。

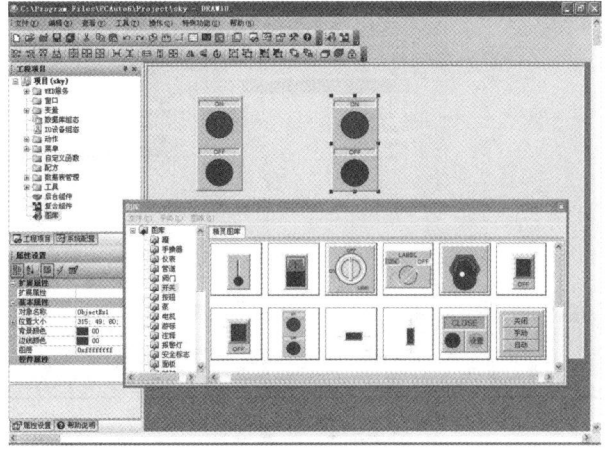

图 6-251 操作界面

③ 再选 3 个报警灯，如图 6-252 所示。

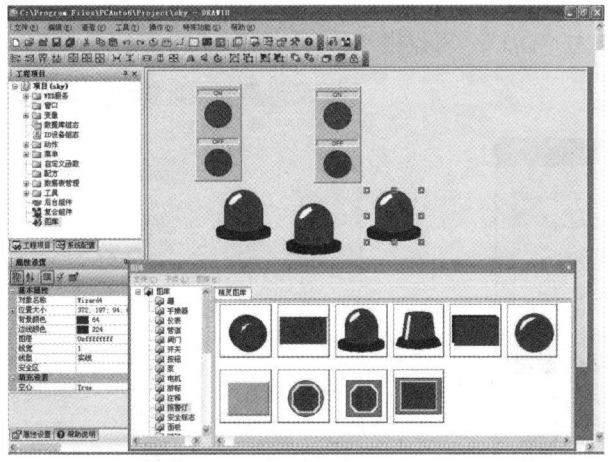

图 6-252 选择警报灯

④ 选中"开关"双击，对其进行配置，如图 6-253 所示。
⑤ 在"变量名"里选择要配置的变量，点击"…"这个键，如图 6-254 所示。

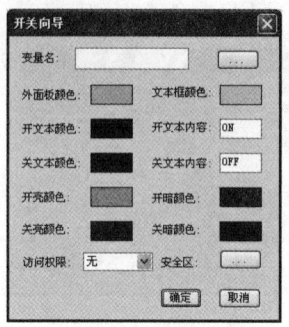

图 6-253　开关向导

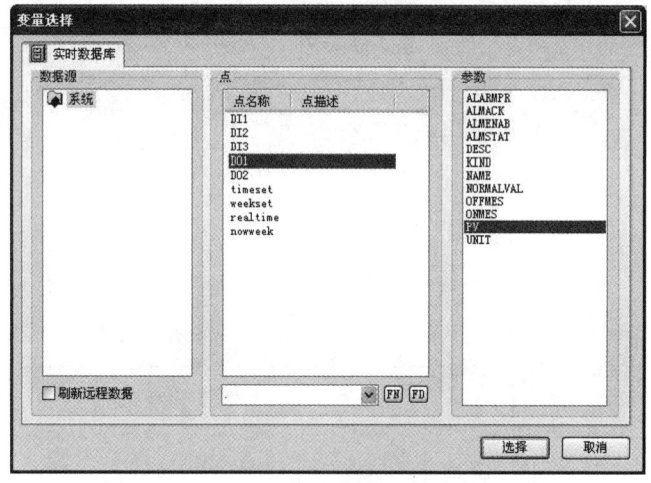

图 6-254　变量选择

⑥ 点击"DO1"，点击"PV"，再点击"选择"，如图 6-255 所示。
⑦ 点击"确定"保存。方法同上，对另一个开关"DO2"进行配置。
⑧ 现在对其报警灯进行配置，选中"报警灯"双击，在"表达式"里选择要配置的变量，点击"…"这个键，点击"DI1"，再点击"PV"，如图 6-256 所示。

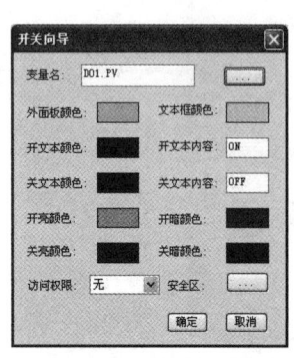 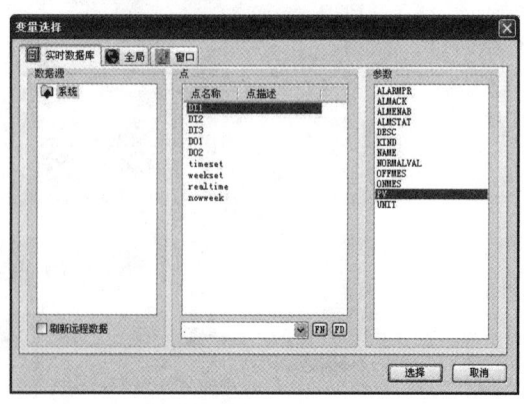

图 6-255　参数设置　　　　　　　　　图 6-256　变量选择

⑨ 点击"选择"键，如图 6-257 所示。
⑩ 点击"确定"保存。方法同上，对另二个报警灯"DI2""DI3"进行配置。
⑪ 在"工具"或"工具箱"基本图元里，点击文本"A"，如图 6-258 所示，在编辑界面中点击，输入文字，如图 6-259 所示。

图 6-257 图形警报器

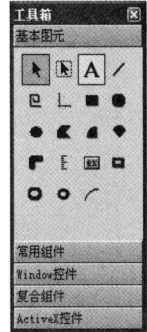
图 6-258 工具箱

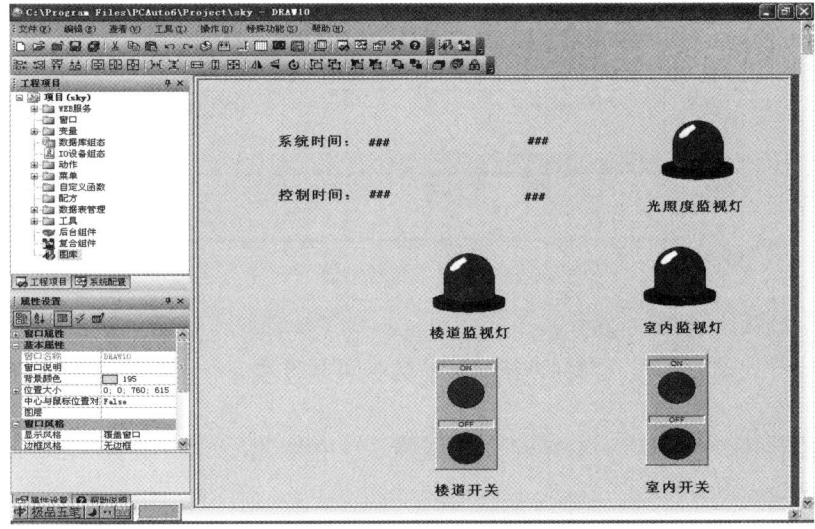
图 6-259 文字录入

⑫ 对系统时间的第一个"###"进行配置，选中并双击，在"数值输出"里，点击"字符串"，如图 6-260 所示。

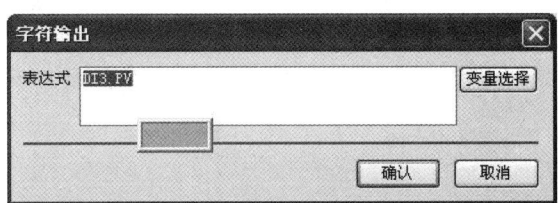
图 6-260 参数配置

⑬ 点击"变量选择"，点击"realtime"，再点击"DESC"，如图 6-261 所示。

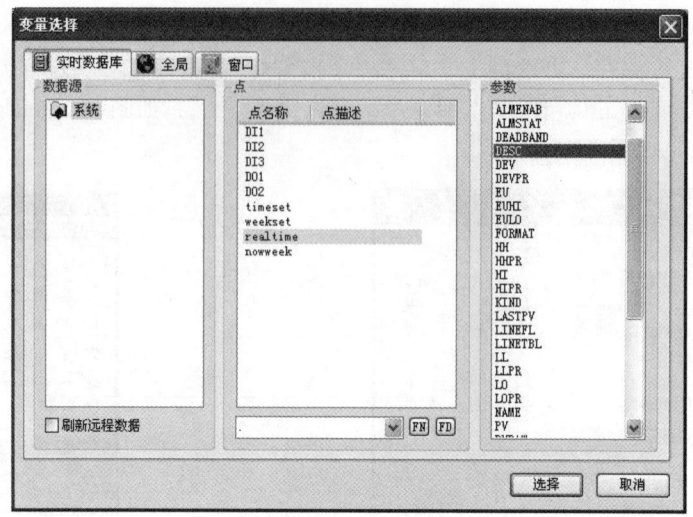

图 6-261 参数配置

⑭ 点击"选择",如图 6-262 所示。

图 6-262 参数配置

⑮ 点击"确认",如图 6-263 所示。

(16)点击"返回"保存。同样方法,对系统时间里的第二个"###"配置成"nowweek"的"DESC"。

(17)对控制时间里的第一个"###"进行配置,选中并双击,在"数值输入"里,点击"字符串",如图 2-264 所示。

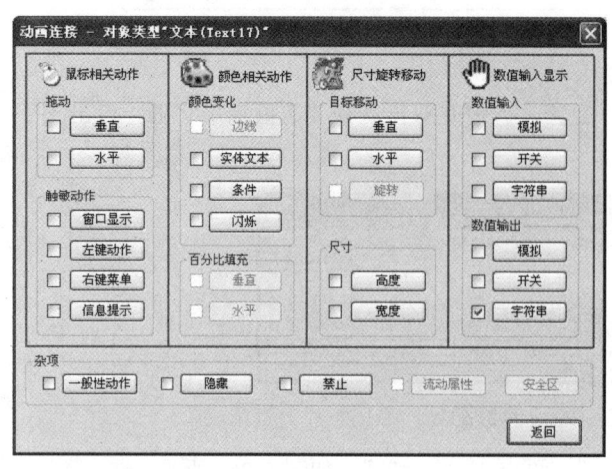

图 6-263 参数设置

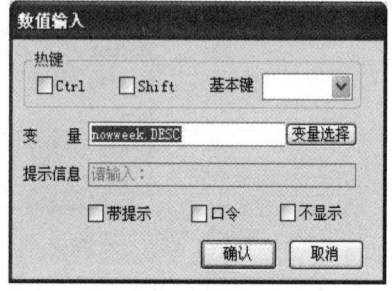

图 6-264 数值输入

⑱ 点击"变量选择",点击"timeset",再点击"DESC",如图 6-265 所示:

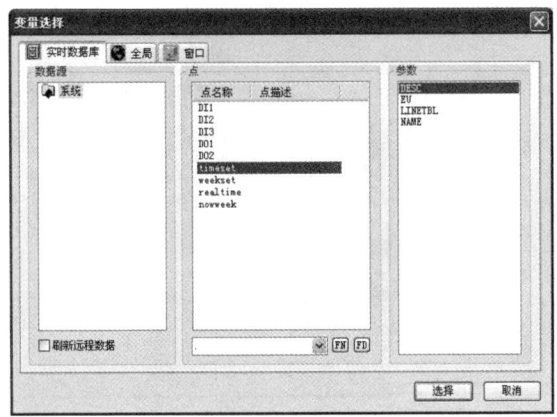

图 6-265　变量选择

⑲ 点击"选择",如图 6-266 所示:
⑳ 点击"确认"保存,如图 6-267 所示。

 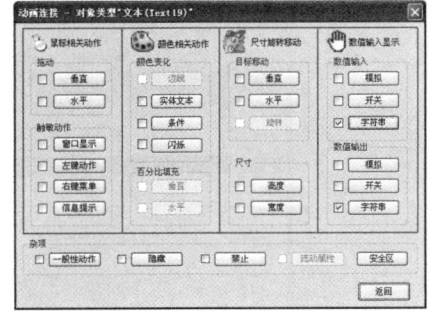

图 6-266　参数设置　　　　　　　图 6-267　操作结果

㉑ 点击"返回"保存,同样的方法,对控制时间里的,第二个"###"进行"weekset"配置。现在已完成所有的配置了,在编辑界面中右击,选中"进入运行",如图 6-268 所示。

图 6-268　提示框

㉒ 点击"是"保存,如图 6-269 所示。

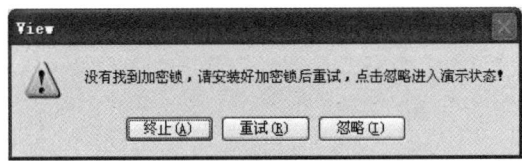

图 6-269　提示框

㉓ 点击"忽略",点击"文件",选中刚保存的文件,如图 6-270 所示。

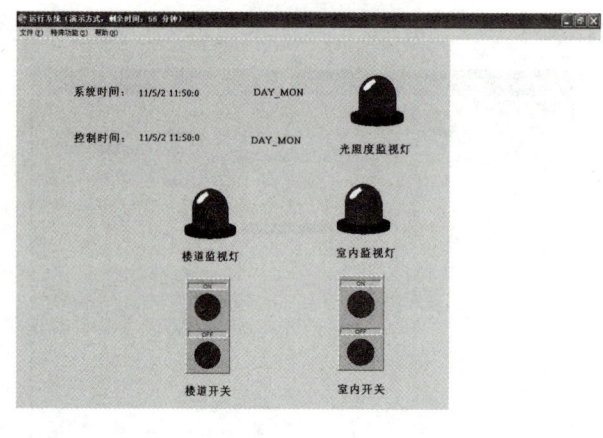

图 6-270　文件保存

演示：可用开关控制相对的报警灯，在控制时间里，输入定义的时间，室内灯会有变化。
注意：下次再打开时，选中"sky"这个程序，再按"运行"即可，如图 6-271 所示。

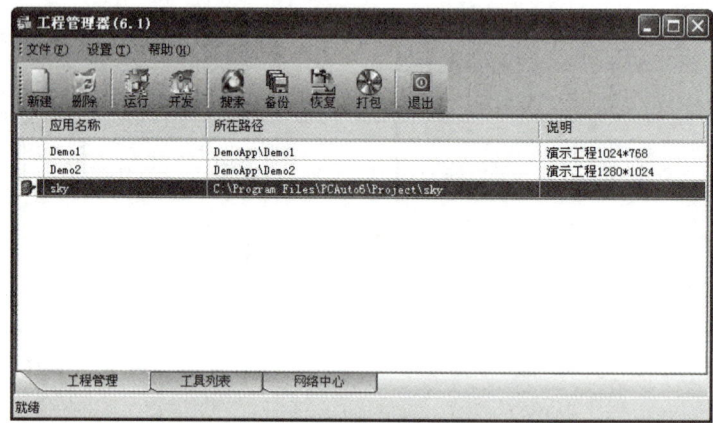

图 6-271　工程管理器

任务小结

（1）小组讨论 ForceControl 安装环境及辅助软件准备中存在的问题及解决办法。
（2）小组讨论 ForceControl 编程存在的问题及解决办法等。

参考文献

[1]　王正勤. 楼宇智能化技术[M]. 北京：化学工业出版社，2015.
[2]　李英姿. 建筑电气节能技术[M]. 北京：中国电力出版社，2018.
[3]　陈红. 楼宇机电设备管理[M]. 北京：清华大学出版社，2003.
[4]　许宝晶，王红红. 智能楼宇安防监控系统[J]. 科技视界，2013（13）：39-40.
[5]　张宇晖. 楼宇智能化综合安防监控系统探究[J]. 科技风，2014（17）：150-151.
[6]　丘洪联. 智能化监控系统技术与综合安防监控系统分析[J]. 住宅与房地产，2016（11X）：79.